흔들리지 않는
산업 강국의 길

성윤모

박영사

머리말

대한민국은 제조업이 강한 나라다. 세계 최고 수준의 제조역량을 바탕으로 산업화 시대의 선진국 문턱을 넘은 대한민국은 다시 거대한 변화의 소용돌이와 위기를 맞이하고 있다. 디지털화, 친환경화, 글로벌 공급망 재편 등 새로운 도전의 창이 열리면서, 선도자 혁신, 질적 성장, 전략산업 육성이라는 새로운 패러다임 도입이 필수적이다. 이와 함께 대한민국은 석유 위기(1970년대), IMF 금융위기(1997년), 국제 금융위기(2007년), 코로나 팬데믹 위기(2020년)와 같은 블랙스완(Black Swan) 위기를 성공적으로 극복해 왔지만, 인력 부족, 지방 소멸, 제조업 기피 등에 따른 회색 코뿔소(Gray Rhino) 위기, 제조업 위기의 극복이라는 시급한 현안 과제를 안고 있다. 이제 대한민국은 산업화 시대의 성공 패러다임을 버리고 새로운 패러다임을 도입하여 당면한 제조업 위기를 극복하면서 새로운 시대의 더 큰 도약을 이루어 나가야 한다.

대한민국은 기존 주력산업의 초격차 유지와 신산업의 끊임없는 창출과 성장으로 이어지는 산업구조 혁신, '산업 대전환'를 이룩하여 '흔들리지 않는 기술주권을 확보한 산업강국'을 만들어야 한다. 어려운 과제지만 꼭 해결해야만 하는 과제이다. 산업 대전환은 지속적인 기술혁신과 함께 도전과 축적, 연대와 협력, 규제개혁 등을 촉진하는 제도혁신을 통해서만이 달성될 수 있다. 특히, 세계 최고의 제조역량을 기반으로 핵심 기술을 확보하여 글로벌 가치사슬에서 우리가 아니면 안 되는 기술, 제품, 서비스, 기업 등 우리만의 핵심 자산을 만들어 아무도 흔들 수 없는 경쟁력을 확보하는 데 전력을 기울여야 한다.

산업 대전환은 신산업 창출보다 어려운 과제다. 경쟁력을 상실하는 기존 산업부문의 저항과 갈등을 최소화하면서, 새로운 산업부문으로의 원활한 자원 이동을 통해 새로운 경쟁력을 확보해야 하기 때문이다. 산업 대전환은 바로 산업재편, 산업구조 혁신의 성공 여부에 달려있다는 사실을 명심하여야 한다. 산업 대전환에 있어 산업 디지털 전환 및 지능화의 중요성을 강조하고 싶다. 탄소중립 친환경화, 글로벌 공급망 재편 등 새로운 도전 과제는 모두 비용상승 요인이지만, 디지털화 및 지능화는 비용 감소 및 생산성 제고의 핵심 요인이다. 특히 우리나라 산업은 주력산업과 신산업 함께하는 산업구조를 가지고 있어 산업 디지털 전환 및 지능화에 따른 파급효과가 더욱 클 것으로 기대된다. 산업 디지털 전환 및 지능화는 제조업의 생존과제이자 미래 제조업의 당면과제로서 산업 대전환의 핵심과제이다.

새로운 기회의 창이 열렸다. 대한민국은 충분한 잠재력을 지니고 있다. 바로 지금부터다. 대한민국 산업 대전환을 실현하자!

2022년부터 중앙대학교에서 '4차 산업혁명 시대의 산업정책 연구'를 강의하고 있다. 32년 공직생활 동안의 화두이자 산업통상자원부 장관으로서 역점을 두고 추진했던 제조업과 산업정책, 대한민국 산업이 나아가야 할 길을 주제로 삼고 있다. 머니투데이 민동훈 차장의 제안으로 장관으로 재직했을 때 추진했던 산업정책과 주요 산업정책 이슈에 대해 깊게 묻고, 대답하며, 토론하는 자리도 가졌다. 두 기회 모두가 제가 추진했던 산업정책을 다시 정리하고, 새로운 시대의 산업정책을 찾아가는 소중한 시간이었다. 지금까지 정리된 기록과 생각 중 일부를 '흔들리지 않는 산업강국의 길'이라는 책자로 발간하고자 한다. 이는 상공부 사무관으로 공직생활을 시작해서 산업통상자원부 장관으로 공직을 마치는 영광을 누린 공직자가 대한민국 산업발전에 도움이 되었으면 하는 바람으로 내놓는 작은 마음의 표현이다. 산업통상자원부와 특허청에서 함께 일했던 동료들의 소중한 제안, 조언, 수정 등으로 이 책이 비로소 읽을 만한 모습을 갖출 수 있게 되었다. 산업 강국이라는 대한민국 모습은 지금까지 산업통상자원부에서 함께 일했던 선배, 동료, 후배들의 헌신적인 노력의 결과라고 생각한다. 이 자리를 빌려 모든 분들에게 깊은 감사의 말씀을 드리고 싶다. 언제나 저와 함께 즐거움, 어려움을 함께 하면서 든든한 버팀목이 되어준 저의 아내 정민과 자랑스러운 아들 열승, 사랑스러운 딸 열진에게도 고마움을 전하고 싶다. 다시 한번 모두에게 감사함을 전한다.

2024년 4월
흑석동 연구실에서 한강을 바라보며
성윤모

CONTENTS

차 례

일본 수출규제,
펠리컨 경제를 만들자

1 일본 수출규제, 그날의 기억

Q

2019년 7월 1일, 일본 경제산업성의 수출규제 발표 당시 상황은 어떠했나요?

A

　　2019년 6월 30일 일요일 오후. 일본 산케이신문에 일본이 한국을 대상으로 수출규제에 나설 것이라는 단독보도가 나왔다는 보고가 올라왔다. 당시 산케이는 일본 경제산업성이 7월 4일부터 반도체 핵심소재인 레지스트 등 3개 품목의 수출허가를 포괄 신청 대상에서 개별 심사 대상으로 바꿔 수출심사를 엄격히 하기로 했다고 보도했다. 이와 함께 첨단소재 등 전략물자 수출과 관련하여 안전보장상 우호국가에 대해서 수출허가 절차 간소화 혜택을 주는 '화이트리스트(백색국가)'에서 한국을 제외하기로 했다고도 했다. 산케이는 징용 문제에 대해 한국 측이 관계 개선을 위한 구체적인 대응을 하지 않는 데에 대한 사실상 대응 조치라고 해석했다. 일본 정부는 이를 7월 1일 공식 발표할 것이라고도 했다. 우리 대법원의 강제징용 관련 판결 이후 다양한 대응 시나리오 중 하나로 일본의 수출규제가 검토되긴 했지만, 일본 수출규제 조치의 발표 시점과 내용이 갑작스러웠다. 며칠 전까지만 해도 G20 주빈국으로서 자유·공정 무역을 외쳤던 일본이다. 자유로운 다자무역을 바탕으로 성장해온 일본이, 글로벌 공급망을 훼손하면서 자유무역 원칙을 거스르는 행동을 사전 협의도 없이 한다고?

일단 진의를 파악하는 것이 중요했다. 외교부, 일본 주재 상무관, 코트라 등 각종 채널을 통해 현지 사정을 파악했다. 다만 아직까지는 언론 보도로만 전해졌을 뿐 일본 정부의 공식적인 입장은 나오지 않았다. 일요일 예정되었던 회의를 모두 취소하고, 현황 파악과 대응방안 마련에 나섰다. 장차관과 관련 실국장 모두가 참여하는 회의를 긴급 소집했다. 이미 품목은 공개됐고, 어떤 방식의 규제가 이뤄질지도 대략 발표되었다. 우선 이미 조사된 자료를 바탕으로 해당 품목에 대한 현황과 관련 제도를 정리했다. 그리고 일본이 내일 실제 발표하는 내용에 대한 경우의 수에 대한 검토에 들어갔고, 이에 대해 우리가 어떤 방식과 내용으로 대응할 것인지에 대한 고민도 깊어졌다. 국내에도 산케이신문을 인용한 보도들이 그날 저녁 가판부터 나오기 시작했다. 공중파 저녁 뉴스에도 일본의 수출규제 소식이 도배됐다.

청와대, 기획재정부, 외교부 등 다른 부처들과도 신속히 소통하면서 정보를 교환했다. 우선 내일 일본의 공식발표 후 산업통상자원부가 수출상황점검회의를 개최하여 우리 입장을 밝히는 것으로 확정하였다. 이제 일본 공식발표 후, 우리 입장에 대한 원칙을 정하고 구체적인 발표 내용에 대한 준비에 들어갔다. 일본 조치에 대한 부당성 지적과 유감 표명, 우리 기업 피해 최소화, 소재부품장비 산업(이하 소부장 산업) 경쟁력 강화, WTO 제소 등 대응조치를 포함하되, 얼마큼 강도로 발표할 것인지도 함께 검토했다. 구체적인 내용과 강도는 내일 녹실회(비공개 경제장관회의)의 검토와 일본 공식발표를 보고 결정하기로 했다.

다음날 오전 7시 반, 기획재정부 장관 주재로 녹실회의가 열렸다. 참석자는 기획재정부 장관, 산업통상자원부 장관, 외교부 2차관, 청와대 경제수석 등이었다. 어제 밤새 만든 산업통상자원부 자료를 중심으로 보고되고 향후 대응방안을 토의했다.

우리는 일본의 공식적인 발표를 기다렸다. 오전 10시, 일본 경제산업성에서 브리핑을 시작했다. 한일 양국 신뢰 훼손을 이유로 디스플레이·반도체 제조 과정에 필요한 3개 품목에 대한 수출 절차 간소화 우대 조치를 7월 4일부터 중단한다는 내용이었다. 전날 보도된 내용과 일치했다. 이제 우리 차례이다.

Q

문재인 대통령의 반응은 어떠했나요?

A

청와대에서도 회의가 개최되었고 대통령에게도 보고가 이루어졌다. 일본의 3개 품목 수출규제에 대해 어떻게 대응할 것인가와 더불어 국내 소재부품장비 산업의 기술 수준, 일본과의 격차, 수급 다변화 방식, 내재화 가능성, 소재부품장비 경쟁력 제고 방안 등 전반적인 내용을 담은 우리부 보고서는 이미 보고되었다.

대통령은 침묵하다가 긴급 참모 회의를 소집했고, 드디어 입을 뗐다. 대통령은 "바둑을 둘 때, 승부처라는 생각이 들 때가 있지요? 이 문제를 다루면서 지금이 승부처라는 생각이 들지 않습니까? 나는 지금이 소재부품장비(소부장) 독립을 이룰 수 있는 승부처라고 생각합니다."라고 말씀하셨다. 이어 "일본 수출규제 대응은 산업통상자원부 장관이 책임을 지고 대응해 주기 바랍니다."라고도 했다. 대통령은 일본 수출규제 조치가 소재부품장비 독립의 승부처라는 결단을 내리고 당당한 대응을 주문했던 것이다.

일본 수출규제 대응의 전권을 산업통상자원부 장관에게 맡겨준 셈이다. 녹실회의, 일본 공식발표, 청와대 회의 결과 등을 참고하여, 곧이어 우리의 입장을 정하고 구체적인 발표내용을 확정했다. 우리가 준비한 것 중에서 가장 원칙적인 표현으로 갔다. 대통령이 승부처라고 표현한 상황인 만큼 주저할 이유가 없었다.

Q

정부 발표문은 어떠한 내용을 담았나요?

A

예정대로 7월 1일 오후 서울 중구 한국무역보험공사 대회의실에서 수출상황점검회의를 주재했다. 오전 중 일본 수출규제 조치에 대한 우리 입장을 수출상황점검회의에서 발표한다고 알렸기 때문에, 회의장은 수많은 보도진으로 꽉 들어찼다. 숨을 크게 들이쉬고, 굳건한 결의를 담아 모두 발언을 시작했다.

"우리 정부는 그간 경제 분야에서 일본과의 호혜적인 협력관계를 유지하고자 노력해 왔으나, 금일 일본 정부가 발표한 우리나라에 대한

2019년 7월 1일 수출상황점검회의 모두발언 전문

일본이 오늘 발표한 수출통제 강화조치에 대한 정부의 입장을 말씀드리겠습니다. 주지하시다시피, 오늘 오전 일본 정부가 우리나라에 대한 수출규제 강화조치를 발표하였습니다.

우리 정부는 그간 경제 분야에서 일본과의 호혜적인 협력관계를 유지하고자 노력해 왔으나, 금일 일본 정부가 발표한 우리나라에 대한 수출제한 조치는 우리나라 대법원의 판결을 이유로 한 경제보복 조치이며, 삼권분립의 민주주의 원칙에 비추어 상식에 반하는 조치라는 점에서 깊은 유감을 표명합니다.

수출제한 조치는 WTO 협정상 원칙적으로 금지될 뿐만 아니라, 지난주 일본이 의장국으로서 개최한 G20 정상회의 선언문의 "자유롭고 공정하며 비차별적이고 투명하고 예측 가능하며 안정적인 무역과 투자 환경을 구축하고 시장개방을 유지하기 위해 노력한다"는 합의 정신과도 정면으로 배치됩니다.

우리 정부는 그간 업계와 함께 일본의 일방적인 조치에 대비하여 수입선 다변화, 국내 생산설비 확충, 국산화 개발 등을 추진해왔으며, 앞으로도 업계와 긴밀히 소통하여 우리 기업의 피해를 최소화하기 위한 지원에 만전을 기하는 한편, 우리 부품 소재 장비 등의 경쟁력을 제고하는 계기로 삼을 것입니다.
우리 정부는 금일 오전 관계장관 회의를 통해 상황 및 대응방향을 면밀히 점검하였으며, 향후 WTO 제소를 비롯하여 국제법과 국내법에 의거, 필요한 대응조치를 취해 나갈 것입니다.

수출제한 조치는 우리나라 대법원 판결을 이유로 한 경제보복 조치"라고 발표를 시작했다. 이어 이는 "삼권분립의 민주주의 원칙에 비추어 상식에 반하는 조치라는 점에서 깊은 유감을 표명"한다고 덧붙였다. 일본의 '수출규제=보복조치'라는 점을 명확히 한 언급이다. 외교적 수사로는 매우 강한 어조로 채워진 공식 반응이다. 특히 우리 기업 피해의 최소화와 소재부품장비 산업 경쟁력 강화의 계기로 삼을 것임을 명확히 했다. 그리고 WTO 제소 검토가 아닌 WTO 제소를 직접 언급하면서 당당하고 신속하게 대응조치를 취해 나갈 것임을 밝혔다.

2 우리의 대응 1, 미리 준비하고 있었다

Q

일본이 이렇게 나올 것이라고 전혀 예상하지 못했나요?

A

일본의 수출규제 조치의 발표 시점과 내용은 갑작스러웠다. 하지만 이런 조치의 조짐이 있긴 했다. 2018년 11월에 이상한 보고가 올라온 일이 있었다. 일본이 갑자기 불산의 통관을 불허한 사건이다. 별다른 이유없이 잡았다. 당시에도 국내 반도체 산업에 필수적인 소재인 만큼 산업계의 우려가 컸다. 당시 일본 당국은 일본 기업인 A사의 불산 수출을 막았다. A사의 불산은 한국에 수출돼 삼성전자, SK하이닉스 등 국내 반도체 제조업체로 납품될 예정이었다. 당시 반도체용 불산은 높은 순도가 필요해 스텔라, 모리타 등 일본 기업들로부터 주로 수입하고 있었다. 일본이 수출을 중단하면 우리 기업의 피해가 불가피한 상황이었다. 서류 미비에 따른 행정절차상 승인 지연이라는 이유였다. 이틀 만에 허가가 떨어졌지만 뭔가 심상치 않았다.

당시 반도체 업계를 상대로 상황을 파악해보니 불산의 경우 겨우 몇 주 정도의 재고만을 확보하고 있었다. 국내에서 아직 고순도 불산 생산 체제가 충분히 갖춰지지 않았던 터라 실제로 불산 수급에 대한 점검이 필요했다. 우리나라의 경우 SK머티리얼즈가 반도체 공정용 삼불

화질소 등 세정가스를 생산하고 있었다. 그러나 순도 99.9999999999%
소위 트웰브나인급(9가 12개여서 영어로 12-nine급이라고 표현) 고순도 불
화수소 생산에선 기술과 노하우가 부족하다는 평가를 받고 있었다. 하
지만 실제로 불산의 경우 증산 계획이 이미 세워져 있었다. 추후 일본
수출규제 상황에서 우리 소재부품장비(이하 소부장) 독립의 커다란 역할
을 했던 솔브레인이 대표적이다. 솔브레인은 이미 공주 공장에 증산 설
비 투자를 준비하고 있었다. 불산 수급 문제는 정부가 수입처 다양화와
민간투자에 대한 지원으로 대처해 나갈 수 있을 것으로 판단되었고 민
간과 소통 채널을 구축하고 함께 대응해 나갔다.

당시 우리나라와 일본의 관계는 극도로 악화일로를 걷고 있었다.
2018년 12월 20일 동해상에서 일본 해상자위대 초계기가 저공비행으로
한국 함정을 위협하는 사건이 발생했다. 당시 일본은 우리 함정이 일본
해상자위대 초계기에 공격용 레이더를 조사(照射)했다고 주장했다. 양측
은 서로가 서로를 위협했다며 강대강 대치를 이어가던 중이었다. 당시
한일관계가 급격히 얼어붙었던 건 2018년 10월 한국 대법원이 내놓은
일제 강제징용 배상판결 문제가 원인이 되었다. 당시 대법원 전원합의
체는 일본 전범기업이 일제시대 강제징용 피해자들에게 손해배상금을
지급해야 한다고 결정했다. 강제 노역에 동원된 피해자의 '개인 청구권'
이 여전히 살아 있다고 봤기 때문이다. 법원은 한국 내 일본 기업의 자
산을 압류하고 강제집행 명령 신청도 받아들였다. 그러자 일본 정부는
강력 반발했다. 1965년 한일청구권협정을 근거로 '이미 해결된 문제'라
는 것이 일본 정부의 입장이었다. 일본 기업도 배상을 거부했다. 하지
만 우리 정부의 입장은 삼권분립 민주주의 원칙, 즉 사법부의 판결을
존중한다는 원칙이었다.

당시 국무총리실에 일본 징용 관련 TF가 구성되어, 징용 관련 범정부 대응을 총괄했다. 해당 TF에서는 일본이 한국에게 취할 수 있는 모든 조치와 이에 대한 다양한 대응 시나리오를 검토하고 있었다. 일본의 수출규제도 수많은 대안 중 하나로 포함되어 있었지만, 당시만 해도 일본이 실제 수출규제에 나설 것이라는 관측은 높지 않았다. 일단 일본의 실익이 없었기 때문이다. 보통 통상부문의 규제는 수입장벽을 높이는 것이 대부분이다. 한국은 메모리 반도체 생산 세계 1위 국가다. 이 얘기는 거꾸로 말해 일본 반도체 소재부품장비 기업들의 최대 수출처가 한국이라는 뜻이기도 하다. 국제규범에 따라 수출규제는 최소한에 그치고 최대한 수입규제를 활용하는 것이 통상정책의 상식이었다. 그리고 자유무역으로 세계 2위 경제대국의 자리에 올랐던 일본이, 자유무역의 정신을 훼손하는 상식을 벗어난 행위를 할 것이라고 생각하기는 쉽지 않았다.

Q

우리는 어떠한 대비를 하고 있었나요?

A

2018년 9월 21일, 산업통상자원부 장관으로 취임했다. 산업, 통상, 에너지 분야를 담당하고 실물경제를 총괄 주도하는 자리다. 장관 취임 당시 우리나라 산업 전반의 사정은 녹록지 않았다. 수십년간 우리나라의 경제성장을 이끌어 왔던 조선, 자동차, 철강 등 주력 산업이 중국 등 후발주자의 추격, 보호무역 확산 등으로 어려움에 접어들던 시기다. 조선업, 자동차 등 제조업 경기 둔화로 생산과 투자가 감소하는 등 경제 전반에 걸쳐 어려운 상황이 지속되고 있는 한편, AI, 빅데이터 등 4차 산업혁명 시대가 본격화됨에 따라 새로운 경쟁력을 확보하기 위한 치열한 경쟁이 벌어지고 있었다. 문재인 대통령께서는 임명장을 주면서 "제조업의 경쟁력을 높이는 데 관심을 가져주길 바란다."고 말했다. 침체된 우리 주력산업의 경쟁력을 어떻게 회복시키고, 새로운 성장동력을 어떻게 만들어 나아갈 것인가. 어려운 숙제였다.

2003년 일본 경제산업성 파견 당시, 현장에서 본 일본 제조업 혁신사례를 중심으로 제조업의 본질을 분석하고 대응전략을 담은 저서 '한국의 제조업은 미래가 두렵다'를 저술한 적이 있다. 이 책에서 저는 "제조업은 끊임없는 혁신을 통해 진화를 거듭하면서 변화를 주도해 나가는 존재로서, 민간과 정부가 함께 IT의 기반화, 지식의 자본화, 핵심 역량을 통한 고도화, 융합화, 네트워크화라는 미래 제조업의 모습을 만들어 나가야 한다."라는 제안을 했다. 그 후 20여 년이 지난 장관 취임 당시, 우리 산업정책이 나아가야 할 길이 이 책의 제안과 크게 다르지 않다고 생각했다.

우리나라 제조업은 산업화 시대의 경제성장을 성공적으로 이끌었지만, 4차 산업혁명 시대를 맞이하여 새로운 경쟁력을 확보해야만 하는 엄중한 현실에 직면하고 있다. 저는 당시 조선, 자동차부품 등 당면한 어려움을 겪고 있는 주력산업의 경쟁력을 어떻게 조속히 회복시키고, 수소경제, 미래 자동차, 바이오, 시스템반도체 등 신산업을 어떻게 우리 경제의 새로운 성장동력으로 육성시켜 나갈 것인가를 화두로 잡았다. 어떡해야 우리 산업의 근간인 제조업의 활력을 되찾을 수 있을 것인가.

저의 목표는 민관이 함께하는 산업정책을 최우선 과제로 삼고, 제조업을 중심으로 혁신성장을 가속화하는 것이었다. 그래서 취임 후 가장 먼저 찾은 곳도 로봇산업의 대표기업인 중소기업 로보티즈, 제조업 현장이었다.

장관 취임 후 모든 간부와 직원이 참여하는 TF를 구성했다. 우리 주력산업의 회복과 신산업 육성을 위한 전략이 필요했다. 제조업 활력 회복과 혁신에 혼신의 힘을 기울이고, 산업생태계의 역동성과 근본적인 경쟁력을 높일 수 있는 방안을 마련해야 한다고 강조했다. 민간기업들이 일자리를 창출하고 투자에 나설 수 있도록 기업애로해결과 규제개혁에 대해선 끝장을 본다는 자세로 일해 줄 것을 주문하기도 했다.

제조업 현장을 찾아가고 기업인을 만나는 것을 주저하지 않았다. 현장에서 답을 찾아야 했다. 특히 제조업 중에서도 현재와 미래 제조업의 경쟁력을 결정하고 제조업의 기반인 소부장 산업 육성이 시급하다고 봤다. 소부장 산업은 모든 업종에 다양하게 걸쳐 있고 핵심기술 확보가 어렵고 시간이 많이 걸리면서 중소·중견기업이 주력을 이루고 있어 단기간내 육성이 쉽지 않은 산업이다. 하지만 제조업 경쟁력 확보에 있어 소부장 산업의 뒷받침이 필수적이고 핵심이기 때문에 소부장 산업의 경쟁력 확보는 더 이상 미룰 수 없는 과제였다. 그때부터 제조업 혁신 전략에 소부장 산업 육성책을 담기 위한 사전 작업이 시작됐다. 훗날 일본 수출규제에 대한 반격의 핵심인 '소재부품장비 경쟁력 강화 대책'의 태동이다.

2018년 12월 18일 오전 10시, 정부 세종청사 산업통상자원부 대회의실에 문재인 대통령께서 방문했다. 2019년 산업통상자원부의 업무보고를 받기 위해서였다. 업무보고의 주제는 '제조업 활력회복 및 혁신전략'이었다. 대회의실엔 대통령과 산업통상자원부 장·차관, 당·청 인사는 물론 이례적으로 중소·중견 기업대표 등 130여명이 자리했다. 제조업과 자동차 부품산업을 중심으로 산업활력 회복을 위한 민관 역할을 두고 심도 있는 논의를 하기 위해 정책고객이라 할 수 있는 민간기업 대표를 초청한 것이다. 그날 업무보고 형식도 파격적이었다. 장관이 준비한 업무보고 자료를 발표한 뒤, 다른 부처 업무보고와는 달리 지방정부 공무원, 민간기업 대표 등 현장을 책임지는 관계자와 전문가를 중심으로 생생하고 실질적인 토론이 진행됐다.

이날 발표한 제조업 혁신정책에는 소재부품장비 자립화와 글로벌화를 위해 매년 1조 원 투자를 이어나가겠다는 내용이 담겼다. 투자 대상은 해외 의존도가 높고 글로벌 가치사슬에서 필수적인 품목 등이었다. 당장 2019년에만 핵심 소재부품장비 R&D에 8,331억 원을 투자하기로 했다. 예산에도 적절히 반영해 둔 상태였다. 이후 6개월간 당시 소부장 정책을 맡고 있던 소재부품산업정책관 소속 공무원들은 불철주야로 일했다. 그때는 아무도 몰랐다. 이때 줄인 잠과 들인 노력이 어떠한 결과로 이어질 줄은.

Q

소부장 100대 품목 리스트의 정체는 무엇인가요?

A

"우리는 롱 리스트(long list)를 추려 대비하고 있었다." 2019년 7월 3일 오후 청와대 대변인이 기자들에게 보낸 문자 메시지에 담겨 있던 당시 청와대 정책실장의 발언이다. 일본의 수출규제 조치에 대해 정부가 손놓고 있었던 게 아니냐는 언론의 지적이 이어지자, 이날 정책실장은 이를 해명하기 위해 서울 종로구에서 방송사 보도국 간부들과 만났다. 그리고 정책실장은 "우리가 (일본의 수출규제에) 손놓고 있었던 것은 아니다. 유기발광다이오드(OLED)는 약 70개, 메모리 반도체는 약 500개의 공정이 있고, 이 공정을 하나씩 보면서 일본에서만 수입할 수 있는 소재나 부품을 골라냈다. 골라내고 나니 '롱 리스트'가 나왔다."고 설명했다. 이어 "그중 1, 2, 3 번째에 해당하는 품목이 바로 이번에 일본이 규제한 품목"이라고도 했다.

이른바 '소재부품장비 100대 품목' 문건이다. 정책실장이 이를 공개한 것은 일찌감치 정부가 일본으로부터 수입이 많은 품목에 대한 리스트를 만들어 대책을 마련해왔던 만큼 금번 일본 수출규제 조치에 잘 대응해 나갈 수 있으니, 국민들께서는 안심하시라는 의미였다. 하지만 이러한 진의와는 관계없이 정책실장의 발언이 기사화되자 정치권을 중심으로 한바탕 소동이 났다. 롱 리스트가 있었다면 하나하나에 대해 대비책이 있어야 하는 것 아니냐는 비판과 함께 롱 리스트에 대한 공개 요구가 쏟아졌다.

사실 소재부품장비 100대 품목 내용은 2018년 12월 산업통상자원부의 2019년도 업무보고인 '제조업 활력 회복 및 혁신 전략'에 이미 들어가 있었다. 제조업 혁신 전략의 첫 번째가 주력산업의 고부가가치화였고, 주력산업 고부가가치화 전략의 첫 번째가 바로 소재부품장비(이하 소부장)의 자립화·글로벌화였다. 나아가 소부장 전략의 첫 번째가 기술의 조기 자립이었고, 그 내용이 바로 '매년 1조 원 대대적 투자 → 30년까지 100개 핵심 소재부품, 20개 고부가가치 장비 자립 추진'이었다. 이걸 하겠다고 발표하고 나서 6개월 동안 산업통상자원부 소재부품산업정책관 소속 공무원들은 속된 말로 날 밤을 새웠다. 우선 반도체, 디스플레이 등 핵심 주력산업 부문에 사용되는 소부장 품목 100개를 리스트업했다. 해당 품목들의 대일 수입의존도를 뽑았고, 국내에서 어느 기업이 취급하는지, 자급률은 얼마나 되는지, 해외 다변화 가능성은 있는지, 핵심기술을 확보하기 위해 자체개발, 기술도입, M&A 등 어떤 것이 필요한지 등 일일이 수작업으로 표를 채워가는 길고도 힘든 작업이었다. 그렇게 해서 6개월 만에 만들어진 것이 소재부품장비 100대 품목 리스트, 일명 '100대 리스트'였다.

　　"일본 수출규제에 대한 대응방안이 무엇인가?"라는 질문에 대한 대답은 "소부장 산업의 경쟁력 강화다."라는 본질적 답변이 핵심이다. 비록 소부장 산업 육성이 달성하기 어렵고, 시간이 걸리더라도 일본의 수출규제 조치가 다시는 반복되지 않도록 우리나라 소부장 산업의 경쟁력을 조속히 확보하는 것이 최선의 근본적 해결방안이다. 일본 수출규제에 대항하여 일본에게 정치적, 외교적, 경제적 타격을 주는 상호 맞대응은 문제를 확산시키고 상호 피해를 확대시킴으로써 문제 해결을 더욱 어렵게 만들고 국제 사회의 지지를 받기도 어려운 대안이었다. 산업통상자원부는 이번 기회를 수십년간 지속되어 온 한일 간 산업구조적 문제를 해결하는 계기로 삼아야 한다고 생각했고, 이를 시행할 수 있는 대안을 마련하고 시행할 준비까지 마쳐져 있었다. 지난 6개월간 100대 핵심 소재부품장비 품목 분석, 한중일 글로벌 포지셔닝 분석, 한일 소재부품 선도기업 분석 등 세밀한 작업을 통해 방대한 내용을 포함하는 소부장 산업 경쟁력 방안을 만들어 놓았다. 하지만 어렵고 복잡하고 전문적인 내용을 간략하고 쉽게 설명해야 했다. 이를 위해 소재부품장비 100대 품목별 현황 및 전망, 단기 및 중장기 대책을 한 장의 표로 정리한 '100대 리스트'가 탄생하게 되었다.

100대 리스트는 아주 요긴하게 사용되었다. 100대 품목별 현황과 대책을 일목요연하게 한눈에 볼 수 있도록 정리되어 있어 이해하기 쉬웠고, 이를 만들고 준비해 온 산업통상자원부 정책에 대한 신뢰도 제고에도 큰 몫을 했다. 특히 일본의 수출규제에 대한 대응방안으로 소부장 산업 경쟁력 강화를 최우선 과제로 추진해야 한다는 사실을 설명할 때 매우 효과적이었다. 100대 리스트를 보여주면서 소부장 산업의 경쟁력 확보방안을 설명하면, 대통령을 포함한 청와대는 물론, 기획재정부, 노동부, 환경부 등 정부 부처, 여당, 야당을 모두 포함한 입법부 등 모두를 쉽게 설득할 수 있었다.

하지만 100대 리스트는 내부적으로 활용하는 자료이지, 대외적으로 공표하는 자료가 아니었다. 왜냐하면 100대 리스트는 일본 수출규제 대응전략으로 이를 공개하면 전쟁에서 적에게 나의 전략을 알려주고 싸우는 어리석음을 범하는 것과 동일하기 때문이었다. 또한 우리나라 기업들이 100대 리스트 공개를 반대했다. 독점적, 지배적 공급권을 가지고 있는 일본 소부장 기업이 가격을 올리거나 물량을 조절하거나 납품 기간을 조정하는 등 대응조치에 나설 경우 우리 기업에게 피해가 발생할 수 있었기 때문이었다. 우리나라 소부장 기업과 수요기업의 피해를 막고 우리 정부의 일본 수출규제에 대한 효율적 대응을 위해서 100대 리스트는 대외적으로 공개할 수 없었다.

언론과의 만남에서 100대 리스트의 존재가 공개되자, 국회에서는 100대 리스트가 실제로 존재하는지, 존재한다면 공개하라고 정부를 압박했다. 국회를 설득해야만 했다. 여당과 야당 국회의원을 일일이 찾아다니며 설명을 했다. 특히 야당 의원의 설득에 많은 시간을 할애했다. 100대 리스트를 공개하거나 제출할 수는 없었지만, 의원별로 직접 찾아가서 100대 리스트를 보여주면서 내용을 자세히 설명했고 공개할 수 없는 이유를 설명하고 양해를 구했다. 국회는 100대 리스트의 존재를 확인한 후 비공개의 필요성을 이해해 주었고 소부장 경쟁력 강화의 필요성에 동감하고 소부장 추경예산 편성에도 호의적인 태도를 보여주었다.

언론도 100대 품목에 해당하는 소재부품장비 리스트를 찾기 위한 취재 경쟁을 벌였다. 몇몇 매체에선 일부 품목을 명시해 보도하기도 했다. 이런 취재 경쟁이 지속된다면 앞으로 100대 품목이 추가 공개될 수도 있는 상황이었다. 현재 보도된 품목과 앞으로 추가 공개될 수 있는 품목 보도에 어떻게 대응할 것인지를 정해야 했다. 정공법을 택했다. 개별 언론사별로 100대 리스트의 비공개 필요성, 소부장 경쟁력 강화 전략을 설명하고 국익을 위해 양해를 구하고 협조를 구했다. 고맙게도 언론들도 100대 리스트의 비공개 필요성에 동감해 주었고, 국익 차원에서 협조해 주었다. 국회도, 언론도, 여론도 모두 우리 편이었다. 이제 우리가 일본에 제대로 된 반격에 나설 시점이었다.

우리의 대응 2, 민관, 국민 모두가 힘을 모았다

Q

우리의 반격, 소부장 경쟁력 강화 대책은 어떻게 전개되었나요?

A

7월 1일 오전, 일본이 수출규제를 공식 발표하자 그날 오후 산업통상자원부 장관의 한국 정부 공식 입장 발표와 7월 2일 대통령 주재 국무회의를 시작으로 정부내 일본대응 TF가 본격 가동되었고, 녹실회의, 대외경제장관회의, 관계장관회의 등 정부내 회의체도 본격 운영되기 시작했다. 동시에 일본 수출규제 민관정협의회, 당정청협의회, 소부장 국회특위 등 정부, 국회, 민간 등이 함께 참여하는 각종 대응기구가 구성·운영되면서 민관이 함께 일본의 수출규제에 적극 대응해 나가기 시작했다.

정부는 7월 22일 소재부품수급지원센터 설치 운영, 8월 2일 소부장 추경예산 2,732억 원 국회 통과, 8월 5일 소부장 경쟁력 강화대책 발표 등 소부장 산업관련 긴급 조치를 신속히 추진하였다. 이후 10월 11일 제1차 소부장경쟁력강화위원회 개최, 12월 27일 소부장특별법 국회 통과, 20년 1월 2.1조 원 소부장 특별회계 설치 등 소부장 산업 육성을 위한 일련의 조치들이 완비되면서 소부장 산업의 경쟁력 제고를 지속적 체계적으로 추진할 수 있는 시스템을 갖추어 나갔다.

특히 일본의 수출규제 발표 이후, 소부장 경쟁력 강화 대책을 수립하고 추경예산을 편성하여 실제 지원하는 데 1~2개월밖에 걸리지 않았다. 이는 일본 수출규제에 대한 우리의 대응전략이 얼마나 잘 준비되어 있었고 정부 부처간 협력은 물론 산학연, 국회, 언론 등 모두가 얼마나 신속하고 강력하게 지원해 주었는지를 잘 보여주고 있다. 추경 예산 확보의 신속함은 물론 추경 예산의 집행도 매우 신속했다. 추경 예산으로 긴급히 지원하고자 하는 품목은 최대한 단기간 내 공급 안정성 확보가 시급한 품목의 핵심 기술이었다. 빠른 기술 확보를 위해 잠재력을 가진 후보기업을 선별하여 정책 지정으로 2주 내(기존 최대 7개월) 즉시 지원하는 방식을 감사원과 사전 협의한 후 도입하여 신속하게 지원할 수 있었다. 또한 일본의 수출규제 대상 소부장 분야에 대해 화학물질 취급시설 인허가 신청기간 단축(75일 → 30일), 신규개발된 대응물질에 대한 조건부 신제조 인정 등 화관법(화학물질관리법), 화평법(화학물질의 등록 및 평가에 관한 법률) 등에 의한 환경절차에 패스트트랙(Fast Track)을 적용하였다. 재량근로제 활용과 특별 연장근로 인가의 허용 등 기존 노동분야 규제도 대폭 완화하는 등 실제 시장에서 소부장 기업들이 요구하는 일련의 소부장 산업 경쟁력 강화조치들이 빠르게 연이어 시행되었다.

일련의 초기 조치들이 신속히 시행되자, 정부가 추진하는 소부장 경쟁력 강화 대책은 산학연은 물론 금융기관 등 시장에 참여하는 모든 주체들로부터 신뢰를 확보하게 되었다. 2019년 8월 소부장 산업에 대한 중장기 투자가 중심인 필승 코리아 펀드가 성공적으로 모집되자, 각종 소부장 펀드가 연이어 결성·운영되기 시작했다. 그동안 중장기 투자가 필수적이지만 중장기 투자자금 조달이 쉽지 않았던 소부장 기업들에게 매우 반가운 현상이었다. 소부장 산업 생태계 형성에 필수적인 중장기 투자자금의 조달이 활성화되면서 소부장 산업은 금융이 뒷받침되는 산업-금융 선순환 생태계가 조성되기 시작했다.

나아가 소부장 산업정책은 일시적·단편적으로 추진되는 것이 아니라 앞으로도 지속적·종합적으로 추진된다는 신뢰를 시장에 심어 줄 수 있는 시스템을 갖추는 것이 중요했다. 소부장 특별법 전면 개정, 소부장 경쟁력위원회 설립, 소부장 특별회계 설치 등 법, 기구, 예산 등 제도 완비를 신속하게 완료하였고 소부장 산업과 금융간 연계와 수급 기업간 협력 활성화 등 튼튼한 소부장 생태계가 조성되어 갔다. 마침내 대한민국 소부장 산업은 일본 수출규제라는 위기 극복을 넘어 앞으로도 지속적 체계적으로 발전해 나갈 수 있는 체제를 갖추게 되었다.

일본 수출규제 대응은 정부 내에서는 부처의 관할을 넘어서, 국회에서는 여야를 초월해서 국가적으로는 민관이 합심해서 신속하고 체계적으로 대응하여 성공한 모범 사례이다. 무엇보다 우리 국민들이 보여 준 단합된 성원이 일본 수출규제를 극복해 나가는 원천이었다. 우리 국민이 자발적으로 벌인 맥주, 자동차 등 일본제품 불매 운동은 당시 일본 수출규제 극복에 대한 우리 국민의 정서와 의지를 대표적으로 보여 주었다. 특히 일반 국민이 일본의 수출규제 품목인 불산, 레지스트, 폴리이미드와 같은 소부장 전문 용어를 보통 명사처럼 이해하고 사용하는 등 소부장 정책에 대한 높은 관심과 지지가 바로 소부장 정책을 만들고 시행하는 데 무엇보다 가장 큰 힘이 되었다. 우리 국민의 위기 극복 DNA가 일본 수출규제를 대응하는 과정에서 다시 발휘되었다. 일본 수출규제에 대한 성공적 대응은 철저한 사전 준비와 함께 전 국민, 민관 모두가 함께 이룬 대한민국 위기 극복 DNA 발휘의 결과라고 할 수 있다.

Q

우리의 반격, 일본과 국제 사회에 대한 대응은 어떻게 전개되었나요?

A

　우리 정부는 일본의 수출규제 조치에 대응하여 대내적으로는 민관이 힘을 합쳐 소부장 산업 육성을 강력히 추진해 나가면서 대외적으로는 일본 당사자와 국제 사회에도 우리 입장을 당당히 알려 나갔다. 정부는 "일본의 수출규제 조치는 우리나라 대법원의 일본 제철 강제징용 소송 판결에 대한 보복조치이며 WTO 협정상 원칙적으로 금지되는 행위이다. 향후 WTO 제소를 비롯해 국제법과 국내법에 의거, 필요한 대응조치를 취해 나갈 것"이라는 메시지를 기회가 있을 때마다 내보냈다. 명분 싸움에서 우위를 점할 필요가 있었다.

　7월 1일 일본의 수출규제 조치 발표 이후, 산업통상자원부는 일본 경제산업성에 수출규제 조치관련 양자 협의 제안를 두 차례(7월 2일과 3일) 보냈지만, 일본과의 대화 채널 구축은 쉽지 않았다. 다행히도 한국과 일본은 7월 12일 일본 동경에서 과장급 실무회의 개최에 합의하였다. 하지만 7월 12일 실무회의를 개최한 후, 회의 성격이 설명회인지 협의회인지부터 이견을 보였고, 일본 수출규제의 철회를 요구하는 발언의 존재 여부, 회의결과에 대한 상이한 양측 주장, 회의결과의 공개 여부에 대한 이견 등 양측은 커다란 의견 차이를 보였다.[1) 결국 양국간 이견에 대한 조정 없이 실무회의가 종료되었고 일본은 회의결과를 일방적으로 자국 입장에서 먼저 발표하였다. 이에 대응하여 우리도 우리 입장과 회의 결과를 언론에 설명하였다. 결과적으로 과장급 실무회의 종료 후 양국 간 입장 차이는 더욱 커졌고, 과장급 실무회의는 공식 대화채널의 기능을 유지하기 어렵게 되었다. 하지만 매우 협소한 장소에서 한일 담당자 각각 2명만 덩그러니 앉아 있는 실무회의 사진을 보면, 일본이 실무회의를 어떻게 생각하면서 준비했고 평가했는지를 미루어 짐작할 수 있게 해준다. 또한 실무회의 종료 후 일본이 회의 성격, 논의 내용과 결과에 대해 일방적으로 자신의 입장만을 주장하는 모습으로부터 대화의 지속과 문제 해결이 쉽지 않을 것임을 알 수 있었다. 이후 한국과 일본은 12월 국장급 한일 수출관리정책대화가 열리기 전까지 양국 정부의 입장과 주장을 공식 브리핑, 장관 SNS, 기자회견 등을 통해 전달할 수밖에 없었다.

이와 함께 한일 양국은 미국, 유럽, 아세안 국가 등 세계 각국에 자국의 입장을 설명하고 통상협상 자리, 전략물자관련 국제회의장 등에서 자국의 입장을 알리는 치열한 외교전을 벌였다. 우리 정부는 먼저 글로벌 여론전을 몰아쳤다. 각종 국제회의에서 우리 입장을 논리적으로 밝히면서 국제 여론을 형성하는 방법으로 일본을 압박해 나갔다. 돌이켜보면 정말 다행이었던 것은 일본이 수출규제를 발표한 이후 우리 주장을 국제 사회에 알릴 수 있는 기회가 바로 있었다는 점이다. 마침 멀지 않았던 시기에 WTO 상품무역이사회, 일반이사회가 예정되어 있어 일본의 수출규제 이슈를 양국간 현안에 그치는 것이 아니라 국제 사회의 관심 사항으로 부각시킬 수 있었다. 한국은 7월 8일 WTO 상품무역이사회 회의에서 일본의 수출규제를 추가 의제로 상정했고, 주제네바 한국대사는 7월 9일 개최된 WTO 상품무역이사회에 참석하여 일본의 수출규제 조치가 자유롭고 공정한 무역 원칙을 훼손한 행위라는 점을 지적하면서 조치 철회를 요구했다. 강제적 실효성이 있는 회의는 아니었지만 일본의 수출규제 행위가 부당하다는 것을 세계무대에서 처음으로 공론화했다는 데 의미가 있었다. WTO 제소를 앞두고 국제 사회 여론을 환기하기 위한 전초적 성격을 지닌 조치이기도 했다.

7월 22일에는 WTO 일반이사회(General Council)도 열렸다. 한국은 일본 수출규제 조치를 역시 일반이사회 정식 의제로 상정했다. 일반이사회는 각료회의를 제외한 WTO 내 최고 의사결정기구다. 2년마다 개최되는 WTO 각료회의 기간이 아닌 때에는 사실상 최고 의사결정 기능을 한다. 우리 입장에선 너무나도 소중한 기회였다. 만약 이런 기회가 즉시 없었다면 우리는 일본의 일방적인 보복 공세에도 불구하고 국제 사회에 부당함을 호소할 마땅한 자리를 찾는 것이 쉽지 않았을 것이다. WTO 일반이사회의 중요성을 감안하여 산업통상자원부 신통상질서전략실장을 수석대표로 직접 보내기로 했다. 신통상질서전략실장은 WTO 일반이사회에 참석해 일본 측 조치가 강제징용 배상 문제와 관련한 한일간 갈등에서 기인한 조치라는 점을 분명히 했다. 또한 정치적 목적으로 세계 무역을 교란하는 행위는 WTO 기반의 다자무역질서에 심대한 타격을 일으킬 것이라고 언급했다. 아울러 일본이 수출규제의 근거로 주장한 '신뢰 훼손'과 '부적절한 사안 발생'이 현재 WTO 규범상 수출규제 조치의 근거가 될 수 없다는 점도 재차 지적했다. WTO에서의 논의를 시작으로 일본 수출규제는 한일 양자이슈에 그치지 않고 국제적 관심의 대상으로 부각되었다.

일본 수출규제 조치의 부당함을 알리는 다자간, 양자간 활동은

7~8월에 중점적으로 이루어졌다. 역내포괄적경제동반자협정(RCEP) 다자간 협상장에서는 물론 미국반도체산업협회(SIA), 정보기술산업협회(ITI) 등 민간단체와 미국을 비롯한 세계 주요국을 대상으로 우리 입장을 설명하는 대외활동이 적극 전개되었다. 우리 정부는 일본이 정치적 목적으로 세계 자유무역 원칙을 훼손했다는 사실을 강조했다. 일본은 수출규제에 나서기 직전이었던 2019년 6월, G20 오사카 정상회의를 개최했던 나라다. 여기에서 아베 총리는 "자유롭고 공정하며 비차별적이고 투명하고 예측가능하며 안정적인 무역과 투자환경을 구축하고 시장개방을 위해 노력한다."라는 G20 정상회의 선언문에 합의했다. 그럼에도 불구하고 일본은 한국에 대해 일방적 수출규제 조치를 취함으로써 일본은 스스로 G20 정상회의에서 천명한 자유무역의 원칙을 부정한 것이다. 특히 우리 정부는 일본이 기술적 우위와 우월한 무역의존도를 정치적 문제 해결의 도구로 활용함으로써 글로벌 공급망에 대한 신뢰와 국제무역질서를 무너뜨릴 수 있는 위험한 선례를 남겼다는 점을 깊게 파고 들었다.

글로벌 공급망 붕괴의 서막, 왜 3대 품목이었나?

Q

일본 수출규제 조치의 배경은 무엇인가요?

A

애초에 정치를 이유로 경제를 희생하는 전략은 문제가 많다. 물론 경제적 피해를 감수하고서라도 정치적 목적을 달성하겠다는 의지로 시행될 수는 있다. 하지만 득보다는 실이 많다. 정치적인 이해관계가 상황에 따라 변하면서 지속 가능하지 않으며, 희생한 경제적 가치가 매우 크고 회복 불가능할 수 있기 때문이다.

일본 경제산업성 공식 발표, 일본 아베 신조 총리, 세코 히로시게 경제산업성 대신 등 모두가 직간접적으로 일본의 수출규제 조치는 한일간 신뢰관계 손상이 그 원인인데, 이는 강제징용 현안에 대한 한국의 대응문제에서 비롯되었다고 설명하였다. 동시에 일본 조치는 보복 조치가 아니며 WTO 협정과 부합된다는 상반된 주장을 함께 펼쳤다. 애초에 일본 정부는 수출규제의 이유로 '국제안전, 평화유지'를 내세웠다. 일본 경제산업성이 2019년 7월 1일 고시한 '한국에 관한 수출 관리상의 분류 재검토' 관련 문건에는 규제 강화의 목적과 필요성을 적시했다. 문건은 "수출관리 제도는 국제적인 신뢰관계를 토대로 구축되는데, 관계 부처 검토 결과 한일 간의 신뢰관계가 현저히 손상됐다고 말하지 않을 수 없는 상황"이라며 "이런 와중에 한국과의 신뢰관계를 토대로 수출관리를 하는 것이 곤란하게 되고, 한국 관련 수출관리를 둘러싼 부적절한 사안이 발생한 일도 있다."고 했다. 이에 대해 경제산업성은 같은 날 브리핑을 통해 "한국이 징용문제에 대한 만족스러운 해결책을 주요 20개국(G20) 정상회의까지 제시하지 않으면서 양국 간 신뢰관계가 손상됐다."고 부연하였다.

아베 신조 총리는 7월 2일 요미우리신문과의 인터뷰에서 "일본은 모든 조치가 WTO와 정합적이지 않으면 안 된다고 생각하고 있다. 일본의 수출규제 조치는 자유무역과는 관계없다."며 보복조치가 아니라고 주장했다. 그리고 아베 총리는 3일 일본 기자클럽이 주최한 '당수 공개토론회'에 참석해 "징용문제는 역사문제가 아니라 국제법상 국가 간 약속을 지키느냐의 문제"라면서 "1965년 청구권 협정은 국가와 국가 간의 약속이다. 약속을 안 지키는 국가는 우대할 수 없다."라고 주장했다. 이는 한국 대법원의 강제징용 배상 판결이 일본 수출규제 조치의 이유중 하나라는 사실을 시사하고 있다. 특히 아베 총리는 그의 회고록에서 "2018년 가을, 한국 대법원이 징용공에 대한 배상을 명하는 판결을 확정시키고, 이후 한국은 어떠한 해결책도 강구하지 않았다."고 언급하고, "어떻게 대응해 나갈 것이냐는 문제가 수출규제 강화로 이어졌다."고 설명하면서 사실상 이 조치가 정치문제에서 비롯되었다는 점을 인정했다.

또한 7월 2일 세코 히로시게 일본 경제산업성 대신은 "한국에 대한 수출 규제는 당연한 책무"라고 강조하며 "한국과는 우호 협력관계에 어긋나는 움직임이 이어지고 있고 징용문제와 관련해 G20까지 만족스러운 해결책이 제시되지 않아 신뢰관계가 현저하게 손상됐다. 수출관리는 신뢰관계를 기반으로 엄격한 제도 운용을 실시하는 것"이라며 일본 조치의 당위성을 주장하였다. 이는 세코 히로시게 경제산업성 대신이 스스로 강제 징용 문제를 둘러싼 신뢰훼손이 금번 일본 수출규제 조치의 배경이라고 설명하고 있다는 사실을 말해주고 있다.

수출규제가 강제 징용 문제와는 무관하다는 일본 정부의 입장에도 불구하고, 2023년 3월, 한일 정상회담 전후로 동 조치를 2019년 이전으로 되돌리기 위한 원상회복 관련 논의가 급물살을 타는 시점에, 일본 입헌민주당 등 야당을 중심으로 관련 비판이 이어졌다.[2] 당시 일본 야당의 비판은 "먼저, 수출규제를 단행한 시점과 해제한 시점을 봤을 때, 동 조치가 보복조치가 아니라고 부인하기 어렵다. 둘째, 일본 정부의 공식 입장대로 단순히 절차상의 문제였다고 한다면 상호간 대화로 풀 수 있었다. 셋째, 외교적인 문제를 해결하기 위해 경제적인 수단을 동원한 경제책략으로서 일본의 국익에 도움이 되지 않았다."라고 요약될 수 있다. 특히 아오야마 시게하루(青山繁晴) 자민당 의원은 참의원에 출석하여, 수출규제는 외교문제 해법으로서 제시되었다는 진술을 했다. 그에 따르면, 자위대 초계기에 대한 레이더 조사 사건이 일어난 이후 2019년 1월 30일, 자민당은 외교부회를 소집하여 대응책을 논의했다. 이 자리에서 본인이 한국을 화이트리스트에서 배제하자는 제안을 했다고 주장하고 있다. 그에 따르면 당초 경제산업성은 한국을 화이트리스트에서 배제하는 것은 있을 수 없다는 입장이었지만, 이후 그가 아베 총리에게 직접 동 조치를 건의하고, 아베 총리가 총리관저 관계자에게 검토를 지시하고 나서, 6개월 후에 관련 조치가 시행되었다고 말하고 있다.

이와 같이 일본의 수출규제 조치는 표면상으로는 수출관리상 이유를 주장하였지만 강제 징용 문제관련 우리 대법원의 판결에서 비롯된 보복 조치였다는 사실은 여러 곳에서 확인되고 있다. 하지만 제2차 세계대전 이후 형성된 자유무역 체제하에서 성공적인 경제성장을 이룩한 일본이 정치적인 이유로 글로벌 공급망을 훼손하면서 국제 자유무역 질서에 반하는 조치를 사전 협의도 없이 실시했다는 것은 매우 의외였다. 하지만 결국 일본은 수출규제 조치에서 당초 의도한 효과를 거두지 못하였고, 난처한 입장에 처하게 되었다.

왜 3대 품목이었나요?

일본의 수출규제 조치는 크게 2가지였다. 하나가 불화수소, 불화폴리이미드, EUV(극자외선)용 포토 레지스트 등 3개 품목에 대한 포괄 수출허가를 개별허가로 전환하는 조치였고, 다른 하나가 한국을 전략물자 수출관련 안전보장상 우호국(백색국가)에서 제외하겠다는 조치였다. 우선, 3개 품목에 대한 조치가 전략물자 제도와 정합성을 가지기 위해서는 한국을 백색국가에서 제외해야 했기 때문에 두 가지 조치가 모두 필요했을 것이다. 그럼 왜 3개 품목에 대한 조치가 필요했을까? 일본의 입장을 알아야만 적절한 대응방안을 마련할 수 있기 때문에 분석이 필요했다.

3개 품목에 대한 수출규제 조치는 우선 백색국가 제도의 개편 조치와 달리 공표와 함께 당장 실시할 수 있었고, 한국 반도체 산업 등에 직접 충격을 줄 수 있는 효과적인 조치였기 때문에 실시되었다고 보였다. 왜 3개 품목을 선택했는지 품목별 이유를 찾는 작업은 시간이 걸렸다. 일단 일본은 자국 수출규제 조치의 정당성, 글로벌 공급망에서 일본 소재기업의 우월적 지위 확인, 한국 반도체 산업에 대한 위협을 이유로 3개 품목을 선택했다고 생각할 수 있다. 2019년 9월 21일자 일본 다이아몬드 주간지에서도 불화수소는 화학무기로 전용 가능한 독성 물질로, 수출관리 강화의 정당성을 강조할 수 있는 품목이고, EUV용 레지스트와 불화 폴리이미드는 반도체 제조에 불가결한 첨단재료이기 때문에 한국에 심리적인 데미지와 경제적 위협을 주는 '교묘한 베스트 믹스'라고 분석하였다. 하지만 일본의 3개 품목은 당초 우리가 마련한 100대 리스트에 모두 포함되어 있었고, 이에 대한 단기 대응부터 중장기 대응방안을 마련하고 있는 상황이었다. 3개 품목에 대한 일본 수출규제 조치는 당초 의도한 효과를 얻을 수 없었다.

　　2019년 7월 4일 오전 0시 부로 불화수소, 불화 폴리이미드, 레지스트에 대한 포괄 수출허가를 개별허가로 전환하는 조치가 발동됐다. 우선 일본 수출규제 조치는 자국 시장 보호나 상대국 시장 개방에 중점을 두는 일반적인 무역조치와 달랐다. 일반적인 통상 마찰 사례를 보면 무역 규제는 수입품에 대한 관세인상 또는 기술규제 강화이거나 수출품에 대한 상대국의 관세 인하 또는 기술규제 완화 등 자국 산업의 이익을 지키는 것을 목적으로 한다. 다분히 경제적인 조치다. 하지만 일본의 수출규제는 자국 기업의 수출절차를 강화하여 수출 피해를 감수하더라도 상대국으로 향하는 수출을 막겠다는 것을 목표로 하고 있다. 다

분히 경제적인 것 외에 다른 이유가 있다는 것을 확신할 수 있는 지점
이다.

　다른 하나는 일본이 자유무역 체제에 기반을 두고 글로벌 가치사슬
을 구축하고 있는 반도체 글로벌 공급망을 흔드는 조치를 취한 것이다.
일본 수출규제 조치에 따른 영향은 단지 한국 경제와 일본 경제에만 영
향을 주는 것이 아니라, 반도체 글로벌 공급망에 참여하고 있는 미국,
유럽, 대만, 중국 등 세계 각국에 타격을 줄 수 있는 조치였다. 세계 반
도체 시장은 미국은 설계 분야, 미국, 유럽, 일본은 소재부품장비 분야,
한국과 대만은 제조 분야에서 경쟁력을 가지고 있었고, 생산된 반도체
의 반 이상을 중국이 소비하는 구조로 이루어져 있다. 특히 한국은 메모
리 반도체 제조 부문에 있어서는 세계 최고 경쟁력을 가지고 메모리 반
도체 시장의 약 70%를 차지하고 있다. 반면 일본은 반도체 소재부품장
비 분야에서 세계적인 기술력으로 공급망 내 독과점적 지위를 유지하고
있다. 삼성전자, SK하이닉스 등 내놓으라 하는 한국의 반도체 기업들 역
시 일본 소재부품장비 업체에 대한 의존도가 높은 게 사실이다.

　하지만 일본 정부가 수출규제 조치를 통해 과연 한국 반도체 산업
의 생산을 중단시킬 만한 능력과 의지가 있느냐는 것이다. 반도체는 세
계 각국 기업들과 촘촘한 글로벌 공급망을 갖추고 생산되고 있어, 글로
벌 공급망에 참여하고 있는 한 국가가 자의적으로 관여하여 글로벌 공
급망을 훼손한다면, 글로벌 공급망에 참여하고 있는 기업 모두에게 막
대한 피해를 주게 된다. 따라서 일본 정부가 일본 기업이 글로벌 공급
망을 훼손시킬 만큼의 영향력을 미칠 수 있는지, 나아가 글로벌 공급망
에 참여하고 있는 세계 각국 기업 모두에게 피해를 입힐 위험을 감수할

수 있을 정도의 강력한 실행 의지를 가지고 있었는지가 중요하다. 전자는 어느 정도 가능하더라도, 적어도 후자는 의도하고 있지 않다고 보아야 했다. 일본의 수출규제 조치는 글로벌 공급망에 심각한 타격을 주기보다는 한국에게 일본 소재기업의 힘을 보여주고자 했다고 볼 수 있다.

하지만 일본이 놓친 것은 두 가지였다. 첫째는 일본이 전혀 예상하지 못한 우리나라의 대응방식이다. 일본은 수출규제 조치로 일본 소재기업의 위력을 보여주었지만, 한국은 일본 수출규제 조치에 당당히 대응하면서 오히려 소부장 산업 육성이라는 본질적 대응 방안을 신속하고 적극적으로 추진했다. 일본은 수출규제 조치의 원인인 강제 징용에 대해 일본이 원하는 해법을 당장 이끌어 내지 못했다. 이와 함께 글로벌 공급망에 실제로 심각한 타격을 줄 수 없었기 때문에 한국 수요기업은 실질적으로 직접 피해를 입지 않았고, 오히려 일본 소재기업의 수출이 줄고 한국 소재기업의 경쟁력을 제고시키는 기회만 제공했을 뿐이었다.

둘째로는 수요기업과 공급기업간 관계다. 글로벌 공급망에서 독과점 소재 공급기업이 수요기업에 대해 단기적으로 우위에 있지만 중장기적으로는 열위에 있어 장단기적으로 상호 협력하는 관계여야 한다는 사실이다. 특히 반도체 소재부품장비 분야는 고도 기술이 필요하고 글로벌 시장이 세분화되어 있어 소수 기업이 시장을 독과점하고 있다. 이 분야에서 소재부품장비 기업이 안정적 생산규모를 유지하고 신제품을 개발하기 위해서는 수요기업과의 협력이 절대적이다. 수요기업의 기존 제품 생산계획에 따라서 공급기업의 생산물량이 결정된다. 그리고 수요기업의 신제품 개발계획에 따라서 공급기업의 신소재 개발 방향과 일정, 시제품 테스트 등 일련의 모든 과정이 이루어진다. 즉 단기적으로는 독과점 공급기업이 수요기업의 생산 물량에 영향을 줄 수 있지만 중장기 생산 물량의 결정, 공급처 다변화, 신제품 개발 등에 있어서는 수요기업이 공급기업보다 영향력이 더 크다고 할 수 있다. 이러한 수요−공급기업간 관계의 중요성을 간과한 일본의 수출규제 조치는 결국 한국 수요기업의 일본 공급기업에 대한 신뢰를 낮추고 위험을 증가시킴으로써 일본 공급기업에 도움이 되지 않는 결과를 초래하였다. 나아가 한국의 소부장 산업의 경쟁력을 제고시키는 계기를 만들어 주었다.

일본의 3개 품목에 대한 수출규제는 자국 수출기업인 소재 공급기업에게 부담을 부과하여 글로벌 공급망에 훼손을 가하는 조치였다. 결국 일본의 3개 품목 수출규제 조치로 인한 한국 기업의 직접 피해는 발생하지 않았고 글로벌 공급망 훼손도 일어나지 않았다. 오히려 한국에서는 소부장 공급망 안정성 확보, 소부장 자립적 생태계 형성 등 소부장 산업의 발전을 촉진하는 계기가 되었다. 또한 기존의 비용과 효율 중심 글로벌 공급망이 안정성 중심 글로벌 공급망으로 전환되는 추세를 우리 기업이 미리 직접 생생하게 경험하는 계기가 됐다. 그동안 삼성전자, SK 하이닉스 등 우리나라 글로벌 기업은 글로벌 공급망을 구축함에 있어 현재 시점에서 최고의 가격 경쟁력과 최고의 품질을 요구해 왔다. 그러다 보니 일본 등 특정 국가의 특정 기업에 대한 의존도가 높을 수밖에 없었다. 이런 상황에서 일본 수출규제는 더 이상 특정 국가의 특정 기업에만 의존하다간 위기의 순간에 회사가 나락으로 떨어질 수도 있다는 생생한 교훈을 우리 모두에게 심어 주었다.

Q

왜 불화수소를 선택했을까요?

A

불화수소는 플루오린화수소라고도 하고, 액체로는 불산이라고도 한다. 유독물질이지만 반응성이 풍부해 촉매제나 탈수제로 이용한다. 특히 반도체 실리콘 웨이퍼의 제조과정에서 꼭 필요한 원료다. 반도체만이 아니라 유리를 녹이기 때문에 예전부터 유리의 세공에도 사용됐고 옥탄가가 높은 휘발유를 만들 때도 필요한 성분이다. 알루미늄을 제련할 때나 프라이팬 코팅제인 테플론을 생산할 때도 불화수소는 꼭 필요하다. 물론 반도체 공정에 사용하는 불화수소를 일반적인 원료와 동일하게 봐서는 곤란하다. 99% 이하 순도 불화수소는 우라늄 등 광물을 추출하는 데 사용한다. 99.9% 이하 순도는 석유화학제품을 만들 때 쓰이며, 순도가 파이브나인(99.999%) 이상이 돼야 반도체 식각공정에 쓸 수 있다. 물론 스텔라, 모리타 등 일본 화학기업들이 고순도 불화수소의 글로벌 시장을 대부분 점유하고 있다. 이런 회사들이 한국 기업에 대한 수출길을 막으면 우리 기업이 당장 고순도 불화수소를 구하기가 힘들어지는 것은 맞다.

하지만 우리나라는 오래전부터 고순도 불화수소를 대량생산할 수 있는 기술을 개발해왔다. 솔브레인은 이미 일본의 수출규제 전부터 고순도 불화수소 설비 증설을 추진하고 있었다. SK머티리얼즈도 비슷한 시기에 파이브나인(99.999%)급 초고순도 불화수소 가스의 양산에 성공했다. 이미 불화수소 분야에 있어 한국의 기술력은 일본과 경쟁할 수 있었지만, 그동안 단가, 품질, 거래관계 등의 조건 문제로 일본 기업이 납품을 주도해 왔다. 우리나라 수요기업은 일본의 수출규제 조치로 안정적인 공급망 확보에 문제가 생길 수 있고 우리나라 기업의 자체 생산이 가능하다는 것을 확인한 이상, 위험을 짊어져 가며 일본 기업으로부터 필요 물량을 모두 구입할 이유가 사라진 셈이 되었다.

일본이 불산에 수출규제 조치를 취하자, 한국 정부는 기업의 설비 생산 증설 지원과 R&D 지원에 적극 나섰다. 수요기업도 공급 안정성 차원에서 국내 소재 기업에게 납품 기회를 부여하였다. 비로소 국내에서 고순도 불화수소를 대량 생산할 수 있는 여건을 갖추게 되었다. 실제로 세계적 디스플레이업체인 국내 디스플레이업체 모두가 일본산 액체 불화수소를 국산 제품으로 대체하는 데 성공했다. 덕분에 일본산 불화수소 수입량은 2018년 3만 8,339톤에서 2022년 3,451톤으로 감소했고, 수출금액 역시 2018년 6,686만 달러에서 2022년 830만 달러로 무려 88%나 쪼그라들었다. 이에 따라 일본산 불화수소에 대한 의존도(중량기준)는 2018년 46%에서 2022년 6.4%까지 떨어졌다.

일본이 불산을 수출규제 품목에 포함시킨 이유는 글로벌 가치사슬에서 우월한 기술 독과점 성격을 가졌기 때문이라기보다는 전략물자 통제라는 수출규제의 성격에 가장 부합한 품목이었기 때문이라고 생각된다. 불화수소는 3대 품목 중 일본의 기술 독점 성격이 약하고 전략물자 성격이 가장 큰 품목이었다. 그렇기 때문에 우리나라는 국내생산 시설 확충, 수입처 다변화, 기술개발 지원 등 긴급 조치를 통해 일본으로부터 불산수입의 급격한 감소와 국내 생산 능력의 대대적 확충 등 실질적 성과를 빠른 시간내 거둘 수 있었다.

Q

왜 불화 폴리이미드를 선택했을까요?

A

불화 폴리이미드(플루오린 폴리이미드)의 경우는 사실 일본 수출규제의 직접적 영향이 없었다. OLED 패널 제조에 사용되는 플루오린 폴리이미드는 일종의 플라스틱 소재다. 유연하고 열에 강한 소재인데, 일본 또는 중국에서 수입하는 원재료나 국내산 원재료를 국내 기업에서 가공하여 생산하고 있었다. 수출규제 조치 발표 직후 일본측에 신속하게 확인한 결과, 폴리이미드의 원료는 수출규제 대상이 아니라는 확인을 받았다. 따라서 폴리이미드를 사용하여 디스플레이를 생산하는 국내 수요기업에 대한 직접적 피해는 발생하지 않았다.

하지만 우리 정부는 폴리이미드는 다양한 곳에 쓰이는 핵심 소재이기 때문에, 일본 수출규제 조치를 계기로 원재료 수급 다변화, 국내 폴리이미드 생산 능력 확충 등 대응 조치를 적극 추진하였다. 나아가 우리 수요기업은 디스플레이 소재를 불화 폴리이미드에서 강화박막유리(Ultra Thin Glass)라는 대체소재를 개발하여 채택함으로서 일본으로부터 디스플레이용 폴리이미드 수입의 필요성을 사실상 제로로 만들어버렸다. 이러한 불화 폴리이미드 사례는 글로벌 공급망에서 수요기업의 중요성을 확실히 보여주고 있다. 수요기업은 독과점 공급기업에 대해 물량, 가격, 품질 등 공급조건 결정만이 아니라, 소재공급 여부 자체를 변화시킬 수 있는 결정적인 힘을 지니고 있다는 사실이다. 일본이 왜 불화 폴리이미드를 수출규제 품목으로 포함시켰는지 아직도 그 이유를 정확히 알 수는 없다. 하지만 일본의 불화 폴리이미드 수출규제는 국내 불화 폴리이미드 소재기업의 기술력을 제고시키고 국내 불화 폴리이미드 생산 능력을 확충시키는 것은 물론 신소재로의 대체라는 새로운 혁신을 유발하는 결과를 초래했다는 사실만은 분명하다.

왜 포토 레지스트를 선택했을까요?

Ⓐ

 반도체 노광공정에 필수 소재인 포토 레지스트는 빛에 노출됨으로써 약품에 대한 내성이 변화하는 고분자 재료로 기판 위에 전자회로 패턴을 형성하기 위해 사용하는 감광제의 일종이다. EUV(극자외선)용 노광공정에 쓰이는 포토 레지스트를 만드는 국내 업체는 없고 전량을 일본으로부터 수입하고 있었다. 일본 회사가 독점 공급하는 EUV용 포토 레지스트는 국내 대체가 불가하며, 수급이 원활하지 않으면 시스템 반도체 생산과 수주에 문제가 발생할 수 있었다. EUV용 포토 레지스트는 높은 기술력이 필요해서 국내 기업이 기술개발을 추진 중이었지만 초기 단계로 기술개발에 성공하여 국내 생산 능력을 갖추기 위해서는 상당한 시일이 필요할 것으로 전망되었다. 또한 미국 듀폰 등으로 EUV용 포토 레지스트의 수입처를 다변화할 경우 품질, 수율 저하 등 문제를 선제적으로 해결해야 했기 때문에 실제 공정 투입에도 1년 이상의 상당한 시일이 걸릴 것으로 보였다. 일본 수출통제 3개 품목 중 EUV용 포토 레지스트는 고도 기술이 필요한 일본 기업의 독점 품목으로 우리나라 반도체 산업에 주는 영향이 매우 컸다.

우선 우리 수요기업은 EUV용 포토 레지스트의 이용 효율을 높이고, 가능한 재고를 확대하려는 노력을 기울였다. 또한 EUV용 포토 레지스트 공급처를 일본이 아닌 벨기에로 다양화하는 조치가 취해졌다. EUV용 포토 레지스트 신규 공급처인 벨기에 R사는 일본 기업과 벨기에 기업이 공동 설립한 회사이기 때문에 대체 투입을 위한 품질 테스트가 상대적으로 간단해서 대체 공급망으로 용이하게 활용할 수 있었다. EUV용 포토 레지스트는 단기적으로 수입국을 다변화함으로써 대일 의존도를 낮출 수 있었다.

이와 함께 국내 기업의 EUV용 포토 레지스트 개발을 본격적으로 지원하기 시작했다. EUV용 포토 레지스트라는 소재의 자체 개발 및 생산 능력을 갖추는 것은 매우 어렵고 시간이 많이 걸리지만 꼭 이루어야 하는 과제였다. 우선 EUV용 포토 레지스트의 전 단계인 ArF(아르곤)용 포토 레지스트 기술개발과 생산을 먼저 추진하였다. 다행히도 빠르게 ArF(아르곤)용 포토 레지스트 기술개발에 성공하고 성능평가 역량 확보와 양산라인에 투입되는 성과를 거두었다. 이러한 성과를 바탕으로 연이어 EUV용 포토 레지스트 기술개발과 상용화를 추진하였다. 마침내 국내 기업은 2021년 말 EUV용 포토 레지스트 기술개발에 성공하였고 2022년 말부터 국내 수요기업의 반도체 양산라인 일부에 국내 기업이 개발한 제품을 적용하기 시작하였다는 소식이 들리고 있다. 정말 다행이고 반가운 소식이다. 이와 함께 우리 정부의 적극적인 투자유치 노력을 통해 2020년 초 미국 듀폰은 EUV 포토 레지스트 생산라인을 한국에 설치하기 위한 투자를 결정하기도 하였다.

EUV용 포토 레지스트 기술개발과 상용화는 소재 공급업체의 기술 개발 노력만으로 가능한 것이 아니다. 우선 수요기업이 기술개발된 제품에 대한 시험인증 기회를 제공하고 성공시 구매 확약을 받을 수 있는 협력관계 형성이 선제적으로 필요하다. 그리고 최첨단 기술력 확보를 위해서는 대학, 연구소, 기업 등 산학연 최고 전문가들과의 협력도 필요하다. 그리고 기술개발, 상용화 과정에서 필요한 자금 지원과 산학연 전문가의 참여를 촉진하고 수요기업과 공급기업간 원활한 협력을 지원할 뿐만 아니라 관련 노동, 환경, 기술 규제를 해결하는 역할을 정부가 해주어야만 한다. 예상보다 빠르게 EUV용 포토 레지스트 기술개발이 성공하고, 양산라인에 적용되어 상용화 및 생산되는 길로 들어서고 있는 것은 소부장 기업은 물론 수급기업과 민관, 산학연관 모두가 함께 긴밀히 협력해서 노력한 결과라고 할 수 있다.

EUV용 포토 레지스트에 대한 일본의 수출규제는 중요한 의미를 남겼다. 우선 글로벌 공급망에서 첨단 기술력으로 독과점 지위를 확보하고 있는 소부장 기업은 글로벌 공급망 전체를 위협할 수 있는 매우 높은 전략적 가치를 보유하고 있다는 사실이다. 그리고 글로벌 공급망이 효율과 비용을 중시하는 JIT(Just In Time) 체제에서 안정성을 중시하는 JIC(Just In Case) 체제로 전환되고 있다는 선례를 보여주고 있다. 특히 EUV용 포토 레지스트와 같은 핵심 소부장 분야에서 첨단 기술력을 확보하고 이를 생산으로 연결시키기 위해서는 수요－공급기업 간, 산학연 간, 민관 간 협력 체제의 구축이 필수적이라는 소부장 산업 정책의 핵심내용을 명확히 알려주고 있다.

산업정책 나침판: 소부장 산업의 진정한 가치를 찾아서3)
(전자신문 2022.2.22)

2019년 7월 1일, 일본 경제산업성의 반도체 핵심 소재 3개 품목 수출규제 발표. 전 국민은 충격에 빠졌다. 하지만 전 국민이 힘을 모았다. 정부도 소재부품장비(소부장) 산업 독립의 승부처로 인식하고 과감하고 신속하게 대응체제를 마련했다. 대한민국 소부장 산업은 흔들리지 않는 산업강국 만들기의 출발점이다. 출발부터 늦어 부족했던 산업화 시대의 혁신과 지식 축적의 시간을 따라잡아야 한다. 디지털화, 친환경화, 글로벌 가치사슬 재편이라는 새로운 변혁에 맞추어 주력산업 구조 개편과 신산업 성장이라는 과제의 해결은 소부장 산업부터 시작해야 한다.

제조업 가치사슬에서 소부장의 기술력은 완제품의 수준을 결정하고, 궁극적으로 국가의 제조업 경쟁력을 결정한다. 특히, 완제품 조립생산능력이 세계적으로 평준화됨에 따라 디지털화, 지능화, 친환경화, 고부가가치화된 소재부품 개발과 생산 능력의 보유가 더욱 중요해졌고, 제조업의 경쟁력을 결정하는 핵심요소가 되었다. 미래의 새로운 수요에 맞추어 주력산업이 진화하고, 신산업이 창출됨에 따라 미래형 소재·부품 기술력 확보가 필수적이다. 철강 산업의 수소환원제철기술, 자동차 산업의 자율주행콘트롤러 관련 신소재·부품기술, 수소의 생산, 저장, 이동, 활용관련 신소재·부품기술 등이 필수적인 미래 신소재·부품기술의 예시가 될 수 있다.

대한민국 소재부품 정책은 1978년 대일무역적자(33.5억 달러) 대응을 위해 수입다변화제도를 도입하는 것으로부터 출발하였다. 그리고 2001년 부품소재특별법 제정과 함께 R&D, 투자를 활성화하여 부품소재산업을 본격적으로 육성하기 시작하였다. 소재부품장비의 생산이 3배('01년 240조 원→'17년 786조 원), 수출은 5배('01년 646억 달러→'18년 3,409억 달러) 확대되고, 무역수지는 2001년 9억 달러 적자에서 2018년 1,375억 달러 흑자로 전환되는 성과를 거두었다. 이는 시장규모가 크고 기술난이도가 상대적으로 낮은 범용 품목을 중심으로 양적 성장에 주력한 결과다. 하지만 기술개발과 생산단계의 단절, 수요·공급기업간 협력모델 부재, 가치사슬에서 시장규모가 작지만 필수적인 핵심기술 미확보라는 한계를 보였고, 2019년 일본과의 전체 무역적자 192억 달러 중 소부장 부문의 적자가 182억 달러나 차지하는 결과를 가져왔다.

정부는 일본의 수출규제 조치를 계기로 획기적이고 과감한 소부장 정책을 민간과 함께 신속하게 추진하였다. 다행히 정부는 일본 수출규제 조치 6개월 전부터 소부장 산업 경쟁력 제고 방안을 준비해 왔다. 준비된 자에게 위기는 기회다. 정부는 소재부품장비 경쟁력 강화대책 발표('19.8.5.), 수출규제 대응 추경예산 2,732억 원 확보('19.8.), 소부장경쟁력 강화위원회 출범('19.10.), 2.1조 원 소부장 특별회계 신설('19.12.), 소부장 특별법 전면개정('20.5.), 소부장전략 2.0 발표('20.7.), 소부장 특화단지 지정('20.10.) 등 범정부, 민관합동으로 일련의 소부장 정책을 수립하고 신속·과감하게 추진해오고 있다. 일본 수출규제 조치 이후 2년 기준으로, 일단 3개 품목에 의한 생산차질은 발생하지 않았고, 불화수소 국내생산 2배 이상 확대, 불화 폴리이미드 대체소재 개발, EUV 포토레지스트 신규 수입처 확보라는 공급망 안정을 이룩하였다. 그리고 소부장 산업의 매출이 20.1%, 수출 7.4%, 1조 원 이상 중소중견기업이 13개에서 31개로 대폭 확대되었다.[4] 특히 수요공급기업간 연대협력 협의체 구성으로 공동 R&D, 국내제품 구매, 설비개방 등 성과와 함께 12개 대학, 32개 공공연구소가 소부장 기술이전과 장비·인력 활용에 참여하는 등 자립적 생태계를 만들어 가고 있다.[5]

금번 소부장 정책이 추구하는 핵심 전략은 제조업 가치사슬에서 필수적이나, 오랫동안 소수기업이 전담해 온 분야에 과감히 도전하여 필수적인 전략적 가치를 확보하고자 하는 것이다. 상기 분야는 수요가 확정되지 않은 상태에서 장기간 R&D, 엄격한 시험·인증, 막대한 투자가 필요해서 위험도가 매우 큰 반면, 높은 기술력을 요구하고 시장이 좁아 신규 진입이 어렵다는 특성을 가지고 있다. 따라서 민간, 정부가 혼자 만의 힘으로 할 수 없다. 그래서 기획-R&D-시험-생산-구매에 이르는 각 단계별로, 원료 개발-1차소재 개발-2차소재 제조-부품 제조-최종제품 생산에 이르는 각 단계별로 참여기관 간, 수요·공급기업 간, 민관 간 연대와 협력이 필수적이다. 특히 소부장 산업과 수요산업 간 연대와 협력은 자동차, 조선, 반도체, 디스플레이 등 주력산업의 구조개편 성공, 초격차 마련과 함께 바이오, 수소산업 등 신산업 창출 및 성장의 열쇠가 될 것이다. 현재 소재부품장비 협력모델 45개가 선정되어 원활히 추진중이다.6) 바로 동 협력 모델의 성공 및 정착 여부가 대한민국 소부장 산업, 나아가 대한민국 전체 산업의 미래 경쟁력의 관건이 될 것이다.

대한민국 소부장 산업은 도약의 기회를 맞고 있다. 한국 전자산업은 아날로그 시대에서 디지털 시대로의 전환 시기에 일본 전자산업을 추월할 수 있었다. 지금 디지털, 지능화, 친환경화, 융합화라는 새로운 시대의 도래가 도약의 기회를 열어 주고 있다. 그리고 미중 패권경쟁의 격화에 따라 초격차 만들기, 추월에 필요한 추가 시간을 벌어 주고 있다. 또한 대한민국은 반도체, 디스플레이, 자동차 산업에서 강력한 글로벌 수요기업을 가지고 있다. 이들이 공급 안정성 확보 차원에서 한국 소부장 기업에게 도전의 기회를 주고 있다. 이들이 바로 대한민국 소부장 산업의 건강한 생태계 조성을 위한 강력한 후원자이다. 하나 더, 최근 장기 투자가 필수인 소부장 산업에 대한 펀드의 중장기 투자가 활성화되고 있다. 소부장 산업의 발전에 필수적인 중장기 금융투자와 선순환하는 소부장 산업 생태계가 만들어진다면, 소부장 산업 발전에 필요한 축적의 시간을 한층 앞당길 수 있을 것으로 기대된다.

소부장 산업정책은 순조롭게 출발했다. 하지만 앞으로 장기간 꾸준히 추진되어야 한다는 것이 더욱 중요하다. 그리고 변화하는 대내외 환경에 따라 소부장 산업정책의 방향이 맞는지, 정책의 추진 속도가 적절한지, 구체적인 정책의 내용이 맞춤형으로 마련되었는지를 매번 지속적으로 점검하면서 개선·보완해 나가야 한다. 소부장 산업은 흔들리지 않는 산업강국 만들기의 출발점이자 완성점이기 때문이다.

Q

소부장 산업정책은 어떻게 추진되어 왔나요?

A

소부장 산업은 소부장 선도기업이 초격차 전략을 통해 시장을 독점하고 새로운 소재가 다양한 분야로 확대되어 필수 소재로 활용된다는 특징을 지니고 있다. 2006년 이후 세계에서 유일한 미세공정 노광장비 개발로 초격차를 유지하면서 시장을 독점하고 있는 네덜란드 ASML, 1971년 탄소섬유 도레이카를 제조, 판매한 후 세계 최대규모의 탄소섬유 선도기업으로 독보적 위치를 확보하고 있는 일본 도레이를 소부장 선도기업이라 할 수 있다. 폴리이미드라는 원천기술을 확보하면 유연인쇄회로기판, 감광성 수지, 코팅막 소재, 층간 절연재 등으로 자동차 산업, 디스플레이 산업, 반도체 산업 등 다양한 분야에 활용될 수 있다. 이러한 소부장 산업의 특징으로 인해 세계 각국은 자국의 소부장 산업 경쟁력 제고를 위해 정부의 지원을 확대하고 보호무역과 생산기반 확보를 강화해 나가고 있다.

우리나라 소재부품 정책은 대일무역 역조개선을 위해 수입다변화제도를 도입·운영했던 1단계(1978~2000), 본격적인 소재부품산업 육성을 위해 부품소재특별법을 제정·추진했던 2단계(2001~2019) 그리고 일본 수출규제 이후 범정부 차원에서 과감하게 소재부품장비 산업을 육성해 나가고 있는 3단계(2019~)로 나눌 수 있다. 먼저 1단계, 수입다변화제도를 도입·운영했던 시기는 부품소재 산업정책이 중심이었다기 보다 대일무역 역조를 개선하려는 무역정책의 한 부문으로 추진되었다.

우리나라 부품소재 정책은 대일 무역역조 개선, 주력산업 현안 문제 해결을 위한 추격자(Fast Follower) 전략 중심의 정책을 추진했던 2단계 시기부터 본격적으로 시작되었다고 할 수 있다. 2단계 소재부품 정책은 부품소재특별법을 제정하고 제1차 부품소재 산업발전 전략을 수립·추진하기 시작한 이후 단계별로 비전과 목표를 상향 조정하면서 부품소재 산업의 경쟁력 확보를 위한 정책을 추진해 왔다. 2단계의 1차 전략(2001~2008)은 대일무역 역조개선을 위한 수입대체 위주의 기술개발이 중심이었고, 2차 전략(2009~2012)은 단기간 내 선진국 추격을 위한 범용 위주 부품소재 핵심 기술개발에 주력했다. 3차 전략(2013~2016)은 기술 선진국 진입을 위한 세계수준 10대 핵심 소재개발을 중점 지원하였고, 4차 전략(2017~2019)은 세계 최고 수준의 첨단 신소재부품 기술개발에 중점을 두어 추진했다. 지난 19년간 노력의 결과, 우리나라 소부장 산업은 시장이 큰 범용 소재부품을 중심으로 지속 성장해왔다. 2019년 현재 소부장은 제조업 생산의 51%, 부가가치의 55%, 고용의 48%, 기업수의 42%를 차지하고 있다. 그리고 2000년 대비 생산액 3.3배, 부가가치 3.3배, 고용 28만 명, 업체수 20%가 증가하고, 무역수지도 2001년 9억 달러 적자에서 2019년 1,157억 달러, 2020년 1,026억 달러 등 대규모 흑자로 전환되면서 우리나라 제조업의 성장을 견인해 왔다. 우리나라 소부장 산업의 성장은 2단계 정책의 성공적 추진의 결과라 할 수 있다.

　　우리나라 정부는 2019년 일본의 수출규제 조치를 계기로 범정부 차원의 과감한 소재부품장비 정책을 민간과 함께 신속히 적극 추진하기 시작했다. 사실 이때부터 소재가 정책의 제일 앞자리를 차지하면서 산업통상자원부는 '부소장'을 '소부장'으로 바뀌어 부르기 시작했다. 20

년 만에 소부장 특별법을 전면 개정하여 한시법을 상시법으로 전환하고 장비산업 부문을 추가하였고, 소부장 특별회계와 경쟁력강화위원회 설치 등 소부장 산업 육성정책의 지속적 체계적 추진체제도 갖추었다. 2019년 8월 발표된 소부장 경쟁력 강화대책, 소부장 1.0은 100대 핵심 품목의 조기 공급안정 확보, 기업간 협력모델 구축, 실증·양산 테스트베드 확충, 민간의 생산·투자 지원 등 소부장 산업 경쟁력 지원대책과 특별법 제정 등 강력한 추진체계를 만드는 것이 주요 내용이었다. 이후 코로나 19 등 외부 충격과 글로벌 공급망 재편, 4차 산업혁명 신기술 적용으로 첨단산업화 등 글로벌 환경의 급격한 변화로 초래된 위기를 기회로 바꾸기 위해 2020년 7월, 소부장 2.0 정책을 발표하였다. 소부장 2.0은 일본 수출규제 대응 차원을 넘어 글로벌 공급망 재편과 미래시장 선점을 위한 공세적 전략이다. 일본 의존의 극복을 넘어 글로벌 소부장 강국으로의 도약과 첨단산업의 세계 공장화를 지향하고 있다. 우선 공급망 관리대상을 기존 일본 의존도가 높은 100개 품목에서 글로벌 공급망 차원에서 필수적인 338+α개 핵심 품목으로 확장했다. 이와 함께 차세대 전략기술 확보에 5조 원 이상 투자하고 차세대 첨단 유망산업을 중심으로 100개 핵심기업을 유치하는 것을 주요 내용으로 담고 있다.

새 정부도 소부장 정책을 적극 추진하고 있다. 2022년 10월 소부장 핵심품목을 글로벌 공급망과 미래산업 중심 150개로 확대하고, 국민 생활에 큰 영향을 끼치는 원소재와 범용품 관리도 강화하는 것을 주요 내용으로 '새정부 소재부품장비 산업 정책방향'을 발표했다. 정책대상을 대(對)일본, 주력산업 중심에서 대(對)세계, 첨단미래산업 중심으로 확장하고, 해외수요와 국내 공급기업간 협력 확대 등 글로벌 시장 진출을 강화하면서 위기감지 모니터링을 강화하는 등 소부장 공급망을 안정화

시켜 나가는 데 중점을 두고 있다. 또한 수요-공급기업간 협력모델 19 건도 신규 승인하여 총 64건을 추진하고 있는 등 소부장 정책은 새 정부에서도 지속 보완되면서 추진되고 있다.

Q

소부장 경쟁력 강화 대책을 만드는 과정 중 에피소드를 소개해주세요.

A

2018년 12월 산업통상자원부가 발표한 '제조업 활력회복 및 혁신 전략'중 '소재·부품·장비: 자립화를 넘어 글로벌화 추진'이 포함된 이후, 산업통상자원부 소재부품산업정책관 소속 공무원들은 정말 불철주야로 일했다. 특히 일본 수출규제 조치 발표 이후 한 달 만에 종합대책을 만들어 내는 과정에서 많은 에피소드가 발생했다.

그중 하나는 소부장 보고서가 6개월 동안 실무 작업과 1개월에 걸친 다수부처와 고위 당정청 협의 등을 거치는 과정에서 새로운 아이디어를 구체화하고 의견을 수렴하면서 종합대책이 300번 이상 수정되는 기록을 남겼다. 이 과정에서 K 국장은 이빨이 빠졌지만 시간이 없어 치료를 받지 못하다가 대책 발표 이후 겨우 임플란트를 할 수 있었다.

L 사무관은 2018년 말부터 다음 해 6월까지 6개월 넘게 소부장 경쟁력 강화대책을 만드느라 매일 야근하고 휴일까지 근무하면서 일해 왔는데, 일본 수출규제 조치 이후 1달 동안에는 휴일도 없이 매일 새벽까지 일하는 강행군을 지속했다. 무더운 7월의 어느 날, L 사무관이 익

일 아침에 예정된 고위 당정협의 자료를 세종 사무실에서 만들던 중 갑자기 사라져 행방불명되는 사태가 발생했다. 아무리 시간이 지나도 L 사무관이 사무실로 돌아오지 않아, 어쩔 수 없이 서울에 있던 국장과 과장이 직접 자료를 만들 수밖에 없었다. 나중에 사정을 알아보니, L 사무관 배우자는 지난 6개월 동안 늦은 퇴근, 휴일 출근에 더하여 최근 1개월 동안 이어진 새벽 퇴근을 견디다 못해 가출하겠다고 선언을 해버리자, L 사무관이 이를 수습하러 집으로 가는 바람에 발생한 일이었다.

그리고 소재부품산업정책관 소속 수습 R 사무관은 사귀던 여자친구와 양가 부모 상견례가 6월 30일 예정되어 있었다. 하지만 당일 일본 수출규제 뉴스가 발표되자마자 직원 모두가 사무실로 출근해서 현황 파악과 회의자료 작성 등으로 바쁘게 일하고 있었다. R 사무관은 긴박하게 일하고 있는 국장, 과장과 직원들에게 상견례가 있다는 말을 차마 하지 못하고 사무실에서 함께 늦게까지 일하고 말았다. 결국 R 사무관은 양가 상견례에 불참하게 되었고 이 때문에 여자친구와 양가가 서먹하게 되었다고 한다.

저는 이 이야기를 듣고 L 사무관의 배우자와 R 사무관의 예비처가에 꽃다발, 와인과 함께 L, R 사무관의 그간 노력을 격려하면서 감사하다는 편지를 보냈다. 그 후 L 사무관 배우자로부터는 사무실 상황을 잘 이해하고 지금은 더욱 화목하게 지낸다는 장문의 이메일을 받았고, R 사무관은 양가의 이해를 얻어 다시 상견례를 가지고 20년 가을, 무사히 결혼했다는 반가운 소식을 들었다.

이 자리를 빌려 일본 수출규제 대응에 헌신적인 노력과 수고를 아끼지 않은 산업통상자원부 직원 모두에게 고맙다는 말을 전하고 싶다.

산업통상자원부는 일본 수출규제대응 주무부서로서 관련 업무가 거의 모든 부서에 걸쳐 있었고, 수많은 자료 작성, 회의 참석, 민관 소통 등을 단시간내 효율적 종합적으로 대응해야 했다. 각 부서별 자신만의 정보, 시각, 업무로는 감당할 수 없었다. 산업통상자원부는 모든 관련 부서가 참여하는 회의체 운영을 통해 해결책을 찾았다. 소부장담당 산업국, 수출규제품목담당 산업국, 산업총괄 산업정책국, 수출규제담당 무역국, 일본담당 통상국, WTO담당 통상전략실, 소재부품수급센터담당 무역조사실, 국회담당 기획조정실, 언론담당 대변인실 등 산업통상자원부내 거의 모든 부서가 아침 8시부터 열리는 장차관 주재 일본 수출규제 전략회의에 참여했다. 매일 아침 그곳에서 모든 정보를 공유하고 구체적 전략의 방향과 내용을 치열하게 논의하고 결정했다. 그 논의와 결정을 토대로 일본 수출규제에 신속하고 체계적으로 대응해 나갈 수 있었다. 산업통상자원부가 일본 수출규제 대응의 최일선에 서 있고, 우리가 무너지면 바로 마지막이라는 각오로 직원 모두가 전력투구하며 함께 열심히 일했던 기억이 새롭다. 다시 한 번 모두에게 감사드린다.

Q

일본 수출규제 조치에 대한 한국의 대응은 어떻게 전개되었나요?

A

일본은 한국에 대한 수출규제를 공식 발표(2019.7.1.)한 이후, 7월 4일부터 3개 품목에 대한 수출규제 조치를 전격적으로 실시하였다. 그리고 우리나라를 백색국가에서 제외하는 조치는 30일간의 의견수렴 절차를 거쳐 8월 2일 일본 각의에서 결정된 후, 8월 28일부터 실시되었다. 일본은 한국에 수출규제 조치를 취한 이유로 다음 3가지를 들었다. 일본 정부는 그동안 한일 수출관리 당국 간 정책대화를 통해 한국의 수출관리 제도를 확인해 왔으나 약 3년 동안 정책대화가 개최되지 않아 신뢰가 훼손되었다고 주장했다. 그리고 한국의 재래식 무기에 대한 캐치올(catch-all) 통제 제도가 미흡하며, 한국의 수출 통제 인력 및 조직이 취약하다고 주장하였다.

하지만 일본 정부의 주장은 실제 사실과 거리가 있었다. 첫째, 한일 정부는 공식 수출관리 정책대화 이외에도 국제 회의와 컨퍼런스 등 다양한 계기를 통해 정보를 상호 교류해 왔으며, 정책대화는 상호 일정이 조율되지 않아 2019년 3월 이후 개최하는 것으로 양국간 양해되었던 사항이었다. 그리고 한국은 '대외무역법', '전략물자 수출입고시' 등을 기반으로 재래식 무기 캐치올 통제에 대한 제도적 틀을 갖추고 정상적으로 운영하고 있었다. 또한 한국은 산업통상자원부, 원자력안전위원회, 방위사업청 등 분야별 전문성을 갖춘 부처와 전략물자관리원 등 전문기관 간 긴밀한 협업체계를 갖추고 수출통제 업무를 수행해 오고 있었다. 일본이 자국의 경제산업성과 한국의 산업통상자원부 수출통제 인력 및 조직만을 단순 비교하여 우리의 수출통제 조직과 인력이 취약하다고 주장하는 것은 양국간 수출통제 조직과 운영 시스템의 차이를 간과한 주장이었다. 우리 정부는 일본 수출규제 조치의 부당성, 즉 우리나라 대법원의 강제 징용 소송 판결에 대한 보복조치로서 WTO 협정상 원칙적으로 금지되는 행위임을 확실히 지적하면서, 한국의 수출통제제도가 정상적이고 효과적으로 작동하고 있음을 강조하고 일본 수출규제 조치의 원상 회복을 강력히 촉구해 나갔다.

우리나라는 7월 1일 발표한 정부 입장에 따라 9월 11일 일본의 3개 품목 수출규제 조치를 다음과 같은 3가지 이유로 WTO에 제소하였다. 우선, 일본이 3개 품목에 대해 한국만을 특정하여 포괄허가에서 개별수출허가로 전환한 것은 WTO의 근본원칙인 차별금지 의무, 특히 최혜국대우 의무를 위반한 것이다. 다음으로 일본 정부가 사실상 자유롭게 교역하던 3개 품목을 각 계약 건별로 반드시 개별허가를 받도록 하고 어떠한 형태의 포괄허가도 금지한 것은 수출제한 조치의 설정·유지 금지 의무를 위반한 것이다. 이와 함께 일본의 수출규제 조치는 정치적인 이유로 교역을 자의적으로 제한하는 것으로서 무역 규정을 일관되고, 공정하고, 합리적으로 운영해야 하는 의무에도 저촉되었기 때문이었다. 이후 WTO 제소절차에 따라 한국과 일본은 10월 11일, 제1차 WTO 양자협의, 11월 19일, 제2차 WTO 양자협의를 통해 양국 입장을 상호 확인하는 절차를 진행하였다.

한편, 우리나라는 전략물자 제도의 백색국가에서 일본을 제외하는 제도개선을 추진했다. 9월 1일, 우리나라는 국제수출통제체제의 기본 원칙에 어긋나게 제도를 운영하는 등 국제 공조가 어려운 국가에 대해 전략물자 수출지역 구분을 변경하는 '전략물자 수출입 고시'를 개정하였다. 기존 전략물자 지역 '가' 지역에서 '가의 2' 지역을 신설하여 '가의 1, 2' 지역으로 세분화하였고, '가의 2' 지역에 해당하는 국가에게는 '기존 '가' 지역, 즉 '가의 1' 지역으로 구분되었을 때와 비교하여 신청 서류, 심사 기간, 허가 면제 등을 강화하는 요건을 부과하여 적용하였다. 그리고 일본을 '가의 2'지역으로 분류하였다.

8월 22일, 우리나라는 한일 간 '군사비밀정보의 보호에 관한 협정 (GSOMIA, 지소미아)'을 종료하기로 결정하였으며, 협정의 근거에 따라 연장 통보시한 내에 외교 경로를 통하여 일본 정부에 이를 통보할 예정이라고 발표했다. 우리나라는 일본 정부가 지난 8월 2일 명확한 근거를 제시하지 않고, 한일간 신뢰훼손으로 안보상의 문제가 발생하였다는 이유를 들어 백색국가에서 우리나라를 제외함으로써 양국 간 안보협력환경에 중대한 변화를 초래하였다고 평가했다. 우리나라는 이러한 상황에서 안보상 민감한 군사정보 교류를 목적으로 체결한 협정을 지속시키는 것이 국익에 부합하지 않는다고 판단하였다.

한일 양국의 수출규제 조치관련 대화는 어떻게 재개되고 중단되었나요?

2019년 11월 22일, 우리나라는 한일 간 지소미아 종료 통보의 효력을 정지시키며, 수출관리 정책대화가 정상적으로 진행되는 동안에는 일본의 3개 품목 수출규제 조치에 대한 WTO 분쟁해결절차 또한 잠정 정지시키기로 한일 양국은 합의하였다고 밝혔다. 한일 양국은 수출관리 정책대화 재개의 합의(2019.11.22.)와 함께 대화 준비에 즉시 착수했다. 과장급 준비회의(2019.11.28. 서울), 국장급 준비회의(2019.12.4. 오스트리아 빈)를 거쳐 마침내 2019년 12월 16일 한일 수출관리정책대화가 일본 동경 경제산업성에서 개최되었다. 국장급 정책대화에서 양국은 현안 해결에 기여하기 위해 민감기술 통제관련 현황, 한일 양국 수출관리제도 운영과 향후 추진계획 등을 주요 의제로 논의하였고, 앞으로도 수출관리 정책대화와 의사소통을 계속해 나갈 것에 합의하였다.

12월 20일, 일본 경제산업성은 포토 레지스트의 한국수출 규제 조치를 일부 완화했다. 일본 경제산업성은 한국과 일본의 특정 기업 간 포토 레지스트 수출 거래에 한해서 그동안 6개월마다 허가신청 절차를 받도록 했던 조치를 최장 3년간 포괄신청제로 수정한다고 발표했다. 동일 기업에 의한 계속적인 거래가 포토 레지스트 수출의 대부분을 차지하기 때문에 적절한 관리 상황을 확인할 수 있는 기업에 한해 포괄적인 거래를 허가한다고 설명하였다.

차기 한일 수출관리정책대화는 코로나 19 확산으로 2020년 3월 10일 화상으로 개최되었다. 양국은 지난 회의 의제를 점검하고 수출과 기술이전 관리가 효율적으로 이루어질 수 있도록 협력을 강화해야 한다는데 의견을 같이하고 현안 해결에 기여하기 위한 대화와 소통을 지속해 나가기로 합의하였다.

우리나라는 일본과 국장급 정책대화 재개 등 대화에 성실히 임하면서 소통을 강화하는 노력을 기울이는 동시에 일본이 수출규제 조치의 이유로 제시한 제도개선도 함께 추진하였다. 우선 우리나라의 캐치올 통제가 정상적이고 효과적으로 작동하고 있음에도 불구하고 재래식 무기 캐치올 통제에 대한 법적 근거를 보다 명확히 하기 위해 대외무역법을 개정(2020.3.18.)하였다. 또한 산업통상자원부내 무역안보 전담조직을 기존 1과 단위에서 국 단위인 무역안보정책관으로 확대 개편(2020.5.6.)하였고, 수출관리 심사인력을 대폭 확충하고 전략물자, 기술유출방지 등 무역안보 업무를 일원화하고 전문성도 더욱 강화하는 조치를 신속히 추진하는 등 수출통제 제도개선을 완료하였다.

우리나라는 일본 측이 제시한 수출규제 사유가 모두 해소된 상황에서 더 이상 현안 해결을 지연시킬 수 없다는 판단 아래, 일본 정부에 3개 품목과 백색국가 제도에 대한 문제 해결 방안과 이에 대한 구체적 입장을 밝혀 줄 것을 촉구(2020.5.12.)하였다. 하지만 일본은 문제 해결 의지를 보이지 않았고, 현안 해결을 위한 논의가 진전을 이루고 있지도 못하는 등 WTO 분쟁절차 정지의 조건이었던 정상적인 대화 진행으로 보기 어려운 상황을 맞이하게 되었다. 이에 따라 2020년 6월 2일 우리나라는 잠정 정지하였던 일본의 3품목에 대한 수출규제 조치에 대한

WTO 분쟁해결절차를 재개키로 하였음을 발표하였다. 7월 29일, 한국 정부의 요청에 따라 제네바에서 열린 WTO 분쟁해결기구(DSB) 정례회의에서 일본 수출제한조치 분쟁(DS590)에 대한 패널이 설치되었다. 하지만 이후 2023년 3월까지 한일 양국은 서로 입장 변화 없이 명시적 대화나 충돌도 없이 각자의 조치를 유지해 왔다.

Q

한일 양국의 일본 수출규제 이전으로 복귀는 어떻게 전개되었나요?

A

2019년 7월 일본의 한국에 대한 3개 품목 수출규제로 시작되어 3년 8개월 동안 지속되어온 한일 무역분쟁은 2023년 3월 16일 양국 정상이 한일 협력의 새시대를 선언함으로서 새로운 국면을 맞이하였다.

2023년 3월 6일 우리나라 정부는 "강제 징용 대법원 판결관련 일제강제동원피해자지원재단을 통해 대법원 확정 판결을 받은 피해자들에게 판결금을 우선 변제해주는 '제3차 변제 방식'을 채택했다."고 발표했다. 그리고 "과거의 불행한 역사를 극복하고, 화해와 선린우호 협력에 입각한 미래지향적 관계를 발전시켜 나가기 위해 함께 노력하길 바란다."라고 덧붙였다. 이어서 3월 7일 산업통상자원부는 "한일 양국 정부는 수출규제에 관한 한일 간 현안사항에 대해 양측이 2019년 7월 이전상태로 되돌리기 위해 관련한 양자협의를 신속히 해나가기로 했다."고 발표했다. 일본 경제산업성도 "한일 양국이 2019년 7월 이전 상태로 되돌리기 위해 수출관리 정책대화를 조만간 개최하기로 했다."라고 발표했다. 이후 한국 산업통상자원부와 일본 경제산업성은 3월 14일부터 3일 동안 동경에서 한일 수출관리정책대화를 개최한 후, 3월 16일 일본은 한국에 대한 3개 품목 수출규제를 해제하고, 한국은 일본의 수출규제에 대한 WTO 제소를 취하하기로 합의했다고 공식 발표했다. 마침내 3월 23일, 일본은 3개 품목에 대한 수출규제를 해제하였고, 한국은 WTO 제소를 취하했다.

3월 23일, 한국은 현재 "가의2 지역"에 있는 일본을 전략물자 수출우대 지역인 "가의1 지역"으로 이동하는 전략물자수출입고시 개정안을 행정예고(3.23.~4.12.)했다. 이후 한일 양국은 한국에서 수출관리정책대화(4.10, 12~13, 18~20)와 일본에서 추가 회의(4.24.~25.)를 개최하는 등 대화를 지속해 나갔다. 4월 24일, 한국은 일본을 백색국가에 포함시킨 전략물자수출입고시 개정안을 확정·공포하였다. 한편 4월 28일, 일본은 우리나라를 일본 수출무역관리령 별표 제3의 국가(백색국가)에 추가하기 위한 정령 개정안에 대한 의견 수렴 절차 개시를 발표했다. 6월 27일, 우리나라를 백색국가에 포함시키는 일본 수출무역관리령 개정안을 각의에서 의결하였고, 6월 30일 공포를 거쳐 7월 21일부터 시행되었다. 마침내 2019년 7월 이후 지속되어 온 한일 수출규제 현안이 완전히 해소되는 순간이었다.

일본 수출규제는 우리에게 무엇을 남겼나요?

1. 펠리칸 경제를 만들자

A

　일본 수출규제는 2019년 7월 1일 일방적으로 갑작스럽게 발표됐다. 이후 우리나라는 위기를 기회로 바꾸기 위한 치열한 노력을 기울였다. 무엇보다 우리나라 국민의 위기 극복 DNA가 발휘되어 일본 수출규제 극복은 물론 나아가 우리나라 소부장 산업의 경쟁력을 강화하는 계기로 만들었다. 이는 정부의 철저한 준비와 노력, 일본 수출규제에 대한 당당한 대응 그리고 국민의 지지를 바탕으로 한 민관협력으로 가능했고, "해보니까 되더라."라는 성과를 거두었다. 일본 수출규제는 시장은 좁고 높은 기술력을 요구하면서 장기간 기술개발과 대규모 투자가 필요하고 매우 위험도가 높아 '시장의 힘'만으로는 할 수 없는 소부장 분야에 도전하는 계기를 만들었고, 수급기업 협력모델을 통해 성과를 만들어 내고 있다. 이제 소재부품장비 산업은 대한민국 제조업 경쟁력을 받쳐 주는 핵심이자 흔들리지 않는 산업강국을 만들어 가는 주춧돌이 되고 있다.

　우리나라는 일본의 수출규제로 인해 글로벌 공급망 안정성의 중요성과 대응을 다른 나라보다 먼저 경험할 수 있었다. 이에 따라 일본 수출규제 이후 발생한 코로나 19 확산과 미중 패권경쟁의 격화에 따른 글로벌 공급망의 급속한 재편에 우리나라는 다른 나라에 비해 선제적으로 대응해 나갈 수 있었다. 특히 글로벌 공급망에서 필수적인 핵심 기술의 확보가 얼마나 중요한지를 확인할 수 있었고, 이는 기업의 가치를 넘어 국가의 가치도 제고할 수 있는 전략적 가치를 지니고 있다는 사실도 확인할 수 있었다.

한국과 일본은 경쟁적, 보완적 산업구조를 동시에 가지고 있다. 특히 한중일 동북아시아 공급망은 자유무역 체제의 확산과 함께 거래 규모와 효율성 측면에서 세계 최고 수준을 갖추면서 크게 발전해왔다. 일본이 경제성장을 주도하던 1980년대까지는 한중일 3국이 섬유, 철강, 조선, 기계, 자동차, 전자 산업의 순차적 이전으로 상호 발전하는 안행형 산업발전의 모습을 띠었다. 안행(雁行)은 기러기의 대열을 말한다. 기러기가 날아갈 때 가장 앞에 날아가는 리더가 있고 그 뒤를 다른 개체들이 쭉 따라서 날아간다. 일본에서 주로 주장된 안행형 산업발전은 기러기가 대열을 이뤄 날아가듯이 후발 국가들이 선발 국가의 산업을 물려받는 과정을 통해서 산업이 발전하고 구조가 고도화되는 방식을 말한다. 하지만 90년대 이후 일본은 IT, 금융 등 신산업 발전이 늦어진 반면, 한국은 반도체, 디스플레이, 자동차 등 IT 산업이 급속하게 성장하였고 중국은 세계의 공장으로 우뚝 서면서 제조업 중심의 놀라운 성장을 이룩하게 되면서 안행형 산업발전 모델은 한계에 직면하였다. 대외지향적 안행형 발전전략은 저부가가치 산업이 후발 국가에 이전되고 선발 국가의 기술, 자본, 부품 및 중간재에 의존하는 형태로 분업구조가 재편되는 과정에서 선발 국가가 이윤을 독식하는 '가마우지 경제'의 문제를 초래했다.

한국과 일본의 가치사슬이 대표적이다. 일본의 경제평론가 고무로 나오키(小室直樹)가 1989년 '한국의 붕괴'라는 책에서 한국은 취약한 부품소재 산업으로 인하여 완제품을 수출하여도 부품과 소재를 수입하는 나라인 일본에게 실익을 전부 뺏기고 있다는 점을 지적하면서 '가마우지 경제'라는 용어를 사용했다. 가마우지 경제란 가마우지를 이용해 물고기를 잡는 방식에서 착안해 국제분업을 설명하고 있는 용어다. 중국 양자강 유역의 어부들은 가마우지의 목을 묶어 둔 상태에서 물에 풀어 놓는다. 가마우지는 본능적으로 물고기를 사냥하지만, 목이 묶인 상태인 만큼 잡은 물고기를 삼키질 못한다. 결국 사냥한 물고기는 어부들의 차지가 된다. 즉 가마우지 경제는 한국의 부품소재 산업이 취약해서 성장의 실익을 제대로 확보하지 못하고 오히려 일본이 실익을 얻고 있는 상황을 비유하고 있다.

저는 2019년 8월, 일본 수출규제 조치에 대한 대응책으로 소부장 경쟁력 강화대책을 발표하면서 국내 소재부품장비 산업을 '가마우지'에서 '펠리컨'으로 바꿔 나가겠다고 밝혔다. 펠리컨이 부리 주머니에 먹이를 가득 담아 새끼에게 먹여 스스로 새끼를 키우는 것에 주목하고, 가마우지 경제에 대응하는 용어로 사용했다. 펠리컨 경제 만들기는 소부장 산업을 적극 육성해서 소부장 산업의 자체 발전은 물론이고 반도체, 자동차 등 주력산업에서부터 신산업까지 모든 산업의 부가가치를 제고시킴으로써 우리나라 전체 산업의 경쟁력을 강화하여 튼튼한 산업구조를 만들어 나가겠다는 선언이었다. 소부장 산업이 바로 흔들리지 않는 산업강국 만들기의 출발점이자 종착점이라는 사실을 강조하고 싶었다.

Q

일본 수출규제는 우리에게 무엇을 남겼나요?

2. 한일 기술 공동체 추진

A

한국과 일본, 양국은 상호 주요 수출입 상대국이다. 일본은 한국의 4위 수출국('23년 290.2억 달러), 3위 수입국이고('23년 476.6억 달러), 한국은 일본의 3위 수출국('22년 7,106십억 엔), 7위 수입국('22년 4,415십억 엔)이다. 하지만 일본은 중요한 경제협력 국가인 우리나라를 대상으로 정치적인 목적을 달성하기 위해 경제적인 수단을 활용하는 수출규제 조치를 취했다. 이러한 일본의 수출규제 조치는 우리나라 소부장 산업의 경쟁력을 강화시키는 계기를 마련해 주고 대일본 의존도를 줄이는 결과를 초래하였다. 나아가 한일 양국간 경제 교류를 위축시키는 결과도 낳았다.

한일 양국은 경제적 측면에서 과거, 현재 그리고 미래에도 경쟁과 협력을 통해 상호 발전시켜 나아가야 하는 밀접한 관계를 가지고 있다. 한일 양국은 정치적 문제로 인해 경제적 협력을 저해하는 어리석음을 범해서는 안 된다. 특히 디지털화, 친환경화, 글로벌 무역질서 재편이라는 새로운 변혁에 맞추어 앞으로 한일 간 가치사슬을 상호 보완적으로 발전시켜 나아가야 한다는 공동의 현안 과제에 직면하고 있다. 나아가 한일 양국은 자유롭고 공정하며 비차별적이고 투명하고 예측 가능하며 안정적인 무역과 투자 환경을 조성하는 다자간 자유무역 체제를 함께 지지하고 주도해 나아가는 데 앞장서야 한다는 세계 경제적 차원의 공동 과제도 함께 가지고 있다.

한국과 일본 양국은 이제 불필요한 갈등을 넘어서 경쟁과 협력을 통해 양국관계의 발전은 물론 다자간 자유무역체제 확립과 발전을 위해 함께 노력하여야 한다. 가마우지 경제와 같은 일방적인 관계가 아니라 글로벌 가치사슬에서 한일 양국 경쟁력을 상호 제고할 수 있는 기술공동체를 형성하려는 노력이 긴요하다. 한일 공동 연구개발, 공동 투자, 제3국 공동 진출 등을 활성화하여 재편되는 글로벌 공급망에서 수평적 관계에 기반한 한일 기술공동체를 형성하여 한일 양국의 산업 경쟁력을 강화해 나아가야 한다. 지금이 바로 한국과 일본 양국이 새로운 협력관계를 만들어 나아가야 하는 시점이다.

주석

1) 실무회의 성격관련 일본 측은 일본 수출규제 조치에 대한 설명회라는 입장이었고 우리 측은 일본 수출 규제 조치에 대해 협의도 포함한다는 입장이었다. 일본 측은 동 회의에서 한국 측의 일본 수출규제 조치에 대한 철회 주장이 없었다고 설명하는 반면 우리 측은 일본 수출규제 조치의 철회보다 강한 의미인 일본 수출규제 조치의 원상회복을 요구하였다고 설명하였다. 일본 측은 자신들이 일방적으로 작성한 자료를 회의결과로 공개하자고 주장한 반면, 한국 측은 일본 측이 작성한 자료의 내용에 동의할 수 없으며 동 회의에서 논의된 모든 내용을 사실대로 전부 공개하자고 주장하는 등 한일 양국은 실무회의 결과에 대해 서로 커다란 이견을 보였다.
2) 문준선, 일본의 전략물자 수출규제에 대한 심층조사(2023.10.) p.11, p.14에서 인용하였다.
3) 성윤모, 산업강국 나침판: 소부장 산업의 진정한 가치를 찾아서, 전자신문, 2022.2.22.
4) 최신 통계로 보완하면, 소부장 산업의 매출이 31.6%, 수출 15.1%, 1조 원 이상 중소중견기업이 13개에서 25개로 대폭 확대되었다.
5) 최신 통계로 보완하면, 수요공급기업간 연대협력 협의체 구성으로 공동 R&D, 국내제품 구매, 설비개방 등 성과와 함께 12개 대학, 40개 공공연구소가 소부장 기술이전과 장비·인력 활용에 참여하는 등 자립적 생태계를 만들어 가고 있다.
6) 최신 통계로 보완하면, 현재 소재부품장비 협력모델 64개가 선정되어 원활히 추진중이다.

참고문헌

산업통상자원부 등 관계부처 합동, 새정부 소재부품장비 산업정책 방향,
　 2022.10.

산업통상자원부, 소재부품장비 정책 성과 및 향후 과제, 2021.11.

산업통상자원부, 2019－2020 산업통상자원백서, 2021.8.

산업통상자원부 등 관계부처 합동, 소재부품장비 2.0 전략, 2020.7.

산업통상자원부 등 관계부처 합동, 소재부품장비 경쟁력 강화대책, 2019.8.

산업통상자원부, 제조업 활력 회복 혁신 전략, 2018.12.

문재인 대통령비서실, 위대한 국민의 나라, 한스미디어, 2022.4.

문준선, 일본의 전략물자 수출규제에 관한 심층조사, 2023.10.

성윤모, 한국의 제조업은 미래가 두렵다, 마이넌, 2003.9.

성윤모, 소부장 산업의 진정한 가치를 찾아서, 전자신문 2022.2.22.

글로벌 무역체제의 변화와
미중 패권경쟁 시대의 도래

Q

글로벌 무역체제는 어떻게 형성되고 변화되어 왔는지요?

A

제2차 세계대전 이후 세계 경제는 자유무역이 확산되고 저비용, 고효율 중심으로 글로벌 무역체제가 형성, 발전되면서 급속히 성장해 왔다. 1944년 7월 브레튼우즈 협정에 따라 달러화를 기축통화로 하는 금본위제도가 실시되고, 국제통화기금(IMF)과 국제부흥개발은행(IBRD) 이 설립되었다. 통화가치 안정, 무역진흥, 개발도상국 지원을 목적으로 환율 안정과 자유무역 확대가 주요 목표였다. 1947년 10월 관세장벽과 수출입 제한을 제거하고 국제무역과 물자교류를 증진시키기 위하여 23 개국이 참여하는 GATT(General Agreement on Tariffs and Trade, 관세 및 무역에 관한 일반 협정)가 출범되었다. 이후 케네디라운드, 동경라운드, 우루과이라운드 등 관세 인하와 무역자유화가 지속 추진되었다. 마침내 1995년 1월 관세 인하는 물론 무역자유화 분야에 지식재산권 분야와 금융, 정보통신 등 서비스 무역 등을 포함하고 116개국이 참여하는 WTO(World Trade Organization, 세계무역기구)가 출범되었다. 이후 WTO 는 2016년 7월 29일 164개국 회원으로 확대되면서 명실상부하게 세계 자유무역을 뒷받침하는 중추적 역할을 담당해 오고 있다. 20세기 초 기업은 수직적 통합을 통해 모든 생산과정에 참여해 왔다. 하지만 제2차 세계대전 이후 무역자유화가 확산됨에 따라 기업 내 부품사업부 독립 등 역내 공급망 구축으로 확대되었고 20세기 말 마침내 전 세계 공급망 구축을 완성하였다. 세계 각국 기업은 글로벌 분업체계를 기반으로 글로벌 공급망에 참여하여 고도화, 글로벌화를 추진하면서 경쟁력을 강화시켜 왔다. 무역자유화 확산, 글로벌 공급망 형성과 발전을 통해서 세계 경제는 눈부신 발전을 이룩하는 성과를 거두었다.

한편 제2차 세계대전 이후 미국과 소련은 체제 경쟁을 벌였고, 자본주의와 사회주의의 대결에서 결국 미국이 주도하는 자본주의가 승리했다. 자본주의 국가 내에서 일본과 독일의 부흥이 있었지만, 미국의 패권을 넘볼 수는 없었다. 이후 미국은 중국을 자본주의 체제로 끌어들이고자 했다. 질 아이켄베리(Jill Eikenberry)를 비롯한 자유주의자들은 동유럽 사회주의 국가들과 아시아, 중남미 국가들이 자유주의 시장경제를 받아들이면 이를 통해 민주주의가 자연스럽게 확장될 것으로 생각했다. 자본의 힘이 체제를 압도할 것이라고 본 것이다. 이들은 전후 국가세력의 지리적 분포에 따른 국제정치, 경제, 안보 등의 영향을 의미하는 지정학의 의미가 없어질 것으로 봤다. 이 때문에 자유주의자들은 중국을 WTO로 이끌면 정치경제적 자유민주주의가 발현할 것으로 낙관했다. 1990년대 후반 중국은 미국 등 서방세계의 전폭적인 지원 아래 세계 최빈국에서 벗어났고 2001년 WTO에 가입하면서 국제 통상질서에도 편입되었다. 하지만 중국은 자유주의에 기반한 자본주의 글로벌 경제체제에 순응하리라 예상했던 미국의 기대와는 달리 움직였다. 그리고 덩샤오핑의 유언이었던 '도광양회(韜光養晦)'는 중국의 성장과 맞물리며 점차 잊혀졌다. 중국은 저렴한 인건비를 기반으로 생산비용의 절대우위를 활용하여 중국을 세계의 공장으로 빠르게 우뚝 세웠다. 나아가 덩샤오핑의 개혁개방 정책 이후 40년간 이어진 기술 굴기를 통해 중국은 철강, 조선, 전자 등 주력산업은 물론 IT, 5G, AI 등 첨단산업 부문에서도 글로벌 경쟁력을 확보하는 성과를 거두었다.

중국이 WTO에 가입하자, 제조 기업들은 비용절감을 위해 중국으로 급속히 이동하였다. 중국이 WTO에 가입한 후 20년의 성과를 살펴보면, 중국은 세계 제조업에서 차지하는 비중 1위('00년 중국 9.8%, 미국 23.7%→'20년 중국 31.3%, 미국 15.9%), 세계 1위 품목수 1위('02년 중국 787개 3위, 미국 884개 1위→'20년 중국 1,798개 1위, 미국 479개, 3위) 등 중국 굴기를 실현하였다. 미국은 중국산 수입 비중이 휴대용 컴퓨터의 92.4%, 휴대전화의 78.8%, 신발의 90.5%에 이르는 등 범용재 교역에 있어 중국에 크게 의존하고 있다(한국무역협회, 2020). 더욱 심각한 것은 21세기 첨단산업 분야에서도 중국의 성장이 눈부시다는 사실이다. AI, 퀀텀컴퓨팅 등 10개 첨단기술분야 특허출원 1위 국가가 2000년 미국 5개, 일본 5개에서, 2013년 미국 5개, 중국 5개, 2017년에는 중국 9개, 미국 1개로 중국이 압도적 1위를 차지하면서 중국은 미래기술 경쟁력에서도 크게 두각을 나타내고 있다(일본경제신문). 특히 반도체, 5G, AI 등 첨단기술이 사이버 공격과 첨단무기에 적용되어 전통적 의미의 군사력 격차를 단기에 해소할 잠재력을 보유할 수 있게 되면서 안보의 정의도 바꾸고 있다. 이제 세계 패권경쟁의 원천이 군사력, 경제력에서 기술력으로 이동하고 있다.

중국이 세계 무역에서 G2로 급속히 성장하면서 미국과의 패권경쟁이 시작되었고, 이는 그동안 형성되어 왔던 자유무역 체제와 글로벌 가치사슬을 변화시키고 있다. 글로벌 기업이 저비용, 고효율을 최대 가치로 삼아 세계화, 외주화를 주도하며 발전시켜 오던 글로벌 공급망은 이제는 기업과 정부가 함께 신뢰와 공급 안정성 가치를 중시하면서 지역화, 내재화를 주도하는 공급망으로 급속히 재편되고 있다.

중국 굴기는 어떻게 가능했고, 앞으로도 지속 가능한지요?

중국은 중국제조 2025, 중국표준 2035, 일대일로(一帶一路) 등을 통해 세계 경제 패권을 장악하려는 의도를 숨기지 않고 있다. 중국은 풍부한 노동력, 막강한 제조역량과 중앙정부의 일관되고 강력한 지원과 통제, 거대한 내수시장 등을 강점으로 급속한 경제성장을 성공적으로 이룩하였다. 중국은 선진국의 시간 축적(경험으로부터 얻어지는 축적, 아이디어를 실행하면서 얻는 시행착오의 축적, 현장에서 얻어지는 혁신의 축적, 사회적 축적인 네트워킹을 모두 포함하는 의미의 축적)의 효과를 후발자 이득의 효율적 활용을 통해 급속한 경제 성장으로 연결시켰다. 나아가 중국의 거대한 큰 대륙을 활용한 공간의 축적을 더하여 축적의 효과를 최대화시키는 데 성공하였다.[1] 신기술 개발과 신산업 발전은 선도자의 창의적인 도전과 축적의 결과이다. 하지만 후발자는 선도자의 경험을 활용하여 보다 적은 투자로 보다 빠른 시간 내 동일한 결과를 얻을 수 있다. 중국은 금융산업에 있어 현금 – 신용카드 – 전자화폐 단계를 차근차근 거쳐 발전하지 않고 신용카드 단계를 거의 건너뛰고 전자화폐 단계 중심으로 금융산업을 발전시켜 나가고 있다. 통신산업에 있어서도 유선후 무선 이동이라는 단계적 이동이 아니라 거의 직접 무선 통신산업 중심으로 대규모 투자와 기술혁신을 이룩하면서 세계 통신산업 발전을 주도하고 있다. 중국은 자동차 산업에서도 내연기관 자동차 산업을 기반으로 전기차 산업으로 이동하지 않고 직접 전기차 산업을 육성하는 선택을 했다. 그 결과, 중국은 미래 자동차의 핵심 중 하나인 친환경차인 전기차의 상용화를 선도하고 세계 전기차 시장을 주도하는 성과를 거두고 있다. 중국의 토종 전기자동차 업체인 BYD가 전 세계 전기차 판매량 1위, 중국 CATL 역시 세계 최대 이차전지 기업이라는 성과를 거두고 있다.

하지만 중국이 지속적으로 경제성장을 이룩하고 나아가 세계 경제를 주도하기 위해서는 국가 자본주의 속성인 관료제의 경직성을 극복하고 임금상승, 고령화, 성장둔화 등 중진국 함정을 극복해야 한다는 과제를 지니고 있다. 특히 세계 경제 패권을 장악하기 위해서는 무엇보다도 첨단기술의 선점, 정치 민주화 리스크 극복과 함께 자유, 공정, 창의, 문화 등 세계 경제를 주도하는 소프트파워(soft power) 확보가 절실하다고 할 수 있다.

2012년 시진핑 주석은 집권 보름도 안 돼 중화민족의 위대한 부흥을 실현하는 것이 중화민족의 꿈이라고 밝히며 '중국몽'을 공식화했다. 미국의 아메리칸 드림(American Dream)에 대응하기 위해 만든 신조어다. 중국은 중국제조 2025, 일대일로 등을 통해 G2 체제를 넘어 중화인민공화국 건설 100주년이 되는 2049년에는 미국을 넘어 새로운 역학관계의 중국 중심 시대를 연다는 목표인 중국몽을 구체화하면서, 미국과의 패권경쟁을 벌여 오고 있다. 중국은 미국의 전방위적 압박에도 불구하고 기술추격을 가속화하는 등 패권경쟁을 계속하고 있다. 중국제조 2025의 지속 추진, 수출통제법 제정, 희토류 기업통합 등을 통해 첨단 기술력 확보, 기술 및 수출 통제 대응을 멈추지 않고 있다. 더욱이 2022년 10월, 중국 시진핑 주석은 마오쩌둥 이후 장기집권 최대 권력자로 올라섰고, 미국을 상대로 한 패권경쟁을 이어 나가고 있다.

Q

미국은 중국 굴기에 어떻게 대응하고 있나요?

A

중국의 팽창은 미국과 피할 수 없는 패권 경쟁으로 이어졌다. 이미 미국에선 버락 오바마 행정부 시절 이전부터 중국의 환율조작 의혹, 특허 침해, 본국 투자 해외기업에 대한 기술력 탈취 문제를 계속 제기해 왔다. 그러다 미국의 중국에 대한 견제가 본격적으로 수면 위로 떠오른 것은 도널드 트럼프 미국 대통령의 집권 이후다. 트럼프 대통령은 후보 시절부터 계속 보호무역을 주장했다. 실제로 집권 이후 트럼프 대통령은 2018년 7월, 미국으로 들어오는 중국 수입품 700여 항목에 대해 25%의 추가 관세를 부과하는 보복조치를 단행했다. 중국이 미국산 수입품에 대해 25% 관세를 부과하며 반격하자 미국은 다시 중국산 제품 6,031종 2,000억 달러 분량에 대해 10% 추가 관세를 매기기도 했다. 미국은 이에 더해 중국의 전자제품 및 통신장비 제조업체인 화웨이에 대한 제재도 가했다. 트럼프 대통령은 화웨이와 중국 정부간 유착 의혹을 끊임없이 공론화했다. 그러다 2019년 5월 '정보통신 기술 및 서비스 공급망 확보에 관한 행정명령(Executive Order on Securing the Information and Communications Technology and Services Supply Chain)'에 서명함으로써 화웨이와 68개 자회사에 대한 제재를 가했다. 이 조치는 미국 기업만이 아니라 화웨이와 거래를 하는 제3국의 기업이나 금융기관까지 제재하는 '세컨더리 보이콧(secondary boycott)'도 가능한 강력한 행정명령이다. 이로 인해 화웨이는 결국 중저가 스마트폰 사업부를 매각하면서 심각한 점유율 추락을 경험했다. 이뿐만이 아니라 화웨이가 야심차게 추진하던 5G 사업 또한 세계 각국의 세컨더리 보이콧 우려에 커다란 타격을 입었다.

조 바이든 대통령 집권기에도 미국의 이러한 기조는 변하지 않고 있다. 2021년 6월 바이든 대통령은 중국 방산·감시기술 관련 기업에 대한 자국민의 주식거래 및 투자를 금지하는 행정명령에 서명했다. 같은 해 12월 바이든 대통령은 신장 지역에서 생산된 제품의 수입을 사실상 금지하는 내용의 '위구르강제노동방지법'도 의회의 지지하에 가결되어 최종 서명하는 등 정부와 의회가 중국 제재에 손발을 맞추고 있다. 바이든 대통령의 대중국 견제는 강도를 더욱 높이고 있다. '2022년 반도체와 과학법(The CHIPS and Science Act of 2022)', 인플레이션 감축법(Inflation Reduction Act, IRA) 등이 대표적이다. 그리고 2022년 10월, 조 바이든 미국 정부는 미국 기업이 중국의 반도체 생산기업에 관련 장비를 수출하는 것을 사실상 금지하는 '첨단 컴퓨터 및 반도체 제조장비에 대한 대중국 수출통제조치'를 단행했다. 미국 상무부는 "미국의 기술 리더십은 혁신과 가치에 대한 것이며, 미국의 국가 안보와 외교상 이익을 보호할 것"이라는 분명한 메시지를 보냈다. 또한 "중국을 탈냉전 시대 이후 세계질서를 재편할 의도와 힘을 가진 유일한 경쟁자이자 가장 결정적인 지정학적 도전"으로 규정한 국가안보전략(NSS)도 공개했다. 미국의 목표가 중국의 굴기를 꺾는 데 있다는 점을 분명히 한 것이다.

미국은 중국과의 패권경쟁에서 승리하기 위하여 앞에서 첨단기술에 대한 중국 통제와 자국 기술보호 조치를 강화하고, 반도체, 이차전지, 바이오 등 주요 산업육성을 위한 보조금 지급을 확대하는 등 산업정책을 적극 추진하고 있다. 이와 함께 미국 중심의 글로벌 공급망을 구축하기 위한 인도태평양경제프레임워크(IPEF), 칩4 등 우방국간 국제공조도 대폭 강화해 오고 있다.

Q

미중 패권경쟁을 주도하는 미국의 힘은 무엇인가요?

A

미국은 독립전쟁, 서부개척, 세계시장 진출 등 팽창을 통해 갈등을 극복하고 성장을 지속해 왔다. 특히 제2차 세계대전 이후 무역자유화를 주도하면서 세계경제의 패권을 차지하였다, 일본의 저명한 경제학자인 오마에 겐이치(大前研一)는 '보이지 않는 대륙(The Invisible Continent)'에서 미국의 역사상 유래없는 경제적 성공 이유로 다음 3가지를 제시하고 있다.2) "영어라는 세계적 언어를 보유하고 있고, 달러라는 공용 통화를 공급하고 있으며, 완전 개방된 시장을 실현하여 창의력을 중시하는 사회구조를 가지고 있다."라는 3가지 골든 플랫폼을 들면서 글로벌화된 세계에서 플랫폼의 선점이 얼마나 중요한지를 강조하고 있다.

미국이 가지고 있는 힘은 미국이 세계 경제에서 차지하고 있는 비중으로부터 알 수 있다. 미국이 세계 경제에서 차지하는 비중이 제2차 세계대전 직후 50%, 1950년대 40%, 1980년대 25%를 차지하면서 세계 경제를 완전히 주도해 왔다. 20세기의 미국은 '무엇이든 하고 싶은 일을 할 수 있는 세계에서 유일한 나라'였다고 할 수 있다. 하지만 EU 출범과 중국, 인도 등 개발도상국의 급속한 성장 등으로 미국의 세계 경제 비중이 2013년 23%까지 하락하였고 이제 미국은 '무엇이든 하고 싶은 일을 할 수는 없지만, 하기 싫은 일은 하지 않을 수 있는 나라'로 변하였다. 미국의 독주에 제동이 걸린 것이다. 그렇지만 2015년 이후 미중 패권경쟁이 격화되고, 코로나 19의 확산과 함께 4차 산업혁명의 본격화, 탄소중립 시대의 도래, 글로벌 공급망 재편 등 새로운 경제 패러다임이 전개되면서 미국은 세계 경제에서 차지하는 비중이 2020년 25%로 다시 상승하는 놀라운 결과를 보여주었다. 세계 경제에서 차지하는 비중(1980년대 → 2020년)이 EU는 29%에서 18%로, 일본이 10%에서 6%로 지속적으로 하락하고 있는 반면 중국은 2%에서 17%까지 상승하였고 미국과 패권경쟁을 벌이고 있다.3) 중국이 미국과의 경제규모 격차를 가장 줄였던 시기는 2021년으로 미국 경제 규모의 76.2%까지 올라섰다. 하지만 중국은 코로나 봉쇄, 미국의 압박 등으로 2023년에는 미국 경제 규모의 65%대로 떨어졌고, 앞으로도 70% 내외 수준에 머무를 것으로 전망되고 있다.4)

미국은 여전히 인구가 증가하고 있고, 아직도 흔들리지 않는 달러의 기축통화 역할, 세계 우수인력의 집결지이자 세계 최고 첨단 기술력과 군사력을 보유한 국가이면서 나아가 2025년에는 에너지 자립까지 달성하려고 하는 세계에서 유일무이의 성장성과 활력을 보유하고 있다. 미국은 당분간 미중 패권경쟁에서 주도권을 여전히 유지할 것으로 보인다. "중국의 힘을 과대평가하거나 과소평가하는 것은 위험하다. 그리고 미국의 힘은 어느 정도 여전할 것이다."라는 하버드 대학교 조지프 나이(Joseph S. Nye Jr.) 교수의 말을 참고할 필요가 있다.

Q

글로벌 공급망은 어떻게 형성되고 변화되어 왔나요?

A

　　공급망(Supply Chain)과 시장(Market)을 이어주는 가치사슬은 자유무역의 확산에 따라 글로벌 수준으로 확대되면서 글로벌 가치사슬(Global Value Chains, GVC)이 형성되었다. 제품 생산을 위한 원재료부터 완제품이 최종 소비자에게 전달되기까지의 재화, 서비스, 정보의 흐름이 이뤄지는 연결망인 공급망의 관리(Supply Chain Management, SCM)는 원래 개별 기업 차원의 과제였고, 공급망에서의 문제는 시장과 가격 기능을 통해 자연스럽게 조정되고 해결점을 찾아갔다. 하지만 글로벌 가치사슬이 형성되면서 발생하는 글로벌 공급망의 문제는 개별 기업 차원을 넘어 국가 차원의 과제가 되었고, 시장과 가격 이외 국가 간 정책 등을 포함한 복잡한 과정을 통해 조정되고 해결점을 찾고 있다.5)

　　글로벌 공급망은 운송·통신비용 인하 등 교역비용의 감소, 정보화 촉진에 따른 생산 네트워크 관리비용의 감소, 생산단계의 모듈화와 함께 자유무역협정 확대와 WTO 출범 등으로 인한 관세인하, 시장개방 등 정부 정책을 통하여 확대되어 왔다. 특히 2001년 중국의 WTO 가입 이후 중국이 세계의 상품 공급기지로 부상하였고 중국, 독일, 미국 등이 지역별 거점국으로 주변국과 밀접한 글로벌 공급망을 형성하면서 지역별 글로벌 공급망을 발전시켜 왔다.

하지만 2007년 국제 금융위기 이후 보호무역주의의 강화, 신흥 개발도상국 공급역량의 확대, 디지털 전환으로 수요기반 입지 리쇼어링(Reshoring)의 확산 등에 따라 2011년부터 글로벌 공급망 참여가 감소하는 등 글로벌 공급망의 구조적 변화가 나타나기 시작했다.6) 특히 코로나 19 확산, 대규모 자연재해, 러시아와 우크라이나 전쟁 발발 등에 따라 글로벌 공급망의 안정성이 크게 흔들렸다. 나아가 미중 패권경쟁의 심화, 영국의 유럽연합 탈퇴 등 주요국의 글로벌 공급망에 대한 의도된 단절이 발생하면서 특정 산업의 공급망 문제는 개별 기업의 대응 범위를 벗어나 국가 차원의 대응 과제가 되었다. 국가적으로 반드시 확보해야 하는 필수 재화나 전략 물자에 대한 공급망 관리가 산업경쟁력 유지, 사회 안정, 외교·안보상 핵심이익의 확보와 직결되면서 공급망 안정성에 대한 대응 체계와 회복력(resilience) 확보는 기업 차원을 넘어 국가적으로 중대한 과제가 되었다.7)

미국은 글로벌 공급망 재편에 어떻게 대응해 오고 있나요?8)

A

최근 미국은 자국 중심 글로벌 공급망으로의 재편을 위해 첨단 기술력 및 제조역량 확보, 국내산 우대 등 핵심 산업에 대한 지원을 확대하고 각종 규제를 도입하는 등 적극적인 산업정책을 강력히 추진해 오고 있다. 이와 함께 다자 및 양자간 수출통제와 국제 협력의 강화를 통해 중국을 제외한 글로벌 공급망을 구축하려는 노력에도 집중하고 있다. 우선 미국은 2021년 2월 14일 공급망 행정명령(Executive Order on America's Supply Chains)을 통해 반도체, 고성능 배터리, 전략적 광물자원, 의약품 및 의약 재료 등 4대 핵심품목 공급망 검토와 함께 국방, 공중보건, 통신기술, 에너지, 운송, 농산물 및 식품 등 6대 산업의 영향평가 실시를 발표하였고, 그해 6월, 재정지원 확대, 연구개발, 생산인력 역량 제고 등 향후 전략과 정책과제를 포함하는 보고서를 발표하였다.

2022년 8월 9일, 미국은 반도체와 과학법을 시행하면서 반도체와 과학산업에 2,800억 달러를 투입하고, 반도체칩 제조, 반도체 시설 건립 지원, 연구 및 인력 개발 등 반도체 산업에 직접 527억 달러를 지원하며, 중국 등 안보 위협국에 대한 신규투자 가드레일 조항을 도입하는 등 미국 반도체 산업을 적극 지원하고 있다. 특히 상무부는 반도체 공급망 강화를 위하여 반도체 공급부족 문제 해결을 위한 투자 증진, 반도체와 과학법 이행을 위한 재정지원, 미국내 반도체 생태계 강화, 반도체 중소기업 지원, 반도체 산업인력의 지속성 및 다양성 확보, 반도체 공급망 탄력성을 위한 동맹국 연계, 미국의 기술우위 보호 등 일련의 조치를 지속 권고하고 구체화하면서 미국 반도체 산업을 강력히 지원해 오고 있다.

2022년 8월 16일, 미국은 인플레이션 감축법(IRA)을 제정하여 법인세 인상과 기후변화 대응 등 재정지출 개선(2022년 총수입 7,370억 달러, 총지출 4,370억 달러)으로 미국내 급등한 인플레이션 완화를 도모하였다. 특히, 인플레이션 감축법(IRA)에서는 기후변화 대응, 친환경 에너지 산업 육성, 자동차 산업 지원 등에 4,330억 달러를 책정하였다. 하지만 북미에서 최종 조립된 전기차에 대해서만 최대 7,500달러의 세액공제를 제공하고, 전기차용 이차전지 부품의 50% 이상이 북미에서 조립 또는 최종 제조되어야 하며, 이차전지용 핵심광물의 40% 이상은 미국, 미국과의 FTA 체결국, 북미지역에서 재활용된 것이어야 한다는 조건을 부과하였다. 나아가 핵심광물을 우려 외국집단에서 조달할 경우 보조금을 지급하지 않는 조항을 명시하여 사실상 중국에 대한 견제를 명시하는 등 미국 내 공급망을 강화하고자 하는 의도를 숨기지 않고 있다.

미국은 국가안보, 외교정책 및 공급 부족에 대한 대응 목적인 수출통제법의 적용을 자국 중심 글로벌 공급망 구축에 보다 직접적, 적극적으로 활용하고 있다. 2018년 수출통제개혁법(Export Control Reform Act) 입법을 통해 우선 수출통제 대상 기술 및 품목 범위를 AI, 바이오 등 신흥기반기술 분야로 확대하였고, 수출허가 심사기준과 관리를 보다 엄격화하는 등 수출통제에 대한 행정부의 권한을 대폭 강화하였다. 이와 함께 국가나 품목이 아닌 기업인 중국 화웨이를 해외직접생산품규칙(Foreign Direct Product Rule, FDPR)의 적용 대상으로 추가하고 일부 반도체, 고성능기술용 초고속인터넷기기, 우주엔진기술, 컴퓨터암호화 기술은 비중과 무관하게 수출심사의 허가 대상으로 삼는 등 수출통제조치의 역외적용을 대폭 확대하고 있다. 특히 미국 상무부 BIS(Bureau of Industry and Security)는 수출관리규정을 개정하여 특정 기업이 아닌 중국 전체를 대상으로 삼고, 반도체 제조관련 소프트웨어와 기술도 통제 대상으로 포함시키는 등 대중국 반도체 수출통제를 가장 강력한 수준으로 실시하고 있다. 이와 함께 미국은 기존 4대 수출통제체제(WA,

NSG, AG, MTCR)로는 민감기술에 대한 중국의 접근을 제한하는 데 한계가 있다고 판단하고 통제 대상을 국가안보 이유관련 품목으로 확대하고, 러시아 등 특정국을 배제하는 소수 회원국만으로 구성된 새로운 다자수출통제 체제를 제안하고 있다.

미국은 글로벌 공급망 재편에 있어 중국을 배제하기 위해 우방국과 협력도 강화하고 있다. 우선 2021년 9월 29일, 미국−EU 무역기술이사회(TTC)를 출범시켜 범대서양 지역에서의 국제통상, 경제, 기술 등 미국−EU 간 공조를 강화하고 민주적 가치에 기반한 협력관계를 심화, 발전시켜 나가기로 하였다. 한편 미국은 인도태평양 지역에서 중국의 경제적 영향력을 억제하기 위해 미국이 주도하고 한국, 일본 호주 등 14개국이 참여하는 다자간 경제협력체인 인도태평양경제프레임워크(IPEF)를 출범(2022.5.23.)시켰다. 2023년 11월, IPEF는 중국을 배제한 공급망 분야 협정과 청정경제 및 공정경제 분야 협정을 타결하였다. IPEF 공급망 협정은 공급망관련 최초 협정으로 공급망 위기극복을 위한 정부간 협조, 공급망 다변화와 안정화를 위한 각국 정부의 노력, 공급망과 관련된 노동 환경 개선 협력을 포함하고 있다. 또한 미국은 2022년부터 미국, 한국, 대만, 일본으로 구성된 반도체 협의체인 칩4(CHIP4)를 제안하면서, 중국을 배제한 자국 중심의 안정적인 반도체 글로벌 공급망을 구축하고자 하고 있다. 앞으로 미국이 주도하고 있는 IPEF, 칩4가 지역내 공급망 안정화와 반도체 등 산업별 새로운 공급망 형성에 과연 어떠한 역할을 할 수 있을지 기대를 모으고 있다.

Q

유럽은 글로벌 공급망 재편에 어떻게 대응해 오고 있나요?9)

A

　　유럽은 디지털 기술혁명, 탄소중립 시대의 도래, 미중 패권경쟁의 심화, 안보 문제 등 대내외적 도전에 대응하여 미래 성장을 위한 전략적 자율성(Strategic Autonomy)을 강조하고 있다. 유럽의 전략적 자율성은 핵심 원자재, 기술, 식량, 인프라, 안보 등 전략 부문에 대한 유럽 내 생산, 전략적 가치사슬에 대한 투자, 제3국에 대한 과도한 의존성 축소라고 할 수 있다. 유럽의 전략적 자율성 정책은 미중 패권경쟁 속에서 개방형 전략적 자율성을 추구한다는 특징을 가지고 있다. 유럽은 중국의 불공정 관행 규제와 관련하여 미국과 공통의 이해관계를 가지고 각종 규제 조치를 도입하고 있지만, 중국과의 협력관계도 모색하기 위해 포괄적 투자협정 등을 체결하고 있다. 유럽은 미중 패권경쟁 속에서 각 사안별로 자국의 이익을 철저하게 반영하고, 힘의 균형을 고려한 전략을 추진하고 있다. 특히 전략적 자율성 강화에 있어 자체 역량 강화를 최우선 과제로 강조하고, 필요할 경우 적극적인 국제 협력으로 보완하고 있다. 유럽의 국제 협력은 상호 의존성을 고려하여 필요한 영역에서 자원을 공동으로 확보하고, 대체 공급망을 구축하여 공급망의 안정화를 도모하는 것을 목적으로 삼고 있다. 유럽은 미국과의 협력은 EU－미국 무역기술이사회를 중심으로, 발칸 및 아프리카 국가와의 협력은 공급망의 니어쇼어링(Nearshoring)을 중심으로 이루어지고 있다.

　　유럽은 원자재, 의약품, 이차전지, 수소, 반도체, 클라우드 및 엣지 컴퓨팅 등 6대 전략산업을 도출하고, 해당 산업의 전략적 자율성 강화를 위한 각종 정책을 도입하여 추진해 오고 있다. 2022년 2월, EU 집행위원회는 지속가능한 기업실사지침(Directives on Corporate Sustainability Due Diligence, 공급망 실사지침)을 발표하여 글로벌 기업들이 공동 기준에 맞추어 경영활동을 하도록 권고하였다. 공급망 실사지침은 유럽내외 일정 글로벌 기업을 대상으로 공급망 내 인권 및 환경 침해에 대한 실사 및 조치에 대해 강제적 의무를 부과하고 위반시 행정적 제재, 민사 책임 부과, 사업관계 일시 중단·종료 등의 제재 조치를 부과하고 있다. 2024년 3월, EU는 유럽판 인플레이션 감축법(IRA)으로 불리는 핵심원자재법(Critical Raw Minerals Act, CRMA)을 공식 채택했다. 전략 원자재는 신재생에너지, 디지털, 항공우주 등 핵심산업 분야에 사용되는 원자재 중 수요와 공급망 차질 위험 등을 고려하여 선정하였다. 2030년까지 제3국산(비EU권) 전략 원자재의 의존도를 역내 전체 소비량의 65% 이하로 낮추기 위한 역내 제조역량 강화, 공급선 다변화 규정 등이 주요 내용이다. 특히 2030년까지 전략 원자재의 EU 역내 수요대비 채굴 10%, 제련·정제 40%, 재활용 25%까지 확대하는 등 전략 원자재의 역내 생산 확대에 주력해 나갈 계획이다. 이와 함께 공급망 스트레스 테스트 실시, 전략 비축량 관리, 전략 프로젝트의 인허가 기간 단축(채굴 24개월, 가공·재활용 12개월), 환경 발자국 신고, 핵심 원자재 클럽 구성 등 다양한 조치도 함께 강구하고 있다. 2023년 3월, EU 집행위원회는 탄소중립산업법(Net Zero Industry Act)을 발표하여 2030년까지 태양광, 풍력, 이차전지 등 8대 탄소중립 전략 분야의 제조역량을 역내 기술수요의 40% 이상으로 확대하겠다는 목표를 제시하였다. 규제 간소화, 기술역량 강화, 인력 양성, 재정지원 확대, 공공조달 등을 통해 유럽의 친환경 산업을 육성하고 탄소중립 기술과 제조 역량을 강화해 나가고 있다. 또한 한시적 위기 및 전환 프레임 워크(Temporary Crisis and Transition Framework)도 개정하여 탄소중립 산업전환에 필요한 보조금 지급 허용과 투자의 해외유출 최소화를 위한 보조금(Maching aid) 도입의 원칙을 발표하여, EU 각 회원국은 유럽 역외로의 이전 위험이 높은 기업에 대해 제3국에서 받을 수 있는 보조금과 동일한 수준으로 보조금을 지원할 수 있는 제도를 도입·운영할 수 있게 되었다.

Q

일본은 글로벌 공급망 재편에 어떻게 대응하고 있나요? 10)

A

일본은 원칙적으로 미일 동맹을 강화함으로써 미중 패권경쟁 격화에 따른 글로벌 공급망 재편을 자국에 최대한 유리하게 활용한다는 입장을 취하고 있다. 우선 미국이 TPP(환태평양경제동반자협정)에서 탈퇴하자 일본은 자국이 중심이 되어 CPTTP(포괄적 점진적 환태평양경제동반자협정)를 출범시키면서 글로벌 통상에서 자유무역 국가의 리더 역할을 수행하고 있다. 이와 함께 일본은 미국의 대중국 봉쇄조치에 선봉적인 역할을 수행하면서 쿼드(QUAD: 미국, 일본, 인도, 호주), 인도태평양경제프레임워크(IPEF: 미국, 한국, 일본, 호주 등 14개국), 칩4(미국, 일본, 대만, 한국) 등에 참여하면서 미국의 대중국 디커플링 정책을 적극 지지하고 있다. 일본은 TSMC 반도체 공장의 일본 구마모토 유치, 미국 마이크론의 히로시마 차세대 D램 공장 건설 등 자국 내 반도체 생산망 구축을 위한 다양하고 적극적인 지원을 실시하고 있다. 한편 중국과는 RCEP(역내 포괄적경제동반자협정)를 체결하는 등 미국과의 관계를 훼손하지 않는 범위 내에서 중국과 협력 관계도 유지하고 있다.

일본은 중국 의존도 감소 전략을 중심으로 자국의 글로벌 공급망 안정 정책도 추진하고 있다. 우선 일본은 자국 공급망에서 중국을 아세안, 멕시코 등으로 다변화시키는 중국 플러스 원 정책을 추진하면서 일본으로의 생산거점 회귀인 리쇼어링(Reshoring)과 미국 마이크론, 대만 TSMC의 반도체 생산거점 유치를 지원하고 있다. 세계 최대의 희토류 생산국인 중국의 희토류 관리 강화 움직임에 따라 일본은 일본 근해의 희토류 채굴 확대 등 일본 내 공급망 구축, 호주 등 해외 생산업체에 출자 및 융자 지원을 통한 희토류 조달선 다변화, 희토류를 사용하지 않는 모터 개발 등 대체소재의 개발 등에 힘쓰고 있다. 나아가 일본은 반도체 디지털 산업전략(2021년)과 성장전략(2021년)에 따라 첨단 반도체와 이차전지의 일본 내 생산 확대를 위한 집중 투자 계획을 밝히고, 제조기술 지원 예산을 대폭 확충하며, 일본 내 공장 신축과 외국기업의 일본으로 유치, 미일 공급망 협력 강화 등 글로벌 공급망 재편 움직임에 적극 대응해 오고 있다.

중국은 글로벌 공급망 재편에 어떻게 대응하고 있나요?[11]

A

중국은 미중 패권경쟁의 초기에는 대내적으로 산업구조 고도화, 투자 소비 확대를 통한 내수 확대를, 대외적으로 대외 개방, 지역협력, 글로벌 공급망 재구축을 추진하는 쌍순환 전략을 추진하였다. 특히 소재부품장비 산업 육성을 위한 기초기술 개발 정책과 글로벌 프런티어 기술 및 산업을 발전시키기 위한 7대 과학기술 정책 등 선진국 추격과 추월을 동시에 지향하는 기술정책을 추진하였다. 중국은 2010년대부터 차세대 정보기술, 바이오, 신에너지 자동차, 신재료 등 첨단산업 육성을 위해 하류(Downstream)에서 상류(Upstream)까지 가치사슬 전체에 걸쳐 구매 보조금, R&D 지원, 인력육성 등 다양한 방법을 동원하여 지원해 왔다. 중국 첨단산업은 중국 정부가 막대한 구매 보조금과 자국 기업에 대한 보조금 지원을 통해 시장을 창출하는 산업생태계를 구축하고 있으며, 외국기업 M&A 등을 통한 기업 인수로 급속히 성장해왔다는 특성이 있다. 중국 전기차 모델과 중국 이차전지를 탑재한 전기차에 국한된 중국 정부의 보조금 지원, 제1기(2014년: 1,387억 위안), 제2기(2019년: 2,041억 위안), 제3기(2023년: 3000억 위안) 국가반도체산업투자기금의 막대한 조성과 집중 지원, 이차전지 광물투자 전략부터 전기차용 이차전지 보조금 지원 규범과 전기차 육성정책에 이르는 전기차 산업의 가치사슬 전반에 걸친 체계적 지원 등을 중국 정부의 대표적 지원 사례로 들 수 있다.

하지만 미중 패권경쟁이 격화되면서 미국이 중국을 제외한 글로벌 공급망을 구축하려는 조치를 강화하자, 중국은 산업정책의 방향과 수단을 전환하였다. 중국은 보조금과 M&A 중심의 첨단산업 육성 전략에서 벗어나 자체 기술혁신과 첨단산업 생태계 조성 전략으로 전환하면서, 정부의 막대한 지원을 선택된 분야에 집중하고 있다. 현재 중국은 기초과학 육성을 통한 과학기술 혁신, 자체적인 디지털 시장을 통한 독자적 첨단기술 생태계 육성, 첨단기술의 국제기술 협력 전략을 추진하고 있다. 우선 중국은 14차 5개년 규획(2021－25)에서 과학기술 자주혁신과 국가혁신체제 구축을 최우선 정책 목표로 제시하고, 2022년 기초연구 분야에 중국 역사상 최대규모이자 세계 2위에 해당하는 규모인 2,000억 위안을 투자하였다. 또한 기업 R&D에 대한 투자의 확대 권장, 기업 기초연구 투자에 대한 세제 혜택 적용, 우수 신진 과학자 지원을 통한 기초인재 양성 강화 등 원천기술 확보를 위한 다각적인 대책을 추진하고 있다. 중국은 자체 연구개발 강화를 통해 독자적으로 기술을 확보하는 한편, 거대한 첨단산업 시장의 육성을 통한 독자적 첨단기술 생태계의 구축도 함께 추진하고 있다. 2022년 메가급 디지털 인프라 구축사업인 '동수서산(東數西算)', 2023년 '디지털 중국 건설 규획' 등 디지털 인프라 확대 등을 통해 디지털 관련 디바이스, 장비, 소프트웨어 플랫폼 등이 통용되는 세계 최대의 디지털 시장을 조성하고, 이를 통해 독자적인 첨단기술 생태계를 구축하고자 하고 있다.[12] 또한 2023년 2월, 중국은 주요 13개 성정부를 중심으로 첨단산업 분야에서 외국인투자기업 R&D센터 설립 지원 등 대형 외국인 투자유치 프로젝트관련 정책을 발표하는 등 경쟁적으로 외자기업 유치에 나서고 있다. 향후 중국은 외국인 투자기업 유치를 통한 과학기술경쟁력 제고에도 박차를 가할 것으로 보인다.

한편, 중국은 2020년 12월 수출통제법 발효 이후, 글로벌 공급망 내에서 중국이 큰 비중을 차지하고 있는 원자재, 핵심부품 등에 대한 수출관리를 강화하는 등 다양한 법령 발표를 통해 수출규제의 통제를 강화해 오고 있다.13) 2022년 12월, 중국 상무부는 스칸듐 등 희토류 품목을 신규로 추가하면서 희토류 수출에 대한 관리를 더욱 강화하는 내용으로 '2022년 수출허가증 관리품목'을 발표하였다. '중국 수출금지 및 제한 목록'도 개정하여 태양광 산업의 잉곳·웨이퍼 제조기술, 네오디움, 사마륨코발트 등 희토류 영구자석 제조기술을 수출금지 및 제한 목록에 추가하였다. 2023년 7월에는 중국은 갈륨 및 게르마늄에 대한 수출통제를 발표하면서 중국이 우위에 있는 소재기술과 품목을 바탕으로 미중 패권경쟁에 대응하겠다는 의도를 숨기지 않고 있다. 중국의 갈륨 수출통제는 미국, 일본 대비 기술격차가 적은 차세대 전력반도체인 갈륨기반 전력반도체 산업에 대한 국산화율을 제고시키고 중국 내 공급망과 생태계를 구축하여 미국과의 추후 협상에서 활용하려는 중장기 차원의 공급망 내재화 전략을 내포하고 있다고 볼 수 있다.

국가별 글로벌 공급망 대응이 첨단기술 분야별 글로벌 공급망을 어떻게 재편시키고 있는지를 알고 싶습니다. 우선 반도체 첨단기술 분야의 글로벌 공급망 재편 동향은 어떠한가요?14)

미중 양국은 첨단산업 글로벌 공급망 재편의 주도권을 둘러싸고 첨예한 대립을 지속하고 있다. 반도체, AI, 이차전지 등 첨단기술의 경쟁력 확보는 경제안보의 핵심으로 부각되고 있다. 미국은 다양한 수단을 통해 직접 대중국 기술통제와 함께 우호 국가와 연대한 기술협력 등 다자적인 대중국 기술통제를 함께 강화하면서, 반도체, AI, 이차전지 등 첨단기술 분야에서 미중 두 진영으로 분리되는 블록화를 초래하고 있다. 첨단기술 블록화는 반(反) 글로벌화라는 공통점을 보이고 있지만 각 기술별로는 서로 다른 모습으로 블록화가 전개되고 있다.

반도체의 경우 미국은 핵심기술을 보유하면서 ASML의 대중국 EUV 노광 장비 수출규제 등 미국 우호 국가와 대(對)중국 연대를 확산하는 등 중국을 제외한 미국이 주도하는 글로벌 공급망을 형성하려 하고 있다. 특히 미국은 반도체 산업의 육성, 리쇼어링 확대 등을 통해 자국 중심의 공급망 내재화 전략을 추진하고 있다. 즉, 미국은 자국 내 공급망 확충, 반도체 공급망 연대 협력 등을 통해서 미국 중심의 반도체 글로벌 공급망을 형성하고 발전시켜 나가고자 하고 있다. 한편 중국은 단기적으로는 핵심기술 자립의 가능성이 낮고 원천기술 분야에서는 경쟁력이 더욱 부족한 것이 사실이지만, 반도체 굴기를 어렵더라도 지속해 나갈 것으로 보인다. 중국은 현재 글로벌 반도체 공급망에서 최대 반도체 수요국가이면서 효율적인 생산 네트워크를 보유하고 있어 범용 반도체 생산에서 강점을 가지고 있는 위치에 있다. 더욱이 중국은 반도체 경쟁력 확보를 위해 국가펀드, 세제 감면 등 막대한 자금지원을 지속하고 있으며 기술, 인력, 구매, 제조 등에 대한 정책적 우선 지원을 향후에도 지속하겠다는 강력한 의지를 보이고 있다. 중국은 반도체 공급망 재편과정에서 단기적으로 어려움을 겪겠지만 이를 극복하고 중장기적으로 지원 노력을 지속한다면 독자적 반도체 생태계를 조성할 가능성도 존재한다고 할 수 있다. 하지만 현재 미중 간 반도체 첨단기술의 블록화는 미국 주도의 기술통제로 인한 일종의 주종(主從)관계가 형성되어 있다. 미국은 핵심기술 확보하고 있고, 급소(Choke Point)를 통해 대중국 압박을 가속화하고 있어 중국은 기술과 공급망이 고립화되는 형태로 블록화가 전개되고 있다.

반도체 장비의 교역 추세를 살펴보면, 미중 패권경쟁이 격화된 이후(2018년~)에도 반도체 장비 교역, 특히 수입이 확실한 감소세를 보이지 않고 있다. 특히 램리서치, 어플라이드 머티어리얼즈 등 미국 주요 반도체 장비 기업의 대중국 매출도 2018년 이후 큰 변화가 없고, 오히려 중국 매출이 늘고 있는 등 미중 블록화의 효과가 반도체 기업 간 거래에서 바로 나타나지 않고 있다. 반도체 분야의 인력 이동, 기술 거래에서는 이미 상당 부분 블록화가 진행되고 있지만, 중·저 기술 반도체 장비·부품 등의 교역은 블록화와 상관없이 활발히 이루어지고 있다는 것을 알 수 있다. 현재 미중 양국간 기술 및 시장의 상호 의존성이 매우 깊은 상태이므로 단기간 내 블록화가 급속하게 이루어지기는 어려울 것으로 보인다. 그러나 중장기적으로 미국의 반도체 공급망 내재화 확대, 중국의 독자적 반도체 생태계 형성이 지속된다면, 반도체 공급망의 블록화가 진전될 것이며, 향후 반도체 장비 교역 통계에서도 명시적으로 나타날 것이다.

Q

AI 첨단기술 분야의 글로벌 공급망 재편 동향은 어떤가요? 15)

A

　　AI 산업의 생태계는 미중 패권경쟁이 격화됨에 따라 미중 양국의 각자 인터넷 플랫폼을 중심으로 사실상 블록화가 진행되고 있다. 미중 양국은 데이터 생성, 데이터 전달, 데이터 수집 및 저장, 데이터 교류, AI 기술의 활용 및 응용 등 AI 가치사슬 전반에서 블록화가 각각 진행되고 있다. 우선 데이터 생성 부문의 블록화는 PC 또는 스마트폰과 같은 디지털 디바이스 부문에서 발생하고 있다. 화웨이 제재 조치 등과 같은 대중국 제재로 인해 디지털 디바이스의 핵심 부품이 사실상 분리되면서 블록화가 진행되고 있다. 둘째로 중국이 2003년부터 만리방화벽(Great Firewall)을 만들면서 외국 플랫폼을 사실상 제한해 옴에 따라 데이터 전달 부문의 블록화가 시작되었다. 향후 중국식 사회주의가 유지되는 한 인터넷망 분리 현상이 지속될 것이며, 이에 따라 데이터 전달부문의 블록화가 심화될 것으로 보인다. 셋째로 미중 양국은 OTT, 콘텐츠, 전자상거래 플랫폼 등 온라인 플랫폼도 각자 생태계를 구축·운영해오고 있어 데이터의 생성은 물론 데이터의 수집 및 저장 부문도 블록화가 심화되고 있다. 넷째로 데이터 교류의 핵심인 오픈소스 플랫폼의 경우 중국이 구글의 깃허브(GitHub)에 대항하는 자체 오픈소스 플랫폼 '기티(Gitee)'를 개발하면서 데이터 교류 부문에서도 일부 블록화가 진행되고 있다. 마지막으로 AI 기술의 활용과 응용 부문에서도 블록화가 빠르게 진행되고 있다. AI 기술의 활용과 응용, 즉 AI 기술의 사업화에서는 AI 스타트업이 핵심적인 역할을 담당한다. AI 스타트업은 최종 시장과의 호환성이 높은 자국 빅테크 기업의 플랫폼과 데이터에 의존하고 있다. 미국의 제재로 화웨이 폰에 안드로이드 탑재가 어려워지자 화웨이가 자체 OS인 홍멍(Harmony)을 출시하면서 운영체계에서도 양국 간 생태계가 블록화되면서 AI 기술의 활용 부문에서도 당연하게 블록화가 진행되고 있다.

　　AI 첨단기술 분야의 경우, 중국은 반도체 분야와는 달리 자체 AI 기술을 바탕으로 기술 건너뛰기(Leapfrogging) 전략을 추진하고 있다. 또한 AI 오픈소스 플랫폼 개발, 슈퍼 컴퓨터의 성능 강화 등 인프라 분야에서도 기술개발을 확대하는 등 미국 중심 AI 생태계에서 독립하기 위한 노력을 지속하고 있다. 나아가 중국은 중국 내에서 구축한 AI 생태계를 디지털 실크로드를 활용하여 해외로 확장하고 있다. 중국은 이미 확보한 AI 분야의 기술 경쟁력과 자체 생태계를 중심으로 미중 간 주종관계가 아닌 경쟁적 블록화를 만들어 나가고 있다. AI 첨단기술 분야에서는 반도체 분야와는 다르게 미국 중심이 아닌 별도 중국 중심의 AI 생태계가 확장될 것으로 보인다. 즉 AI 첨단기술 분야는 미국의 중국에 대한 기술 견제와 생태계 확장 견제를 통한 글로벌 공급망의 재편이 진행되고 있으며, 미중 양국 간 종속관계가 아닌 상호 분리되어 경쟁하는 형태의 블록화가 진행될 것으로 전망된다.

Q

이차전지 첨단기술 분야의 글로벌 공급망 재편 동향은 어떤가요?16)

A

이차전지 공급망은 ① 원자재 채굴·가공 → ② 소재 생산 → ③ 이차전지 셀·팩 생산 → ④ 전기차 생산 및 판매 → ⑤ 재활용 및 재사용으로 구분할 수 있다. 글로벌 공급망 구조를 살펴보면, 원자재 채굴 단계에서 중요한 핵심 원료는 리튬, 니켈, 코발트 등인데, 원자재 가공 분야의 시장은 중국이 장악하고 있다. 핵심 원료는 칠레, 인도네시아, 콩고민주공화국 등 소수 지역에 매장, 생산이 집중되어 있다, 하지만 중국은 해외 원광을 처리할 수 있는 제련 및 가공 시설에 대한 공격적인 투자를 통해, 자국 내 제한된 매장량에도 불구하고 전 세계 리튬, 니켈, 코발트의 53%, 33%, 67%를 각각 가공하며 지배력을 보유하고 있다. 이차전지의 4대 소재(양극재, 음극재, 전해질, 분리막) 중 양극재 생산의 경우 한국, 중국, 일본 3개국이 시장을 주도하고 있고, 흑연과 음극재는 대부분 중국이 공급을 주도하고 있다. 2022년 중국의 이차전지 생산 능력은 전 세계 생산 능력의 77%에 달하는 등 중국이 이차전지 셀과 팩 생산을 주도하고 있다. 그리고 이차전지를 장착한 전기차 판매는 2022년 기준 중국 63%, 유럽 20% 미국 10%를 차지하는 등 중국, 유럽, 미국 3개 국가가 세계 전기차 시장을 주도하고 있다.17)

미국은 핵심광물과 이차전지 소재, 셀 제조에 이르기까지 모든 공급망 영역에서 중국 등 해외 의존도가 높다. 미국은 자국 내 핵심광물이 부재하고 가공 능력도 부족하다. 또한 양극재, 음극재 등 주요 소재의 생산도 부족하다. 하지만 자동차 시장 규모는 매우 커서 전기차 생산의 잠재력, 이차전지 수요시장은 크다고 할 수 있다. 미국은 우선 핵심광물에 대한 중국 의존도를 낮추고 안정적인 광물 수급을 위해 핵심광물안보 파트너십(MSP)을 체결(2022.6.)하고 핵심광물 공급망의 안정과 다변화를 추진하고 있다. 미국은 2022년 8월, 인플레이션감축법(IRA)에서 이차전지 핵심광물 및 소재의 북미 제조 또는 조립 요건 등을 충족한 전기차에 대해서만 차별적으로 보조금을 지급한다는 규정을 발표하면서 미국내 이차전지의 핵심광물, 소재, 셀 제조와 이차전지 생산 공급망 구축 의도를 명시적으로 나타냈다. 이와 함께 미국은 인도태평양경제협력프레임워크(IPEF)를 출범시키면서 한국, 대만, 일본 등 주요 우호국과의 협력 증진을 통해 중국 중심의 글로벌 공급망에 대응하는 국가간 연대도 강화하고 있다. 또한 미국은 미래 이차전지인 전고체 배터리 개발에 집중하면서 이차전지 소재 분야의 경쟁력을 바탕으로 향후 차세대 이차전지 시장을 주도하겠다는 전략을 추진하고 있다. 미국은 미국 내 이차전지 공급망 확대를 핵심 전략으로 삼으면서 우호국과 협력을 통해 자국 중심공급망을 구축하는 정책을 추진하고 있다.

중국은 독립적 이차전지 생태계를 구축하고 있으며, 핵심광물 가공의 상류(Upstream)에서 전기차 등의 하류(Downstream)에 이르기까지 가치사슬의 수직계열화를 성공적으로 이룩했다. 중국은 우선 내연기관 자동차 개발보다 전기차 개발에 집중하여 현재 전 세계에서 가장 큰 전기차 시장, 이차전지 수요시장을 기반으로 이차전지 산업을 발달시켰다. 중국은 리튬이온전지 완제품뿐만 아니라, 원자재 가공 분야와 양극재, 음극재, 분리막, 전해액 등 소재 분야 등 공급망 전 분야에서 수직계열화를 이루었다. 현재 중국 내에는 이차전지 공급망 전 부문에서 대표적인 기업들이 모두 주재하고 있다. 중국은 자국내 소재·부품 관련 공급망 조달이 용이한 환경을 조성하면서 한국, 일본 등의 주요 셀 제조사들은 중국 현지에서 생산하는 체제를 갖추고 있다. 이는 중국이 자체 공급망과 시장을 모두 보유하고 전후방 산업에서 완전한 가치사슬을 구축해 놓고 있기 때문이다. 기술경쟁력 측면에서도 중국은 리튬인산철(LFP) 배터리뿐만 아니라 삼원계(NCM) 배터리의 기술경쟁력도 갖춰가고 있다. 향후 중국은 기술혁신을 통한 공급망 기술혁신 전략, 미국 중심의 공급망에 대응하는 공급망의 글로벌화 전략과 중국 의존도가 높은 핵심광물의 시장 지배력을 활용한 공급망 자산화 전략을 통해 중국 중심의 이차전지 글로벌 공급망을 강화해 나갈 것으로 전망된다. 보다 구체적으로 살펴보면, 우선 중국은 나트륨이온 배터리 등 차세대 이차전지 분야 개발을 선도하여 삼원계(NCM) 배터리를 돌파하는 기술혁신 전략을 추진하고 있다. 현재 가격경쟁력과 안정성이 좋은 리튬인산철(LFP) 배터리를 중심으로 유럽 등 미국 외의 해외시장 점유율을 확대하면서 독자 표준을 확립하는 중국 중심 글로벌 공급망의 확산 전략을 적극 추진하고 있다. 아직 구체적으로 명시화되고 있지는 않지만, 현재 중국이 우위를 점하고 있는 핵심광물 분야에서 미국 혹은 동맹국들을 대상으로 수출규제를 실시할 수 있는 공급망의 전략 자산화도 준비하고 있다.

이차전지 첨단기술 분야는 미국이 공세적 입장인 반도체 등 다른 첨단기술 분야에서의 경쟁과는 다른 양상을 보이고 있다. 중국이 세계 1위의 이차전지 수요시장이자 생산공장이며 기술경쟁력도 보유하고 있고 나아가 전반적인 가치사슬을 모두 장악하고 있기 때문이다. 이에 따라, 미국은 수세적인 입장에서 자신들의 커다란 이차전지 수요시장을 활용하여 미국 중심의 공급망을 구축하면서 우호국과 연대하여 핵심광물, 이차전지 분야에서의 공급망 협력을 확대하는 전략을 추진하고 있다. 하지만 중국은 중국식 적정기술(appropriate technology) 전략을 통해 유럽 등 미국 시장 외의 시장에서 중국 중심의 공급망 확대로 대응해 나갈 것으로 전망된다. 즉, 중국이 시장 지배력을 강화하고 있는 LFP 배터리의 시장 점유율을 확대하고 이를 표준화하여 글로벌화를 가속화해 나갈 것으로 보인다. 다시 말해, 반도체, AI 분야와 달리 이차전지 분야에서는 중국은 가장 우월한 첨단기술이 아닌 접근 가능한 차선의 기술을 활용하여 표준을 주도하는 등 실제 이차전지 시장의 지배력을 확대하여 글로벌 공급망을 주도하는 전략을 사용할 것으로 전망된다.

3 글로벌 공급망 재편에 대한 우리의 대응

Q

미중 패권경쟁은 우리에게 무슨 의미가 있나요?

A

미중 패권경쟁은 중국이 급속한 경제성장을 이룩하면서 G2로 부상함에 따른 당연한 결과다. 신흥 강국이 부상하면 기존 강대국이 이를 견제하는 과정에서 전쟁이 발생한다는 투키디데스의 함정(Thucydides Trap)에 빠진 것이다. 리콴유 전 싱가포르 총리는 "두 마리 코끼리가 서로 싸움을 벌이든 사랑을 하든지 잔디밭은 손상을 입게 된다."라고 미중 패권경쟁의 격화에 따라 더욱 어려워지고 있는 세계 각국의 상황을 비유하고 있다. 이와 함께 "강자의 전쟁에서 약자의 중립은 설령 명분이 옳다고 하더라도 허망하고 허약한 것이다."라는 멜로스 비극의 교훈으로부터 우리는 미중 패권경쟁의 상황을 냉철하게 인식하고 어떻게 극복해 나아가야 하는지에 대한 시사점을 얻을 수 있다.

미국과 중국이 21세기 새로운 시대를 주도하기 위한 전쟁을 벌이고 있고, 새로운 시대의 안보, 경제, 기술 패권을 결정하는 핵심 요소 중 하나인 반도체, AI, 이차전지 등 첨단기술 산업이 먼저 전쟁터가 되고 있다. 반도체, AI, 이차전지 등 첨단기술 산업은 미중을 비롯한 세계 각국이 자국의 미래 경쟁력 확보를 위하여 전력을 기울이고 있는 분야이다. 한국은 미국과 중국을 최대 무역파트너로 둔 개방형 통상국가이며, 반도체 산업은 현재 한국의 핵심 주력 산업이고 AI, 이차전지 등 첨단산업은 한국의 미래 성장동력의 핵심이다. 한국은 바로 미중 패권경쟁의 한 가운데 서 있다. 우리가 미중 패권경쟁에 과연 어떻게 대처하느냐에 따라 우리의 미래가 결정될 것이라는 사실을 명심해야 한다.

Q

미중 패권경쟁에 대한 우리나라의 대응 기조는 무엇인가요?[18]

A

미중 패권경쟁에 대한 우리나라의 대응 기조는 국익 우선의 실용주의와 전략적 자율성의 확대이다. 미국과 중국의 패권경쟁 속에서 우리나라는 국익 최우선 원칙하에서 보다 능동적이고 주체적인 대응전략을 추진해야 한다.

전략적 자율성의 확대는 우선 우리의 이익을 최우선으로 놓고 전략적 모호성이 아닌 사례별로 보다 명확한 정책적 입장을 유지해야 한다. 미중 패권경쟁은 냉전 이념시대의 진영간 경쟁이 아니라 경제와 안보가 결합된 새로운 시대의 주도권 확보를 위한 경쟁이다. 무조건 어느 한쪽을 선택해야 하는 것이 아니라는 사실을 명심할 필요가 있다. 우리는 한미동맹을 근간으로 하되, 미국의 요구가 중국과의 관계를 근본적으로 해쳐서 결국 우리 이익을 해치는 경우에는 수용할 수 없다는 분명한 원칙을 실제 사례에서 구체적 행동 지침으로 보여주어야 한다.

우리나라가 지향하고 국제 사회에서 통용될 수 있는 원칙을 선제적으로, 일관적·지속적으로 선언해야 한다. 그동안 우리나라는 구체적 사건이 발생하면 이에 대한 입장을 사후적으로 정하여 발표했지만, 이제는 일반적 원칙을 먼저 발표하고 동 원칙을 구체적 사례가 발생하면 적용하여 우리 입장에 대한 예측 가능성을 높이고 일관성을 유지해야 한다. 미중 패권경쟁 시대에서 사후적 입장 표명은 미국과 중국 사이의 배타적 선택의 프레임으로부터 벗어나기 힘들고 우리의 자율성을 해치기 때문이다. 나아가 유사한 입장을 가진 국가들과의 가치와 협력의 연대를 확대해 나가야 한다. 미중 패권경쟁과 같이 배타적 선택을 요구하는 구도 속에서 혼자 대응하기보다는 처지가 비슷하고 뜻을 같이하는 국가들과 가치를 공유하고 협력을 확대하는 연대를 통하여 미중 패권경쟁의 압력을 완충해낼 수 있을 것으로 기대된다.

Q

글로벌 공급망 재편에 따른 우리의 대응 전략은 무엇인가요?[19]

A

미국이 중국에 대한 직접적인 기술통제와 함께 우호 국가와 연대한 기술협력 등을 통해 중국에 대한 다자적 견제를 강화하면서 반도체, AI, 이차전지 등 첨단기술 분야를 중심으로 글로벌 생태계의 블록화가 초래될 것으로 전망된다. 현재 첨단기술 블록화는 각 기술별로 서로 다른 모습으로 진행되고 있다. 우리나라는 미중 양국의 첨단기술 블록 중 어느 하나를 선택해야 하는 기로를 마주하든지, 기술, 표준, 시장, 생태계가 각각 분리되어 발전하는 미중 양국의 첨단기술 블록과 각각 적정한 관계를 맺고 병존해 나가는 상황도 맞이할 수 있을 것으로 보인다.

글로벌 공급망 재편은 우리나라에게 기회이자 위협이다. 우선 우리나라는 글로벌 공급망 재편에 대한 국익 중심의 전략적 자율성을 발휘하여 기회를 잡고 위협을 줄여나가야 한다. 우리나라는 미국 중심의 공급망 재편에 적극 참여하여 반도체, AI, 이차전지 등 첨단기술과 제조 및 생산 분야의 협력을 확대함으로써 공급망 안정성 확보의 기회로 활용해야 한다. 특히 미국이 강점을 가지고 있는 반도체 설계기술, 데이터와 플랫폼관련 AI 혁신 기술, 이차전지 수요 분야를 중심으로 협력을 확대하여 첨단기술 및 미래 산업의 경쟁력을 확보해야 한다. 특히, 우리나라가 강점을 지니고 있는 반도체 제조, AI 기술 응용, 이차전지 소재와 생산 부문의 경쟁력을 집중적으로 강화해야 한다. 이와 같은 우리의 노력은 미국 중심 공급망에서 우리 기업의 역할 및 자리매김을 확고하게 만들어 우리나라 첨단기술 공급망의 안정성을 확보하고 나아가 공급망 참여기업의 전략적 가치는 물론 대한민국의 전략적 가치를 제고할 수 있을 것으로 기대된다.

이와 함께 미국 중심의 공급망 참여로 인한 중국 배제에 따른 위협 요인의 축소를 위해 중국과의 전략적 협력도 추진해야 한다. 우선 우리나라 공급망에서 차지하는 중국의 역할과 비중을 줄여야 한다. 하지만 중국이 글로벌 공급망에서 대부분을 차지하며 필수적인 희토류, 핵심 광물자원과 이차전지 소재 등 핵심 산업의 소재 및 부품의 경우 별도의 공급망을 유지하는 것에 대한 중국의 협력과 미국의 이해를 얻어야 한다. 중국은 거대한 시장을 가지고 있고 반도체, 기계, 석유화학 등 각 산업별 소재-부품-장비-최종재에 이르는 밀접한 가치사슬을 우리나라와 공유하면서 함께 발전해 왔다. 중국은 포기할 수 없는 거대한 수요시장이자 소재, 부품, 제조 분야의 필수적인 산업협력 국가이다. 국익 우선, 전략적 자율성 원칙을 적용하여 미국중심 공급망을 선택하되 중국 배제에 따른 위험을 최소화시켜 나가야 한다.

4 글로벌 공급망의 발달과 반도체 산업

Q

반도체 산업의 가치사슬은 어떻게 구성되어 있나요?

A

글로벌 가치사슬은 전 세계를 하나의 시장으로 연결하고 있다. 반도체 산업은 글로벌 가치사슬이 가장 긴밀하게 연결되어 있고 첨단 기술력 확보가 관건인 산업이다. 반도체 산업에서 기술패권 경쟁이 가장 첨예하게 부딪치고 있다. 반도체는 웨이퍼 투입에서 완성품 생산까지 8대 공정(웨이퍼 제조-산화공정-포토공정-식각공정-증착·이온주입-금속배선공정-테스트공정-패키징공정)을 약 2개월 동안 500~600회 반복하면서 만들어진다. 반도체는 웨이퍼를 만드는 준비(準備) 공정, 산화-포토-식각-이온주입-증착-연마·세정과정을 수백회 순환하는 전(前)공정, 그리고 테스트-패키징을 거쳐 반도체 제품을 완성하는 후(後)공정으로 나눈다. 준비 공정의 주요 소재부품은 실리콘 웨이퍼(Si Wafer), 부직포 등이 있고, 전공정에서는 감광액(Photoresist), 습식 식각법(Wet Etching) 등 주요 소재와 CVD(Chemical vapor deposition, 화학증착), Ring 등 주요 부품이 있다. 후공정의 주요 소재부품으로는 인쇄회로기판(PCB), 반도체 칩과 테스트 장비의 연결장비(Probe Card) 등을 들 수 있다. 반도체 생산에 있어 300종 이상의 소재, 50종 이상의 장비, 300~400개 정도의 전공정이 필요한 것으로 알려져 있다. 반도체 산업은 복잡한 공정과 긴 생산기간이 필요한 대형장치 산업으로 글로벌 분업체계가 발달한 글로벌 협력이 중요한 대표적인 산업이다.

반도체는 크게 정보를 저장할 수 있는 메모리 반도체(전원이 꺼지면 정보가 저장되지 않는 D램(DRAM)과 전원이 꺼져도 정보가 저장되는 낸드(NAND)가 대표적이다)와 정보저장 없이 연산이나 제어기능을 하는 시스템 반도체로 나눌 수 있다. 반도체 산업은 설계와 생산을 모두 담당하는 종합 반도체회사, 설계중심 팹리스 회사와 위탁생산 전문의 파운드리 회사, 패키징, 테스트 회사 그리고 소재부품장비 업체로 구성되어 있다. 글로벌 반도체 시장은 2021년 총 5,868억 달러 규모로 메모리 반도체 1,683억 달러(28.7%), 시스템 반도체 3,292억 달러(56.1%), 이미지 센서로 대표되는 광개별 758억 달러(15.2%)로 구성되어 있다. 반도체 장비산업은 800~1,000억 달러, 반도체 소재산업은 약 300~400억 달러 규모로 추정된다.

현재 글로벌 반도체 시장은 설계는 앤비디아(NVIDIA), 퀄컴 등 미국이 주도하고, 소부장은 ASML, 램리서치, 신예츠 등 미국, EU, 일본이 주도하고, 메모리 반도체 제조는 삼성, SK하이닉스 등 한국이, 시스템 반도체 제조, 파운드리는 TSMC, 패키징은 ASE 등 대만이 주도하고 있다.[20] 스마트폰, 데이터센터, 미래 자동차, 항공 등 반도체 수요시장은 중국이 약 절반 정도를 차지하고 있다. 2021년 중국은 모바일 생산의 64.2%, 태블릿 PC 생산의 79.9%, 노트북 PC 생산의 88.8%, 서버 생산의 34.4% 등 IT SET 제조에 있어 압도적인 비중을 차지하고 있다. 한국은 반도체 수출의 60%, 메모리 반도체의 68%를 중국 및 홍콩으로 수출하고 있고, 미국은 반도체 수출의 30%, 장비 수출의 31%를 중국으로 수출하고 있다. 한편 중국은 노트북 PC 수출의 36.6%, 모바일 수출의 25.7%, 서버 수출의 43.9%를 미국으로 수출하고 있다. 반도체 생산은 물론 반도체 수출입과 반도체 내장 제품의 수출입이 글로벌 시장에서 긴밀하게 연결되어 있다. 미국과 중국은 반도체 수요와 공급 측면에서 긴밀히 연결되어 있고, 한국은 세계 반도체 시장의 약 20%를 차지하면서, 반도체 생산과 수요 강국인 미국, 중국과 매우 긴밀한 관계를 맺고 있다.

Q

반도체 산업은 어떻게 발전되어 왔나요? 특히 1980년대 미국과 일본의 반도체 경쟁은 어떻게 진행되었나요?

A

반도체 산업은 처음부터 지금과 같이 복잡하게 분화되어 있지 않았다. 초기 반도체 산업은 미국이 주도하고 한 기업이 반도체 설계부터 제조까지 모든 공정을 수행했다. 하지만 반도체 제조기술이 빠르게 발전하고 설비투자 비용이 증가하면서 1980년대 초부터 제조설비를 갖추지 않고 설계만을 중심으로 하는 팹리스 기업이 미국 실리콘 밸리를 중심으로 등장했다. 한편 미국 반도체 산업의 선구자이자 최초 반도체 개발기업인 AT&T를 시작으로 미국 기업은 반도체 특허를 공개하여 일본 기업으로부터 로열티를 받기 시작했다. 일본 반도체 기업은 미국 특허 사용을 기반으로 반도체 기술을 확보할 수 있었고 1980년대 과감한 기술개발 및 시설 투자, 높은 생산성 확보를 통해 급속히 성장하여 반도체 산업의 강자가 되었다. 1980년대에는 NEC, 도시바, 히타치 등 일본 기업은 전체 메모리 반도체 시장에서 80%를 차지하였고, 미국 기업은 상위 10대 기업 중 인텔, TI, 모토로라 3개 기업만 포함되는 데 그쳤다. 결국 최초 D램 업체인 인텔은 1984년 D램 사업을 포기하고 CPU(중앙처리장치)로 사업 전환했고, 일본에 반도체 특허를 제공했던 RCA(Radio Cooperation of America)는 1986년에 D램 사업을 포기하기도 했다.

1985년 미국 반도체산업협회는 미국 무역대표부에 "일본 정부가 반도체 민간기업을 지원하고 있는 일본의 반도체 산업정책이 불공정하다."며 제소했고, 미국 기업 마이크론은 NEC, 히타치, 도시바 등 일본 기업들을 반덤핑 혐의로 제소했다. 한편 미국의 무역적자 문제를 해소하기 위해 1985년 뉴욕 플라자 호텔에서 미국, 프랑스, 독일, 일본, 영국 재무부 장관이 외환시장에 개입하여 일본 엔화과 독일 마르크의 평가 절상을 유도하여 달러 강세를 시정하자는 플라자 합의를 체결했다. 플라자 합의로 인해 일본 기업의 반도체 가격 경쟁력이 급속히 악화되었다. 이에 더해 1986년 미일 반도체협정 체결로 일본 반도체 기업의 경쟁력은 더욱 급속히 약화되었다. 일본 반도체 기업은 미일 반도체협정에 의거 공정가격 이하의 가격으로 미국에 반도체를 수출하지 않을 것과 시장접근 개선, 감시제도 등에 의한 덤핑 방지를 약속했다. 하지만 미국 정부는 일본 정부가 미일 반도체협정을 준수하고 있지 않다는 이유로 1987년 통상법 301조에 의한 보복 조치도 실시했다. 동 협정은 1991년 만료되었지만 이를 대신한 제2차 미일 반도체협약이 체결되었고 1996년 기한 만료로 종료되었다. 1986년부터 1996년까지 10년간 미국의 환율정책과 반도체 무역 보복 조치를 계기로 하여 일본 반도체 기업은 결국 경쟁력을 잃어버리고 말았다. 그 결과 반도체 시장에서 인텔은 세계 1위 반도체 기업으로 다시 복귀했다(1997년). 그리고 삼성전자 등 한국기업이 메모리 반도체 산업에서 강자로 부상하면서 1993년 메모리 분야 세계 1위로 등극하였고, 파운드리 전문기업 TSMC은 탄생(1987년)과 함께 급속히 성장하여 2000년 파운드리 분야 세계 1위 기업이 되었다.

이후 반도체 산업은 IP 전문(Chipless), 설계 전문(Fabless), 위탁생산 전문(Foundry), 테스트·패키징으로 국제분업이 세분화되면서 가치사슬별 분업화가 정착되었다. 이에 따라 미국은 지식재산, 설계 등 기술개발 분야에서, 미국, 유럽, 일본은 소재와 장비 분야에서, 한국과 대만은 제조공정기술 분야에서, 그리고 대만, 중국은 패키징 분야에서 각각 비교우위를 보이면서 수십년 동안 지속적으로 효율성을 제고시켜왔다. 하지만 최근 미중 패권경쟁이 격화되면서 반도체 글로벌 공급망 리스크가 커지게 되었고, 세계 각국은 자국의 반도체 생산능력 강화를 다시 추진하면서 반도체 글로벌 공급망은 다시 변화되고 있다.

Q

우리나라 반도체 산업은 어떻게 성장했나요?

A

우리나라 반도체 산업의 발전은 무엇보다 우리 기업들이 지속적인 기술개발과 막대한 투자를 과감하고 신속하게 펼쳐온 불굴의 혁신의 결과이다. 이와 함께 정부의 강력한 지원과 시대적 흐름도 우리 편이었다는 사실도 있다. 우리나라 반도체 산업은 1960년대 반도체 조립 단계를 거쳐 1974년 반도체 전문기업인 한국반도체가 설립되는 등 발전이 있었지만 1983년 삼성전자와 현대전자가 초고밀도집적회로 메모리사업에 진출함으로써 본격적으로 발전되기 시작하였다. 우리나라 반도체 기업은 쌓여가는 적자에도 불구하고 혁신적인 기술개발과 과감한 시설투자를 이어갔다. 마침내 우리나라 기업에게 기회가 찾아왔다. 일본 반도체 기업이 1986년 미국과 반도체 협정 체결로 위축되어 있는 상황 속에서 1988년 이후 급속한 인터넷 확산 등을 계기로 세계 반도체 시장에 특수가 찾아온 것이다. 우리나라 반도체 기업은 반도체 특수를 계기로 그동안의 적자에서 탈피한 것은 물론 메모리 반도체 시장의 새로운 강자로 급속한 성장을 이룩할 수 있었다. 삼성전자의 경우 1988년 한해에만 그동안 반도체에 투자했던 금액보다 더 많은 돈을 벌어 들였다(256K D램 가격: 1986년 1.5달러 → 1988년 6달러). 이후 우리나라 반도체 기업은 1992년 세계최초 64K D램 개발과 세계 D램 반도체 1위 등극, 1993년 메모리 반도체 세계 1위, 2002년 낸드플래쉬 세계 1위 등을 연이어 기록하면서 지금까지 세계 반도체 산업을 선도해 오고 있다.

우리나라 반도체 산업이 어려움 없이 손쉽게 성장만 해 온 것은 아니다. 우리나라 반도체 기업이 시대를 앞서는 과감한 투자와 기술혁신을 이루어내는 과정도 쉽지 않았지만, 우리나라가 메모리 반도체 시장에서 선두 주자로 올라서자 미국의 견제가 곧바로 시작됐다. 마이크론은 1992년 삼성전자, 현대전자, 금성일렉트론 등 국내 반도체 3사를 대상으로 한국산 D램을 반덤핑 혐의로 제소했고, 1992년 10월 예비판정 결과 최대 80% 이상이라는 매우 큰 덤핑 마진 판정을 받아 우리나라 반도체 산업은 붕괴 위기에 직면했다. 당시 우리 정부와 반도체 업계는 긴밀한 협의를 거쳐 대응방안을 함께 찾았다. 우리 정부는 우선 미국의 반덤핑 제소에 대해 일본과 같은 반도체 협정 체결이 아닌 반덤핑 제소대응을 선택했다. 이후 우리 정부와 반도체 업계는 미국 정부, 미국 반도체 업계는 물론이고 특히 애플, IBM, HP, 컴팩 등 반도체 수요 업체를 중심으로 "한국 반도체 산업을 붕괴시키면 미국 국익에 도움이 되지 않는다"라고 설득하면서, 우리 입장을 적극 설명하였다. 미국 반도체 수요 업체들은 예비판정 결과가 그대로 확정된다면 한국 반도체의 미국 수출이 어려워지고, 이로 인해 자신의 수익성이 악화될 것을 크게 우려하였다. 이후 미국 반도체 수요업체는 우리나라 입장을 적극 지지하고 대변해 주었다. 1993년 3월 미국 정부는 삼성전자, 현대전자, 금성일렉트론에 각각 0.74%, 4.97%, 7.18%로 최종 덤핑 마진율을 확정하여 발표하였다. 다행히 우리나라 반도체 기업은 미국 반덤핑 제소의 피해없이 미국 수출을 지속할 수 있었다. 우리나라 정부와 민간의 합동 대응 전략으로 우리나라 반도체 산업에 대한 미국의 압력과 견제로 초래된 위기를 성공적으로 극복할 수 있었다. 특히 대한민국 반도체 산업은 이후 이어진 세계 반도체 시장의 호황기를 맞이하여 그 혜택을 전폭적으로 누리면서 세계 반도체 산업의 강자로 도약하는 기회를 가질 수 있었다.

메모리 반도체 산업은 1994~1995년 PC수요 확대에 따른 대호황기를 다시 맞이하였고, 당시 세계적 메모리 반도체 기업 12곳은 앞다투어 생산 라인을 확장하면서 결국 치킨게임에 돌입하게 되었다. 그 결과 1996년부터 메모리 반도체 가격이 1/5로 폭락하는 대공황이 발생하면서 수많은 메모리 반도체 기업이 퇴출되었고, 남은 기업간 기술혁신과 효율 향상이라는 치열한 경쟁을 벌였다. 결국 반도체 산업의 메모리 분야에는 한국의 삼성전자, SK하이닉스와 미국의 마이크론이, 낸드 분야에는 한국의 삼성전자, SK하이닉스, 미국의 마이크론, 웨스턴디지털, 인텔이 주도하고, 일본은 낸드 분야에 키옥시아 만이 남아있는 현재의 모습을 갖추게 되었다.

우리나라 시스템 반도체 산업은 삼성전자가 파운드리 분야에서 세계 2위 경쟁력을 보유하고 있을 뿐, 팹리스, 패키징, 소부장 분야의 경쟁력은 취약한 실정이다. 삼성전자는 2003년 비메모리 파운드리 전용 라인을 만들면서 시스템 반도체 분야에 진출했다. 메모리 기술과의 시너지 효과, 삼성전자의 통신, 가전, 디스플레이 사업과의 시너지 효과, 그리고 4차 산업혁명이라는 미래 시대가 열어주는 새로운 기회를 활용하면서 성공적으로 성장해 왔다. 2023년 2분기 현재 삼성전자는 시스템 반도체 파운드리 글로벌 시장의 11.7%를 차지하면서, TSMC(56.4%)에 이어 세계 2위를 기록하고 있다. 나아가 5nm, 3nm, 2nm 등 첨단 파운드리 분야에서 초미세공정 분야의 기술개발과 수율 확보를 선점하고 최고가 되기 위해 TSMC, 인텔과 치열한 경쟁을 벌이고 있다.

대만의 반도체 산업은 어떠한가요?21) 특히, TSMC는 어떤 기업인가요?

대만은 현재 국내총생산(GDP)의 20% 이상, 수출의 40% 정도를 반도체에 의존하고 있다. 대만은 반도체 파운드리(위탁생산) 분야에서 세계시장의 절반 이상을 점유하면서 압도적 1위를 기록하고 있다. 무엇보다 대만은 파운드리 분야 세계 1위 기업인 TSMC를 보유하고 있다. 나아가 2023년 3분기 기준(자료: 트렌드포스) 파운드리 분야 매출 세계랭킹 1위 TSMC은 물론, 3위 UMC, 7위 PSMC, 8위 VIC 등 대만 업체 4개가 10위 이내에 포함되어 있다. 그리고 대만은 우수한 팹리스 기업도 다수 있어 세계랭킹 10위권(2021년 3분기 기준) 내에 미디어텍과 노바텍, 리얼텍, 하이맥스 등 대만 기업이 4개나 포함돼 있다. 또한 대만은 글로벌 후공정 시장에서 1위 ASE, 4위 SPIL, 5위 PTI와 KYEC, 칩모스, 침본드가 8~10위를 차지하는 등 글로벌 후공정 시장에서도 52% 점유율로 세계 1위를 차지하고 있다. 특히 대만의 반도체 산업은 팹리스(미디어텍) ─ 파운드리(TSMC) ─ 패키징(ASE)으로 이어지는 튼튼한 생태계 구조를 가지고 있다.

TSMC는 대만 반도체 산업의 대표기업이자 최초 파운드리 전문기업이다. 2023년 3분기 파운드리 시장 세계 1위, 시장점유율 59%, 2022년 생산 규모는 12인치(300mm) 웨이퍼 환산 월간 150만 장 규모다. 2022년 3분기에는 사상 최초로 세계 반도체 제조회사 매출 규모 1위로 등극했다. 이는 대만기업 최초이자 파운드리 업체 최초이고 종합반도체가 1위를 내준 최초 사건이다.

TSMC는 반도체 산업에서 파운드리 전문기업이라는 새로운 분야를 창출하고 30년 이상 한 우물을 파면서 독보적인 경쟁력을 보유하고 있다. TSMC의 독보적 경쟁력 확보 이유는 우선 TSMC가 파운드리 사업에만 전념함으로서 고객사의 비밀을 보호하고 고객사와 동반 성장한다는 신뢰를 심어주고 있기 때문이다. 종합 반도체 회사인 삼성전자 등 경쟁회사와 가장 차별화되는 점이다. 둘째로는 고객사인 팹리스 기업이 TSMC 생산공정을 잘 활용할 수 있도록 종합 서비스를 제공하고 있기 때문이다. TSMC는 팹리스의 반도체 설계에 도움을 주는 IP회사, 설계 자동화소프트웨어(EDA)회사, 디자인하우스와 오픈 이노베이션 플랫폼을 구축하여 TSMC 생산공정을 쉽고 정확하고 값싸게 이용할 수 있도록 지원하고 있다. 셋째로는 최첨단 미세공정(3nm 핀펫공정)부터 일반공정(0.25μm)까지 다양한 공정을 보유하고 있어 고객사의 다양한 제품과 요구사항을 모두 수용할 수 있기 때문이다. 마지막으로 대만 정부가 핵심 반도체 인력을 양성하여 공급하고 전력, 물, 입지 등 인프라를 우선 제공하고 산업기술연구소 설립과 반도체 클러스터 조성 등을 통해 신기술 확보를 적극 지원해 오고 있다는 사실도 빼놓을 수 없다.

하지만 TSMC가 파운드리 분야 최강자 지위를 지키기 위해서는 우선 삼성전자와 최첨단 미세공정 분야의 경쟁에 더해서 인텔의 파운드리 진출 선언으로 격화되는 최첨단 파운드리 분야의 경쟁을 이겨 나가야 한다는 과제를 지니고 있다. 특히 미국, 일본, EU 등 해외공장 증설에 따라 낮아지는 효율과 수익을 어떻게 극복하느냐도 중요한 과제라고 할 수 있다.

Q

미국의 자국 중심 반도체 글로벌 공급망으로 재편하기 위한 정책 방향과 구체적 조치 내용은 무엇인가요?[22]

A

미국은 반도체 글로벌 가치사슬의 분업화에 따라 2000년대 중반 이후 부가가치가 높은 반도체 설계 부문에 특화했다. 퀄컴, 브로드컴, 엔비디아 등 미국 설계 전문기업(Fabless)들이 EDA(Electric Design Automation)와 FPGA(Field Programmable Gate Array) 과정을 독점하고, 반도체 핵심 기술에 있어서도 절대적 우위를 지니고 있다. 램리서치, 어플라이드 머티어리얼즈 등 미국 기업들은 반도체 글로벌 가치사슬 중 장비와 소재 분야에서도 큰 영향력을 보유하고 있다. 그러나 미국은 세계 반도체 생산시설의 75%가 위치하고 있는 대만, 한국, 중국 등 동아시아 국가들에게 반도체 생산을 크게 의존하고 있다. 최근 코로나 확산에 따른 차량용 반도체 품귀현상의 발생은 반도체 글로벌 공급망의 문제점과 미국 내 반도체 생산능력 확보의 필요성을 일깨워 주었다. 특히 반도체 생산 시설이 대만 등 동아시아 지역에 집중되어 있고 중국이 반도체 굴기를 추진하자, 미국은 중국을 제외한 반도체 글로벌 공급망의 재편과 미국내 반도체 생산시설 유치 등 반도체 공급망 내부화를 추진해 오고 있다.

미국은 2019년 이후 반도체 등 주요 산업에 대한 지원체계에 커다란 변화를 가져왔다. 2019년 이전에는 연방정부의 각 부처와 지방정부에 의한 개별 프로젝트 지원이 중심이었지만, 2020년부터는 의회와 협력하여 법을 제정하고 대규모 예산을 포함한 종합지원 체제로 전환하였다. 특히, 바이든 행정부는 트럼프 행정부의 무역제재를 통한 중국 추격 지연과 대중 반도체 규제 정책에서 더 나아가 미국 반도체 산업 자체를 육성하는 정책을 추진하기 시작하였다. 이제 미국은 의회와 대통령을 중심으로 반도체 산업 육성을 위해 재정 및 세제 지원, 기술, 인력, 조달 등 인프라 및 구매 지원 등 다양한 지원책을 추진하고 있다. 우선 2020년 6월, 반도체 제조시설 투자지원, 기초 R&D 지원 등을 위해 '반도체법(CHIPS for America Act)', 2020년 7월, '미국 파운드리 법안(America Foundries Act)'과 2021년 1월, 미국 내 칩 제조 및 연구에 대한 연방 인센티브 제공 내용이 포함된 법안(NDAA: National Defense Authorization Act, 국방수권법), 2022년 8월, 반도체와 과학법(The CHIPS and Science Act of 2022)을 입법하였다. 2021년 2월, 반도체 등 4대 핵심 산업의 공급망 조사 행정명령을 발표하고, 6월에는 100일 보고서가 완성되었다. 2021년 3월, 인프라 정책(The American Jobs Plan)에서는 미국의 제조업 활성화와 공급망 확보를 목적으로 반도체를 포함한 첨단기술 투자 지원책이 포함되었다.

미국 상무부는 미국 반도체 산업정책의 사령탑으로 반도체 산업에 대한 투자 증진, 재정 지원, 생태계 강화, 중소기업 지원, 인력 지원, 동맹국 연계, 기술 보호 등 일련의 권고 및 행정 조치를 통하여 미국 중심의 반도체 공급망 재편을 강력히 추진해 오고 있다. 특히, 미국내 반도체 생산 생태계 강화를 위하여 우선 광대역 통신망 등 반도체 주력사용 산업투자를 통해 반도체 수요를 확대하는 등 민간 투자를 유도하고 있다. 또한 반도체 제조 장비·소재 등 전방산업과 후방산업 지원, 수출역량을 지닌 생산시설에 대한 수출입 은행의 대출 및 대출보장 제공 등 반도체 공급망 전반에 대한 민간 투자를 지원하고 국가안보관련 국내 생산에도 집중 지원하고 있다. 한편 미국은 반도체 공급망 내재화를 위하여 반도체 생산시설 유치도 적극 추진하고 있다. 대만과 한국 반도체 업체에게 미국 내 5nm 이하 팹(Fab) 투자를 요구하였고 이에 따라 삼성전자와 TSMC는 미국내 투자계획을 발표하고 공장 건설을 추진하고 있다.

Q

중국의 반도체 산업 경쟁력 현황과 전망은 어떠하고, 중국은 글로벌 공급망 재편에 대해 어떻게 대응하고 있나요?[23][24]

A

중국은 글로벌 반도체 매출의 9%를 차지(2019년)하고, 조립, 테스트, 패키징 부문에 주로 참여하는 등 글로벌 반도체 공급망에서 제한된 역할을 수행하고 있다. 하지만 중국은 반도체 굴기를 선언하고 2025년까지 반도체 자급률을 70%까지 끌어 올린다는 목표로 막대한 투자와 정책적 지원을 지속하고 있다.

반도체 제조공정은 설계, 제조, 후공정 등 주요 공정과 EDA와 IP, 제조 장비·소재 등 보조공정이 있다. 주요 공정별 중국 반도체 산업의 현황을 살펴보면, 우선 중국의 반도체 설계(EDA 포함) 분야는 취약한 편이다. 중국 EDA 시장(2020년)은 글로벌 기업이 80% 이상을 장악하고 있으나 중국 내 시장 수요의 증가, 중국 정부의 지원정책으로 화대구천, 신위엔징 등 유망기업이 출현하고 있다. 이미지 센서(CIS) 반도체 설계 분야(2020년)의 경우, 옴니비전(OmniVision: 12%), 갤럭시코어(Galaxycore: 4%), 스마트센스 테크놀로지(SmartSens Technology: 1%) 등 중국 기업이 글로벌 시장에서 17% 점유율을 차지하고 있기도 하다.

반도체 제조(장비 포함, 2020년) 분야에서 중국은 지역별 생산량 기준으로 대만, 한국, 일본에 이어 세계 4위를 차지하고 있다. 하지만 D램 생산 관련 창신메모리(CXMT)는 2019년 중국 최초로 19nm D램 생산을 시작했지만 수율이 매우 저조하며, 푸젠진화(JHICC)는 미국의 수출제한 업체로 지정되어 조업이 중단된 상태다. 낸드메모리의 경우는 YMTC가 2021년 128단 낸드 개발과 양산 후 232단 양산을 앞두고 있으나 미국의 제재로 수율 및 생산능력을 따라잡기가 쉽지 않을 전망이다. 파운드리의 경우 중국 SMIC는 28/14nm를 생산 중이고 미국의 제재로 7나노 공정 도입에 난항을 겪고 있는 것으로 알려졌으나, 2023년 7나노미터급 반도체를 만드는 데 성공하기도 했다. 2015년 칭화유니는 메모리 반도체 사업 확장을 위해 미국 마이크론을 인수 합병하려고 시도했으나 미국 외국인투자위원회(CFIUS)가 이를 제재함으로써 불발되기도 하였다. 중국은 반도체 장비 시장(2020년)에서 일본, 미국, 네덜란드 등 국가에 대한 의존도가 높아 자급률은 10% 내외로 보인다. 특히 노광장비, 테스트 장비, 이온 주입 장비 등 첨단 주요장비에 대한 수입의존도는 매우 높다. 중국 최대 반도체 장비 기업인 베이팡화창이 세계 장비산업에서 1%에도 미치지 못하는 등 반도체 장비 분야 국산화가 시급한 상황이다. 또한 중국의 대표적 노광기 기업인 상하이 마이크로전자(SMEE)는 90nm 수준으로 중국의 반도체 장비 기술은 글로벌 첨단 반도체 장비 기술과는 상당한 기술 격차를 보이고 있다.

중국 반도체 기업은 대부분 제조와 후공정 단계에 집중되어 있다. 중국은 미국의 대중국 제재 전부터 후공정 분야에서 인수합병을 통해서 기술을 미리 확보하였고, 후공정 분야(2020년)의 세계시장점유율과 국산화율이 가장 높다. 글로벌 10대 후공정 기업 중 창뎬과기(JCET), 퉁푸마이크로(TFME), 화톈과기(HUATIAN) 등 3개사가 모두 중국 기업으로 글로벌 수준의 첨단 패키징 기술을 보유하고 있으며 글로벌 시장에서 약 21% 점유율을 차지하고 있다. 한편, 중국의 반도체 소재 분야(2020년)는 국산화율이 24.4%에 달하며, 비교적 높은 자급률을 확보한 분야이다. 보다 구체적으로 웨이퍼(Si 및 3세대), 스퍼터링 금속, 전자기체 등의 반도체 제조공정 소재와 패키지 PCB, 리드프레임, 본딩 와이어 등 패키징 공정 소재에서 강점을 보유하고 있다. 다만, 포토 레지스트, 습식화학품 분야는 일본, 미국, 독일 등에 아직 의존하고 있다. 특히 6인치 웨이퍼에 적용되는 포토 레지스트(436nm, 365nm용)의 국산화율은 약 10%, 12인치용 ArF 포토 레지스트는 대부분 수입에 의존하고 있는 상황이다.

미국이 중국을 제외하는 글로벌 공급망 재편 조치를 지속·강화하고 있지만, 중국은 반도체 굴기를 지속하면서 기술자립 의지를 멈추지 않고 있다. 중국은 이제 M&A, 해외 인재 유치 등을 통해 기술 경쟁력을 확보하던 기존 전략을 포기하고 기초기술 강화, 인재육성, 3세대 반도체, AI 반도체 등 자체 기술 개발을 통해 독자적으로 기술력을 확보하는 '기술자립' 전략을 선택했다. 중국은 미중 패권경쟁 속에서 제조공정별 취약 분야에 집중한 기술개발은 물론 대미 협상력 강화를 위한 차세대 반도체 생태계 구축 전략 등도 함께 추진하고 있다. 중국은 14차 5개년 규획에서 탄화규소(SiC), 질화갈륨(GaN) 기반 제3세대 반도체 기술개발을 강조하고 있다. 중국은 AI, 이미지 센서 등 최첨단 미래기술에서 세계적인 경쟁력을 확보하고 있어, 최첨단 미래기술과 융합을 통해 미래 반도체의 핵심 기술을 확보할 수 있는 잠재력을 지니고 있다. 특히 2023년 8월, 화웨이가 7나노미터 프로세서를 탑재한 프리미엄 스마트폰을 출시하여 세계를 놀라게 만들기도 했다. 하지만 현재 미국이 반도체 핵심기술 확보하고 중국에 대한 기술 통제를 더욱 강화하고 있어 중국의 기술자립은 쉽지 않아 보인다. 그럼에도 불구하고 거대한 자국 시장 수요를 바탕으로 정부의 막대한 지원을 지속하는 중국의 반도체 굴기는 지속될 것으로 보인다.

Q

일본의 반도체 산업 부활 움직임은 어떠한가요?[25]

A

일본은 1980년대 반도체 전성기의 부활을 꿈꾸면서 2030년까지 자국산 반도체 매출을 현재의 3배인 15조 엔을 목표로 삼고 있다. 2021년 6월, 일본은 '반도체 전략'을 발표하고 첨단 반도체 양산체제 구축, 차세대 첨단 반도체의 설계와 개발 강화, 반도체 기술의 그린 이노베이션, 국내 반도체 제조기반의 재생, 경제 안전보장 관점에서의 국제전략 추진 등을 '성장 전략'에 담았다. 특히 첨단 반도체 양산체제 구축은 자국 기업과 외국기업 유치를 대상으로 삼고, 실제 대만의 TSMC를 유치하는 데 필요한 법적 근거를 마련하였다.

TSMC는 2021년 일본 소니, 덴소와 합작사 JASM(일본첨단반도체제조사)을 설립하고 구마모토현에 86억 달러를 투자하여 12인치 웨이퍼 (12,16,22,28 나노공정 기반) 등을 생산하는 반도체 제1공장 건설을 시작 (2022.4)하여 2년도 안 돼 2024년 2월 준공을 완료한 후, 4분기부터 양산에 들어갈 예정이다. 이와 함께 또다시 구마모토현에 6나노 공정을 추가하여 월 5만 장 이상 12인치 웨이퍼를 생산하는 제2공장 건설을 2024년 착공, 2027년 완공을 목표로 추진할 계획임을 밝혔다. 이에 대해 일본 정부는 제1공장 건설비용의 약 40%인 4,760억 엔을 지원했고, 제2공장 건설에는 7,300억 엔을 지원할 계획을 밝혔다. TSMC의 일본 반도체 생산공장 설립은 TSMC-일본의 반도체 동맹이라는 점에서 주목을 받고 있다. 이는 40나노 이하 일본 내 첫 공장 설립, 일본의 차세대 패키징 기술개발 참여, 일본 반도체 산업 재건 등 반도체 제조 관점에서 일본에게 커다란 의미를 지니고 있다.

　　이외에도 일본에서는 반도체 공장 건설과 완공이 줄을 잇고 있다. 일본 키옥시아와 미국 웨스턴 디지털이 미에현에 투자한 낸드플래쉬 반도체 공장이 2024년 9월 이후 양산을 시작할 예정이다. 미국 마이크론의 히로시마 D램 공장은 2024년 말 양산을 목표로 두고 있다. 2024년 2월, 세계 5대 차량용 반도체 기업 중 하나인 일본 르네사스가 반도체 인쇄회로기판용 소프트웨어 업체 알티움 인수(59억 달러) 계획을 발표하는 등 일본 반도체 기업은 투자 확대에 적극 나서고 있다. 특히, 토요타, 키옥시아, 소니 등 8개 일본 기업이 합작하여 설립(2020.11.)한 '라피더스(Rapidus)'는 미국의 IBM과 제휴, 벨기의 종합반도체연구소(IMEC)와 기술협력 체결과 함께 2027년 2나노 칩 첨단 반도체의 양산을 목표로 삼고 있다. 일본은 반도체 글로벌 공급망 재편에 대응하여, 반도체 산업을 경제안보의 핵심 산업으로 삼고 반도체 부활을 민관이 함께 적극 추진하고 있다.

반도체 글로벌 공급망 재편의 전망은 어떠한가요?26)

반도체 산업은 무역 자유화로 인한 글로벌 분업화의 진전에 따라 글로벌 공급망을 확대해 왔다. 반도체 글로벌 공급망에 참여하는 국가와 기업은 지정학적 국제정치적 요인과 반도체 수요, 공급 시장의 변화 요인 등 3가지 동인의 복합 작용에 의해 성공과 좌절의 변화를 겪어 왔다. 먼저 미국은 반도체 패권을 유지하기 위해 동북아시아 국가와 기업을 대상으로 무역, 통상, 금융, 규제 등 각종 정치, 경제적 수단을 동원하고 적용해 왔다. 미국은 미일 반도체 동맹 등을 통해 자국의 글로벌 패권에 도전하던 일본의 부상을 저지하였고, 반덤핑 제소 등 각종 통상전략을 통해 반도체 제조 공정의 중심지로 한국과 대만의 부상을 받아들였다. 미국은 현재에도 무역 제재, 기술 통제 등 전방위적인 경제 및 통상 압력을 통해 중국의 반도체 굴기를 막아내는 등 지금까지 반도체 글로벌 공급망에 참여하는 국가와 기업의 성장과 좌절을 결정하는 주요 원인을 제공해 왔다. 반도체 산업에서는 초기 집적회로 원천기술인 소자기술 탄생 이후 경제성을 갖춘 고밀도, 초고밀도 집적회로의 양산기술이 핵심 경쟁력의 결정 요소로 등장했다. 반도체 산업은 시장선도자(First Mover)가 대부분의 이익, 부가가치를 독점하는 특성을 지니고 있다. 따라서 반도체 시장의 선도자는 핵심 기술력 확보 노력은 물론 막대한 시설 투자가 필요한 첨단 생산방식의 선제적 적용을 통해 시장을 선점하고 주도하려는 치열한 경쟁을 벌이고 있다. 지금까지 수많은 반도체 기업은 반도체 시장의 선도자 경쟁, 치킨게임을 벌여왔고, 경쟁 결과에 따라 어떤 반도체 기업이 글로벌 공급망에 참여하고 주도해 나갈 것인가가 결정되었다. 즉, 반도체 산업은 핵심 기술의 확보 경쟁, 탁월한 반도체 생산방식의 도입 및 생산 경쟁과 함께 발달해 왔으며, 그 경쟁 결과에 따라 반도체 기업의 가치사슬 참여와 퇴출 여부, 시기, 규모가 결정되었다. 이와 함께 반도체 산업은 트랜지스터 IC 원천기술 개발 이후 라디오, 계산기, 텔레비전, 개인용 컴퓨터, 스마트폰 및 태블릿 PC 등 반도체 수요산업에서 요구하는 성능 특성(Spec)에 따라 반도체 기술을 개발하여 제공하면서 반도체 수요산업의 발전을 이끌어 왔다. 반도체 수요산업의 발전에 발맞춘 반도체 개발 및 판매의 성공 여부는 반도체 시장의 주도권 확보에 커다란 영향을 미쳤고, 일본, 한국, 대만 반도체 산업의 성공과 추락의 역사가 이를 확인시켜주고 있다. 반도체 산업의 성장은 반도체 수요산업의 성장과 궤를 같이해 오고 있다.

현재 반도체 산업은 3가지 반도체 글로벌 공급망의 변화 요인이 동시 발생하면서 글로벌 공급망의 구조 변환기를 맞고 있다. 우선 디지털, 지능화 혁명으로 반도체 수요가 폭발적으로 증가할 것으로 전망된다. AI, 빅데이터 등을 활용한 반도체 차세대 신기술이 반도체 발전을 선도하면서 미국, 중국, 한국, 대만, 일본 등 세계 각국은 반도체 공급망 내재화 전략에 따라 반도체 제조 기지 확보에 대한 막대한 투자를 실시하고 있는 등 반도체 수요와 공급 측면에서 모두 커다란 변화가 발생하고 있다. 나아가 미중 패권경쟁의 격화로 지정학적 요인에 의한 반도체 산업의 변화가 이미 가시화되고 있다. 미국은 중국을 제외한 반도체 글로벌 공급망 재편을 본격 추진하고 있고, 중국은 반도체 굴기를 포기하지 않고 있다.

중국의 자국 중심 공급망 형성은 반도체 관련 높은 대외 의존도, 낮은 기술 경쟁력, 독자 기술력 확보 노력의 한계를 극복하고 막대한 정부 지원의 지속과 기술자립 성공을 통해 독자 반도체 생태계를 형성할 수 있을 것인가에 달려 있다. 반면 미국의 자국 중심 글로벌 공급망 구축은 자국 반도체 투자의 생산성 확보 등 자국 반도체 산업의 글로벌 경쟁력 확보 여부와 대중 제재의 장기간 지속에 따른 참여 국가 및 글로벌 기업간 연대의 지속 여부에 달려 있다고 할 수 있다. 미중 패권경쟁에 의한 반도체 글로벌 공급망 재편의 결과는 지금 단정할 수 없지만, 미중 패권경쟁은 당분간 지속될 것으로 보인다. 반도체 글로벌 공급망은 첨단과 범용 부문으로 구분되고 각 공급망 블록에 참여하는 국가와 기업이 완전 배타적 아닌 중복을 허용하면서 각각 미국과 중국 중심의 공급망을 형성하고 확산해 나갈 것으로 전망된다.

1980년대 미국의 일본 반도체 산업의 부상에 대한 견제가 일본, 한국, 대만 반도체 산업의 발전에 분수령으로 작동했던 역사적 사실에 비추어 볼 때, 현재 벌어지고 있는 미중 반도체 패권경쟁의 결과는 미중 양국만이 아닌 한국, 대만, 일본, EU 등 반도체 글로벌 공급망에 참여하는 모든 국가와 기업에게 커다란 영향을 미칠 것이다. 특히 미국, EU, 일본 등 반도체 제조관련 비주력 국가들이 자국 반도체 제조 부문에 대한 전례없는 공격적 투자를 벌이고 있다. 이러한 반도체 시설 투자가 양산을 개시하는 2025년 이후 반도체 치킨 게임이 본격화되어 극단적인 단가 하락으로 인한 수익성 급감으로 반도체 산업의 구조 전환기를 맞이하게 될 것으로 보인다.

Q

반도체 글로벌 공급망 재편의 시사점은 무엇인가요?

A

현재 미국이 실행하고 있는 반도체 산업에 대한 조치의 본질을 이해하고 적절한 대응 전략을 마련할 필요가 있다. 우선 현재 미국의 조치는 반도체 산업의 전환기마다 발생했던 반도체 산업의 주도권 확보를 위한 조치라는 사실이다. 현재 반도체에 대해 취해지는 일련의 미국 조치는 우리나라를 직접 중점 대상으로 조준하고 있지는 않다. 다행히도 우리나라는 과거 미일 반도체 경쟁, 현재 미중 반도체 경쟁에서 미국과 제1의 경쟁 상대가 아닌 전략적 협력 및 경쟁 상대이다. 따라서 우리나라는 미국중심 공급망 형성에 적극 참여하여 미국과 긴밀히 협력해야 한다. 우리나라는 재편되는 반도체 글로벌 공급망에서 대체할 수 없는 필수적인 역할을 담당해야 하고, 핵심 기술력과 초격차 제조 능력의 확보가 최우선 과제이다. 하지만 핵심 기술력 및 초격차 제조 능력의 확보 과정에서 미국과의 치열한 경쟁은 불가피하다. 우리나라는 글로벌 공급망의 재편 과정에서 미국과 전략적 협력 및 경쟁이 불가피하다는 사실을 명심해야 한다.

미중 반도체 패권경쟁의 심화에 따라 재편될 반도체 산업의 글로벌 가치사슬은 당분간 첨단 기술이 적용되는 전략재 부문과 일반 기술이 적용되는 범용재 부문으로 나뉠 것이다. 전략재 부문은 첨단 기술력 확보 경쟁을 중심으로 범용재 부문은 비용 및 효율 경쟁을 중심으로 발전해 나갈 것이다. 따라서 전략재 부문에서는 첨단 기술력 확보 방안을 중심으로, 범용재 부문에서는 생산성 초격차 확보 방안을 중심으로 각 부문별 실천 전략을 적기 수립하여 강력히 추진해 나가는 것이 중요하다. 특히 첨단 기술의 범위는 모두가 동의하는 정의가 존재하는 것이 아니라 각 국가별, 각 기업별 기술력 수준, 경쟁과 협력이 필요한 정책 환경의 차이에 따라 자의적으로 정해진다는 사실을 정확히 인식하고 대응 전략을 마련해야 한다.

2025년 이후 반도체 치킨 게임이 본격화될 경우 결국 새롭게 재편될 반도체 공급망의 성공적 정착은 첨단 기술력과 초격차 생산성의 확보 여부에 달려 있다. 미국은 자국내 반도체 생산시설 건설을 지원하기 위해 반도체와 과학법에 의거 막대한 보조금을 지원하면서 초과 이익 금지, 기업 정보 공개 등 보조금 지원 조건을 부여하고 있다. 하지만 이러한 세부조건이 과연 미국내 기업의 기술혁신 촉진과 생산성 제고에 기여할 수 있을지 의문이다. 원칙적으로 반도체 시장은 한국, 대만, 미국, 일본, 중국 등 모든 반도체 기업이 함께 참여하는 글로벌 완전 경쟁 시장이다. 일단 반도체 생산의 수익성이 급감하게 되는 반도체 치킨 경쟁에 돌입하게 되면, 결국 생산성 높은 기업은 생존하고 생산성 낮은 기업이 퇴출될 것이다. 세계 각국은 자국 반도체 산업의 육성을 위한 세제 및 보조금 등 자금 지원도 중요하지만, 궁극적으로 첨단 기술력과 초격차 생산성 확보에 최우선 노력을 경주해야 한다는 사실을 명심해야 한다.

지금까지 우리나라 반도체 산업은 미국, 일본, EU과의 기술 및 소부장 분야 협력, 중국과 반도체 생산 및 수출입 협력을 통해 성장하고 발전해 왔다. 하지만 미중 패권경쟁의 격화, 세계 각국의 경쟁적 반도체 산업 육성 등에 따라 반도체 시장의 경쟁이 격화되고 반도체 공급망의 불안정성이 증폭되면서 특히 2025년 이후 반도체 시장에서 치킨게임이 본격화될 것으로 전망됨에 따라 우리나라는 반도체 산업에 대한 획기적인 경쟁력 제고 전략을 선제적으로 마련·추진해야 한다는 시급한 당면과제를 지니고 있다. 우선 우리가 압도적 경쟁력을 보유하고 있는 메모리와 파운드리 분야의 초격차 유지에 전력을 기울여야 한다. 이와 함께 시스템 반도체 육성, 첨단 패키징 후공정 분야 경쟁력 확보, 반도체 소재·장비 분야의 자립도 제고 등 종합 반도체 강국 건설에 주력해야 한다. 특히, 반도체 공급망의 다원화와 중복은 불가피하다는 사실을 인식하고 미국 중심 반도체 공급망에 적극 진출하되, 반도체 최대 수요시장인 중국과의 관계도 유지해야 한다는 사실을 다시 한 번 강조하고 싶다.

5 전략적 가치를 확보하자, 대한민국 반도체 산업의 길

반도체 산업은 왜 중요한가요?

A

　산업화 시대에는 철강이 '산업의 쌀'이었다. 하지만 20세기 말 정보화 혁명이 시작된 이후, 반도체가 '산업의 쌀'이 되었다. 나아가 '규석기 시대의 반도체'라도 불리기도 한다. 원자번호 14번 규소를 주성분으로 하는 반도체가 지식정보화 시대의 밑바탕이 되고 있다는 뜻이다. 반도체는 현재 먹거리를 넘어 4차 산업혁명 시대의 미래 먹거리로 더욱 중요하다. 4차 산업혁명 시대는 반도체의 발전으로 스마트홈, 자율주행차, 인공지능 로봇, 헬스케어 등 인간 생활의 혁신적 변화를 가져오고 있다. 특히 반도체 기술을 기반으로 기계, 사물이 지능화되는 인공지능 시대가 도래하면서 초고성능, 초저전력 혁신적 반도체가 다양하고 수많은 곳에서 필요하게 될 것이다. 또한 반도체 응용기술이 각종 산업에 적용되면서 신수요 창출, 품목 다양화로 각 산업의 미래 모습이 고도화, 다양화될 것이다. 특히 AI, 빅데이터, IoT 발달에 따라 반도체 수요가 급증하여 반도체 신 황금시대에 돌입할 것으로 전망되고 있다. 매킨지는 반도체 산업 전망 보고서에서 "글로벌 반도체 산업은 향후 10년 동안 꾸준히 성장해서 2030년에는 1조 달러 규모가 될 것"이라고 밝혔다.

매킨지는 2030년까지 반도체 산업의 연평균 성장률이 6~8%가 될 것으로 전망하고 있다.

반도체 산업은 지속 성장이라는 경제적 가치만 아니라, 미래 산업 경쟁력의 핵심 요소라는 전략적 가치도 함께 지니고 있다. 이에 따라 미중 패권경쟁의 핵심 전쟁터가 되었고, 글로벌 공급망을 안정성 중심으로 전환하는 최우선 산업이 되었다. 반도체는 지난 20년간 우리나라 수출과 경제 성장을 견인해 온 국가 핵심산업으로 수출의 20%를 차지하는 최대 수출품목이다. 우리나라 반도체 산업은 세계 반도체 시장의 약 23%를 차지하고 있다. 특히 1993년 메모리 반도체 분야에서 세계 1위에 오른 이후 초격차 전략을 통해 30년 이상 세계 1위를 지켜 오고 있다. 우리나라 반도체 산업은 글로벌 반도체 공급망에서 대체 불가능한 역량을 확보하고 있다. 이는 기업의 경제적 가치를 뛰어넘어 국가 안보와 존재감 확보라는 전략적 가치를 부여하고 있다. 우리나라 반도체 산업은 현재와 미래의 대한민국 경제를 이끌어 가는 핵심 동력이자, 미중 패권경쟁으로 재편되는 글로벌 공급망에서 대한민국이라는 국가의 가치를 높여주는 전략산업이기도 하다.

우리나라 반도체 산업 발전전략은 무엇인가요?

A

반도체 산업은 대한민국의 전략산업이다. 반도체 산업의 경쟁력 확보를 위해서는 민관의 공동 노력이 필요하다. 정부는 시스템 반도체 비전 및 전략(2019.4.), K 반도체 전략(2021.5.), 반도체 초강대국 달성전략(2022.7.)를 연이어 발표하고, 반도체 특별법으로 불리는 국가첨단전략산업법도 제정 · 개정(2022.8, 12.)하고, 국가첨단산업육성 전략(2023.3.), 세계 최대, 최고 반도체 메가 클러스터 조성방안(2024.1.)을 발표하면서 민관이 함께 반도체 산업의 경쟁력을 확보하기 위한 노력을 지속해 오고 있다.

정부는 우선 메모리 반도체 부문의 초격차를 지속 유지하면서, 4차 산업혁명 도래로 더욱 중요해지고 있으나 10년 이상 제자리걸음 중인 시스템 반도체 분야의 글로벌 경쟁력을 확보하기 위한 전략(2019.4.)을 만들었다. 우선 팹리스의 창업부터 성장까지 수요 창출을 비롯 자금, R&D, 해외진출 등 전주기 지원체제를 구축하고 2030년까지 파운드리 세계 1위 도약을 위한 투자, 세제, R&D 지원과 팹리스와 파운드리 간 상생협력 생태계 조성을 적극 추진했다. 특히 고가의 설계툴, 시제품 제작, 반도체 설계자산 로열티 등 일반 벤처창업 대비 막대한 자금이 필요하고 제한된 수요시장, 설계와 파운드리 간 상생협력이 부족한 시스템 반도체 생태계의 강화를 핵심 과제로 삼았다. 정부는 2030년 세계 최고의 반도체 공급망 구축을 위한 K 반도체 전략(2021.5.)을 수립하여 메모리와 파운드리 증설을 통한 세계 최고의 생산 능력 확보, 기술자립형 반도체 소부장 단지 조성, 첨단장비 외국인투자기업 유치, 팹리스 밸리 조성, 첨단 패키징 플랫폼 구축 등 종합 반도체 강국 건설을 추진했다. 이를 위해 기술개발, 인력 공급, 세제 지원, 규제 완화와 전기, 용수 등 인프라 구축 등 반도체 생태계 조성을 지원했다. K 반도체 전략의 명칭은 우리나라 반도체 산업 발전전략이라는 의미와 함께 판교ㅡ평택ㅡ천안과 이천ㅡ기흥과 기흥ㅡ용인ㅡ청주라는 지리적 위치를 선

으로 이어보면 K라는 문자가 나타남을 의미하기도 하며, 메모리－팹리
스－파운드리－패키징－소부장 등 한국 반도체 산업의 모든 부문을 포
함하는 반도체 벨트라는 의미도 지니고 있다. 이러한 한국 K 반도체 벨
트는 대만의 신주 과학단지와 비교하여 면적, 기업수, 매출, 고용 면에
서 모두 우위를 보이고 있다.

　반도체 산업은 대한민국의 생존과 발전을 결정하는 전략산업이다.
산업통상자원부 장관 재임시, 우선 반도체 산업의 중요성을 인식하고
시스템 반도체 산업을 빅3 산업(시스템반도체, 미래 자동차, 바이오) 중 하
나로 선정하여 산업통상자원부 차원의 과제가 아닌 정부 차원의 핵심
과제로 삼아 범정부적 종합적으로 육성하는 체제를 만들었다. 이와 함
께 SK하이닉스반도체 클러스터를 수도권 용인으로 확정하여 하이닉스
의 국내 메모리 반도체 생산 능력을 안정적으로 확보하는 등 반도체 생
산 및 공급의 안정성을 제고했다. 특히, 용인 반도체 클러스터에 대기
업 SK하이닉스만이 아닌 반도체관련 중소·중견기업의 입주는 물론 국
내외 주요 반도체 소부장 기업 유치를 통한 반도체 소부장 클러스터도
함께 조성하여 용인을 종합 반도체 클러스터로 발전시키는 계획도 추
진했다. 또한 메모리와 시스템 반도체, 반도체 소부장과 패키징 부문
등 반도체 산업 전체 생태계를 조성하여 종합 반도체 강국, 세계 최대
반도체 국가를 만들겠다는 K 반도체 전략을 수립하기도 했다. 산업통
상자원부 장관 재임시, 세계 각국의 반도체 산업 육성 경쟁이 본격화되
기 전부터 시스템 반도체 산업 육성, 용인 반도체 클러스터 조성, 종합
반도체 생태계 조성을 선제적으로 추진함으로써 우리나라 반도체 산업
발전의 초석을 만들었다는 보람을 가지고 있다. 앞으로 대한민국의 핵
심 전략 산업인 반도체 산업은 보다 적극적·지속적으로 육성되어야 한

다고 생각한다.

　　신정부는 반도체 산업을 국가 차원에서 전략산업으로 공식 확정하고 기업투자, 인재 양성, 기술개발, 소부장 기반 확충을 위해 대대적인 세제 지원, 규제 완화, 자금 지원 계획을 포함한 '반도체 초강대국 달성전략'을 발표(2022.7.)하고 적극 추진하고 있다. 특히 반도체 산업을 국가전략 산업으로 지정하고 이를 제도적으로 지원하는 국가첨단전략산업법을 제정(2022.8.)했고 2022년 말 국가첨단전략산업 특화단지 지원을 강화하고 반도체 전문인력 양성 확대 등을 주요 내용으로 동 법률의 개정도 완료(2022.12.30. 공포)했다. 이와 함께 국가전략기술인 반도체의 시설투자 세액공제율을 대기업은 6%에서 8%로 다시 15%로 인상하고, 중소기업은 16%에서 25%로 높여주는 조세특례제한법 개정안이 국회를 통과(2023.3.30.)하기도 했다. 2023년 3월, 신정부는 '국가첨단산업육성전략'을 발표하여 용인 첨단 시스템 반도체 국가산업단지 조성 계획과 함께 300조 민간투자를 통해 최대 150개 기업이 함께 하는 세계 최대 첨단 시스템 반도체 클러스터를 조성하겠다는 계획을 발표하였다. 2024년 1월, '세계 최대, 최고 반도체 메가 클러스터 조성방안'도 발표했다. 경기 평택, 화성, 용인, 이천, 안성, 성남 판교, 수원 등 경기 남부의 반도체 기업과 기관이 밀집한 지역 내에서 622조 투자, 24조 규모 정책 금융 지원, 전력, 용수 등 인프라 적기 공급 등을 통해 반도체 메가 클러스터를 조성하고, 시스템 반도체 시장 점유율 10%, 공급망 자립률 50%를 달성해 나갈 것임을 밝혔다. 앞으로 정부는 반도체 산업에 대한 지원을 더욱 강화해 나가는 노력을 지속해야 한다. 왜냐하면 이는 단지 반도체 기업의 경쟁력 확보만이 아니라 국가의 전략적 가치를 확보한다는 의미도 함께 지니고 있기 때문이다.

Q

우리나라 반도체 산업의 경쟁력 제고에 있어 유의할 사항은 무엇인가요?

A

우선 우리는 잘하는 분야를 더욱 잘해야 한다. 나아가 이를 바탕으로 잘하는 분야를 지속·확대해 나가야 한다. 메모리 반도체와 파운드리 등 반도체 제조 부문에서 확보하고 있는 초격차를 지속 유지하려는 노력을 최우선적으로 기울여야 한다. 특히 최근 수요가 급증하는 HBM(High Bandwidth Memory, 고대역폭 메모리), PIM(Processing In Memory, 지능형 반도체) 등 최첨단 반도체는 물론 인공지능반도체(AI Semiconductor), 빅데이터 반도체(Big Data Semiconductor), IoT 반도체(IoT Semiconductor) 등 미래 반도체 분야를 선점해야 한다. 나아가 시스템 반도체 분야에서는 진입장벽이 매우 높은 중앙처리장치(CPU processor) 시장보다 차량용 반도체, 저전력 반도체 등 저집적 소규모 다품종 중심인 마이크로 프로세서(microprocessor) 시장에 중점 도전할 필요가 있다. 첨단 패키징 등 후공정 분야는 종합 반도체 강국 건설에 있어 필수적인 분야이며 우리나라 수요기업과 협력을 바탕으로 경쟁력을 확장할 수 있는 전략 분야이다. 또한 우리나라 반도체 공급망 안정성을 확보하기 위해 소재·장비 분야의 자립도 제고도 필수적이다. 일본 수출규제를 계기로 만들어진 우리나라 글로벌 반도체 제조 기업과 국내 소재·장비 기업 간 상생 협력 모델의 지속 적용과 확대는 반도체 소부장 분야의 자립도 제고에 크게 기여할 수 있을 것으로 기대된다.

시스템 반도체 육성을 위해서는 우선 팹리스 분야는 수요 분야와 연계된 R&D, 클러스터 조성을 통한 시장의 확대가 필요하고, 파운드리 분야에서는 국내 파운드리 기업과 국내 팹리스 기업 간 교류 활성화를 통한 파운드리 성장이 중요하다. 무엇보다도 다양하고 복잡한 시스템 반도체 생태계를 정확히 인식하고 철저한 현황 파악을 바탕으로 체계적, 지속적 집중 지원하는 전략을 추진해야 한다는 사실을 명심해야 한다. 특히 현재 우리나라는 반도체, 디스플레이, 자동차, 조선, 철강, 석유화학 산업에서 강력한 다수의 반도체 글로벌 수요기업이 존재하고, 이들을 활용하여 국내 시스템 반도체 산업을 육성할 수 있는 시점이 바로 지금이다. 국내 글로벌 수요기업, 국내 공공기관과 협력하여 대대적으로 시스템 반도체 수요를 창출하고 이를 정교하게 국내 팹리스, 국내 소부장, 국내 파운드리 기업에 연계하는 모델을 발전시키고 나아가 이들의 생태계가 조성된다면 시스템 반도체 산업이 크게 성장할 수 있다. 이를 통해 수요 기업에게는 공급 안정성을, 팹리스 및 소부장 기업에게는 도전과 축적의 기회를 부여하면서 튼튼한 시스템 반도체 산업 생태계를 조성해 나갈 수 있을 것이다.

Q

우리나라 반도체 산업의 경쟁력 제고를 위한 정부 역할에 대한 제언은 무엇인가요?

반도체 산업의 주도권을 확보하기 위한 치열한 글로벌 경쟁 속에서 정부의 역할은 매우 중요하다. 미국, 중국은 물론 일본, 대만, EU 등 세계 각국 정부는 반도체 산업에 대한 대규모 투자와 기술혁신에 박차를 가하고 있다. 우리 정부도 반도체 산업 육성을 위해 국가첨단전략산업특별법 제정, 인력 양성, R&D, 세제, 투자, 기반시설 구축, 규제 완화, 수요창출 등 전방위적 지원을 실시해 오고 있다. 하지만 이제 반도체 산업의 경쟁력 확보는 기업간 경쟁을 넘어 국가간 전략적 경쟁의 과제가 되고 있다. 우리 정부는 우리의 반도체 산업에 대한 지원 내용과 수준을 미국, 대만, 일본 등 다른 나라의 반도체 산업에 대한 지원 내용과 수준보다 더욱 충분하고 높게 만들어야 한다. 이를 통해 우리나라 반도체 기업은 각국의 지원을 받은 반도체 기업과 글로벌 시장에서의 경쟁에서 이겨 나갈 수 있을 것이다.

국가 전략산업인 반도체 산업에 대한 정부 역할은 다른 산업과 다르게 접근할 필요가 있다. 우선 반도체 산업에 대한 정부 지원이 대기업에 대한 지원이라는 인식을 극복하고 대안을 마련해야 한다. 4차 산업혁명 시대, 새로 재편되는 글로벌 공급망의 핵심인 반도체는 석유 시대의 석유와 같은 자원의 역할을 수행한다고 볼 수 있다. 이미 반도체는 경제적 가치는 물론 국가 안보와 존재감 확보라는 전략적 가치를 부여하고 있다. 특히 반도체 산업에 대한 지원은 반도체 수요산업의 발전을 촉진하는 동반성장 효과도 거둘 수 있다. 따라서 정부는 반도체 산업에 대한 지원이 개별 대기업의 경제적 부담 완화에 그치지 않고, 팹리스, 패키징, 소부장 기업들과 함께 지속발전이 가능한 반도체 생태계 조성으로 이어지도록 해야 한다. SK하이닉스 용인밸리를 조성할 때 반도체 소부장 밸리를 함께 조성한다든지, 소부장 협력모델 선정시 수요 대기업이 참여토록 하여 지원하는 사례를 참고할 필요가 있다. 정부 지원이 대기업 지원에 그치지 않고, 대기업이 중소·중견기업과 연대와 협력을 통해 함께 성장하는 대안을 만들어야 한다. 국가첨단전략산업법에서 대기업 지원과 생태계 조성이 연계되는 근거를 마련하여 이를 제도화해 나갈 필요가 있다.

정부는 우선 미중 양국간 양자간 전략적 협력을 추진하여 미국 반도체 글로벌 공급망에 적극 참여하는 한편, 주요 반도체 수요국가인 중국과의 협력도 유지해야 한다. 이와 함께 정부는 IPEF, 칩4 등 다자간 협상에서 우리 기업의 핵심 역량을 강화하고 자유무역을 확산시켜 나간다는 개방형 통상국가인 우리의 입장을 확실히 보여주어야 한다. 또한 우리 정부는 미국, 중국 등 양자간 긴밀한 협의를 통해 우리 기업의 애로 해결에 앞장서야 한다. 미국이 중국에 대한 첨단반도체 장비 판매 금지 조치(2022.10.)를 발표하였지만, 삼성전자와 SK하이닉스의 중국 공장은 동 조치 적용의 무기한 유예를 받았다. 이는 우리 정부와 우리 기업간 원활한 의사소통 및 협력 체제를 가동하고, 상대국과 사전 긴밀한 협의를 통해 우리 기업의 애로사항을 해결한 성과 중 하나이다. 미국은 반도체와 과학법 시행에 따라 반도체 생산 지원금을 수령하는 기업에 대해 기술, 회계 등 기업관련 정보 제공 의무를 부담시키고 중국에서 생산능력 확장 한도 설정 등 보조금 반환관련 가드레일 세부조항을 발표(2023.3.)하고 최종 확정(2023.11.)하였다. 우리 정부와 기업은 반도체 보조금 지원 세부규정의 발표 이전부터 확정 이후까지 우리 입장을 반영시키기 위한 노력을 지속적으로 전개하였다. 비록 실질적 확장의 기준선은 조정되지 않았으나 중대한 상한선 철폐 등 일부 세부규정에 우리의 우려가 반영되기도 하였다. 향후에도 우리 정부는 민관의 원활한 소통과 협력을 통해서 우리 기업의 애로사항 해결을 위해 상대국과 긴밀한 협의를 통해 해결책을 찾아내는 노력을 지속해 나가야 한다.

산업강국 나침판: 전략적 가치를 확보하자27)(전자신문, 2022.2.14)

　역사는 반복되는 것인가? 구한말과 제2차 세계대전 종전 이후 미중 패권경쟁의 격화에 따라 대한민국은 지정학적 요충지로 다시 주목을 받고 있다. 제국주의 확산, 자본주의와 공산주의 체제경쟁 이후 글로벌 공급망 재편이라는 세계경제의 패러다임 변화가 가시화되고 있다. 과연 대한민국은 지난 시대와 달리 자신의 힘으로 새로운 대변혁을 극복하고 주도할 수 있을까? 글로벌 공급망 재편은 위기이자 기회다. 준비된 자만이 위기를 기회로 바꿀 수 있다. 대한민국은 기술주권을 기반으로 대한민국 산업의 전략적 가치를 만들어야 한다는 과제를 지니고 있다.

　제2차 세계대전 이후 세계경제는 자유무역이 확산되고 저비용, 고효율 중심으로 글로벌 분업체계가 형성·발전되면서 급속히 성장해 왔다. 특히 중국은 세계 제조업에서 차지하는 비중 1위('20년 31.3%), 세계 1위 품목수 1위('19년 1,759개) 등을 통해 세계의 공장이라는 중국 굴기를 실현하였다. 나아가 AI, 퀀텀컴퓨팅 등 10개 첨단기술분야 특허출원에 있어, 중국이 압도적 1위(9개)를 차지하면서, 미래기술 경쟁력에서도 두각을 나타내고 있다. 특히 첨단기술이 사이버 공격과 첨단무기에 적용되어 전통적 의미의 군사력 격차를 단기에 해소할 잠재력을 보유할 수 있게 되면서 경제와 안보 경쟁이 통합되고 있다, 이제 세계 패권경쟁의 원천은 군사력, 경제력이 아닌 기술력이다. 미국은 반도체법 제정 등 자국 기술경쟁력 제고 정책을 도입하고 화웨이 수출규제 등 기술통제를 강화하면서 인도태평양경제프레임워크(IPEF) 등 국제 공조도 적극 추진하는 등 기술패권 우위를 지키려 하고 있다. 중국은 중국제조 2025, 중국표준 2035 등 자체 기술력 확보에 주력하면서 희토류 통제 근거 마련 등 수출통제 대응능력을 제고하는 등 미국의 기술패권에 도전하고 있다. 이제 핵심 기술력 확보와 보호는 경제와 안보 경쟁의 핵심과제가 되었다.

글로벌 가치사슬은 전 세계를 하나의 시장으로 묶고 있다. 글로벌 가치사슬이 긴밀하게 연결되고 첨단 기술력 확보가 관건인 반도체 산업에서 기술패권 경쟁이 가장 첨예하게 부딪히고 있다. 반도체 산업은 복잡한 공정과 긴 생산기간이 필요한 대형장치 산업으로, 설계는 미국, 소재·부품·장비는 미국, 일본, 유럽 그리고 반도체 제조는 한국, 대만이 경쟁력을 가지면서 긴밀한 글로벌 분업체계를 형성하고 있다. 그리고 스마트폰, 데이터센터 등 반도체 수요시장의 50% 이상을 중국이 차지하고 있다. 한국 반도체 수출의 60%를 중국(홍콩 포함)이, 미국 반도체장비 수출의 32%를 중국이, 그리고 중국 노트북/PC 수출의 37%, 서버 수출의 44%를 미국이 차지하고 있다. 이와 같이 반도체 생산 및 수요 시장은 세계 각국이 긴밀하게 연결되어 있어, 단시간 내 글로벌 가치사슬을 변화시키거나 무시할 수 없다. 하지만 반도체 산업에서 새로운 글로벌 가치사슬 만들기 경쟁은 극자외선(EUV) 기술 및 장비 등 필수적이고 최첨단 기술력이 필요한 부문을 중심으로 치열하게 벌어지고 있다. 앞으로 반도체 산업의 글로벌 가치사슬 형성은 범용재 부문의 비용 및 효율 경쟁과 최첨단 기술이 포함된 전략재 부문의 기술력 경쟁으로 나뉠 것이다. 전자는 전 세계를 하나의 시장으로, 후자는 경제, 안보,

기술 협력 우호국 중심의 시장으로 글로벌 가치사슬을 형성, 발전시켜 나갈 것이다.

한국은 자유무역 확산 시대에 글로벌 분업구조를 성공적으로 활용하면서 고유한 제조역량을 축적하면서 급속한 경제성장을 이룩하였다. 한국 제조업의 글로벌 가치사슬 참여율('17년)은 55로서 독일 51, 일본 45, 미국 44에 비해 높은 편이다. 그리고 반도체, 석유화학, 철강, 정유산업과 같이 막대한 자본을 투자한 고도의 일관 설비를 초정밀하게 관리, 활용하는 한국의 제조 능력은 세계 최고 수준이다. 이제 한국 제조업은 우리만의 고유한 핵심 기술력을 확보해야 한다. 한국 제조업은 지금까지 부가가치가 크고 성장이 빠르고 조기 확보가 가능한 유망기술 확보에 주력해 왔다. 하지만 새로 재편되는 글로벌 가치사슬에서는 시장이 좁더라도 성장에 있어 필수적이고 핵심적인 최첨단 기술(이하 전략기술)의 확보가 중요하다. 한국 제조업은 현장 제조역량을 기반으로 다른 나라가 갖지 못한 전략기술을 확보할 때 비로소, 새로운 글로벌 가치사슬에서 전략적 가치를 확보할 수 있을 것이다.

대한민국 산업의 전략적 가치를 확보하기 위해서는 새롭고 과감한 산업정책의 도입이 필수적이다. 우선 기술혁신과 지식축적의 현장인 제조기반 유지에 최선을 다해야 한다. 제조 현장은 물건을 만드는 현장일 뿐만 아니라 기획, 연구, 제조, 마케팅, 유통, 금융 등 모든 경제활동이 이루어지는 산업 생태계의 주춧돌이다. 중국이 제조역량을 기반으로 기술 리더십에 도전하고, 미국이 제조역량 부족으로 월등한 기술 리더십이 위협을 받고 있다는 사실을 명심해야 한다. 전략기술 확보는 시장, 민간만의 힘으로 가능하지 않다. 전략기술은 시장이 좁고, 장기간 대규모 투자와 산학연간 공동 연구, 수급기업간 연대와 협력이 필요하고, 실패 위험이 크다는 특징과 함께 다른 나라와 경쟁에서 이겨야 한다는 제약요인도 함께 지니고 있다. 글로벌 공급망 안정성 기여도, 성장 잠재력, 기술 난이도, 연관 산업 및 경제적 파급효과 등을 고려하여 반도체, 미래차, 바이오, 소재부품장비 등 산업부문에서 임무지향적 방식으로 전략기술을 선정해야 한다. 선정된 전략기술에 대해서는 국가적 차원에서 투자, 인력, R&D, 조달, 규제혁신 등을 일괄적·전폭적·지속적으로 지원해야 한다. 특히 예산 및 교육 제도의 개혁을 통한 획기적인 자금 및 인력 지원이 시급하다.

공급망 안정성을 중심으로 글로벌 가치사슬이 재편되고 있다. 그렇다고 한 나라가 모두 담당할 수 없다. 대한민국 산업은 미중 기술패권경쟁으로 추가 확보된 시간 내, 재편되는 글로벌 공급망에서 전략적 가치를 확보해야 한다. 우선 탁월한 제조역량을 바탕으로 우리만이 가질 수 있는 전략기술 확보로부터 시작하여야 한다. 민관이 함께 하는 새롭고 과감한 산업정책을 지금 당장 추진해야 한다.

주석

1) 이정동, 축적의 길, 지식노마드, 2017.
2) 성윤모, 한국의 제조업은 미래가 두렵다, 마이넌, 2003.
3) 이낙연, 대한민국 생존전략, 21세기북스, 2023.
4) 이근, 신경립 논설위원의 청론직설, 서울경제, 2023.11.9.
5) 이준, "글로벌 공급망을 둘러싼 대외여건 변화와 대응방안", 월간 KIET 산업경제, 산업연구원, 2022.2.
6) 정은미, 2023년 한국 산업정책의 도전과 과제, NAEK 기술경영정책분과, 2023.3.15.
7) 정은미, "최근 글로벌 공급망 변화 추세와 대응과제", 글로벌 이슈브리프 Vol.2, 경제인문사회연구회, 2022.8.
8) 이효영, 주요국의 공급망 관리 정책과 한국의 대응전략, 한국무역협회, 2023.8.29.
9) 김계환, 사공목, 강지현, 정선인, 김바우, 김윤수, 이문형, 경제패권경쟁시대 전략적 자율성을 위한 산업통상전략, 산업연구원, 2021.12.
10) 김계환, 사공목, 강지현, 정선인, 김바우, 김윤수, 이문형, 경제패권경쟁시대 전략적 자율성을 위한 산업통상전략, 산업연구원, 2021.12.
11) 조은교, 중국의 첨단산업 육성 및 과학기술 확보 전략, 글로벌 이슈브리프 Vol.14, 경제인문사회연구회, 2023.12.
12) 2022년부터 메가급 디지털 인프라 구축사업인 '동수서산(東數西算)'을 추진하고 있다. 동수서산은 동부지역에 폭증하는 데이터를 서부지역으로 전송하여 처리하도록 디지털 인프라를 조성하는 프로젝트로 화웨이, 차이나텔레콤, 바이두 등 중국 선도기업들이 참여하여 데이터 센터를 설립하고 관련사업을 추진하고 있다. 2023년에는 '디지털 건설규획'을 통하여 디지털 인프라 구축, 핵심기술 국산화를 위한 데이터 활용, 데이터 사업의 보안 강화 등 세부 추진정책을 발표하여 추진하고 있다. 2022년 기준 중국 디지털 경제 규모는 50조 2,000억 위안으로 세계 2위를 차지하고 있다.
13) 조은교, 중국의 수출통제를 통해 본 첨단산업의 공급망 전략과 우리의 대응, 월간 KIET 산업경제, 산업연구원, 2023.7.
14) 조은교, 첨단기술의 미중 블록화 전개양상과 시사점 – 반도체, AI를 중심으로, 월간 KIET 산업경제, 산업연구원, 2022.7.
15) 조은교, 첨단기술의 미중 블록화 전개양상과 시사점 – 반도체, AI를 중심으로, 월간 KIET 산업경제, 산업연구원, 2022.7.
16) 조은교, 심우중, 서동혁, 김정현, 곽현, 글로벌 공급망 블록화에 따른 중국의 전략과 우리의 대응 – 이차전지 산업을 중심으로, 산업연구원, 2022.10.
17) SNE 리서치, '23년 1월, 유럽 판매는 '22년 독일 464,255대, 영국 285,889대, 노

르웨이 138,569대 등이다.

18) 김동수, 김계환, 최정환, 정선인, 미중갈등 대응전략 연구, 경제인문사회연구회 협동연구총서, 2022.5.

19) 김동수, 김계환, 최정환, 정선인, 미중갈등 대응전략 연구, 경제인문사회연구회 협동연구총서, 2022.5.

20) 메모리 D램 시장은 삼성전자 42.7%, SK하이닉스 28.6%, 마이크론 22.8%, 기타 4.2%로 3사 독점체제이고, 낸드시장은 삼성전자 33.9%, 키옥시아(일본) 18.9%, 웨스턴디지털(미국) 13.9%, SK하이닉스(한국) 13.2%, 마이크론(미국) 10.6%, 인텔(미국) 6.3% 등 1강 5중 체제이다. 시스템 반도체 시장에서 팹리스 분야는 미국(퀄컴, NVIDIA, AMD 등) 68.4%, 대만(미디어텍 등) 21.9%, 중국(하이실리콘 등) 6.5%, 한국 1.5%, 일본 0.9%, 유럽 0.8% 등 미국 주도 체제이고 파운드리 분야는 TSMC(대만) 51.6%, 삼성전자(한국) 16.3%, UMC(대만) 6.9%, Global Foundary(미국) 6.0%, SMIC(중국) 4.9%, 기타 14.3%로 대만 독점 체제이다.

21) 나이스경제, 주요국의 반도체 산업 동향: 대만, 2024.2.5.

22) 정형곤, 윤여준, 연원호, 김서희, 주대영, 미중 반도체 패권경쟁과 글로벌 공급망 재편, 대외경제정책연구원, 2021.12., 동 책자의 pp.84−87(2. 글로벌 공급망 재편 동향 및 전망 중 Q. 미국은 글로벌 공급망 재편에 어떻게 대응해 오고 있나요?) 참고.

23) 정형곤, 윤여준, 연원호, 김서희, 주대영, 미중 반도체 패권경쟁과 글로벌 공급망 재편, 대외경제정책연구원, 2021.12.

24) 조은교, 중국 반도체 산업의 공급망 현황과 자립화 전략, KIET 산업경제, 산업연구원, 2022.1.

25) 김양행, 국내외 반도체 산업 정세와 경기 전망, KIET 산업경제, 2023.8.

26) 정형곤, 윤여준, 연원호, 김서희, 주대영, 미중 반도체 패권경쟁과 글로벌 공급망 재편, 대외경제정책연구원, 2021.12.

27) 성윤모, 산업강국 나침반: 전략적 가치를 확보하자, 전자신문, 2022.2.14.

참고문헌

산업통상자원부 등 관계부처 종합, 반도체 메가 클러스터 조성방안, 2024.1.

산업통상자원부 등 관계부처 종합, 국가첨단산업 육성 전략, 2023.3.

산업통상자원부 등 관계부처 종합, 반도체 초강대국 달성전략, 2022.7.

산업통상자원부 등 관계부처 종합, K 반도체 전략, 2021.5.

산업통상자원부, 글로벌 공급망 재편과 한국산업의 미래, 2021.7.12.

산업통상자원부 등 관계부처 종합, 시스템 반도체 비전과 전략, 2019.4.

김계환, 사공목, 강지현, 정선인, 김바우, 김윤수, 이문형, 경제패권경쟁시대 전략적 자율성을 위한 산업통상전략, 산업연구원, 2021.12.

김동수, 김계환, 최정환, 정선인, 미중갈등 대응전략 연구, 경제인문사회연구회 협동연구총서, 2022.5.

김양행, 국내외 반도체 산업 정세와 경기 전망, KIET 산업경제, 2023.8.

그렉 그랜딘(번역 유혜인), 신화의 종말, 커넥팅, 2021.8.

나이스경제, 주요국의 반도체 산업 동향: 대만, 2024.2.5.

성윤모, 한국의 제조업은 미래가 두렵다. 마이넌, 2003.9.

성윤모, 전략적 가치를 확보하자, 전자신문, 2022.2.14.

이근, 신경립 논설위원의 청론직설, 서울경제, 2023.11.9.

이낙연, 대한민국 생존전략, 21세기북스, 2023.5.

이정동, 축적의 길, 지식노마드, 2017.5.

이준, "글로벌 공급망을 둘러싼 대외여건 변화와 대응방안", 월간 KIET

산업경제, 산업연구원, 2022.2.

이효영, 주요국의 공급망 관리 정책과 한국의 대응전략, 한국무역협회, 2023.8.29.

정은미, 2023년 한국 산업정책의 도전과 과제, NAEK 기술경영정책분과, 2023.3.15.

정은미, "최근 글로벌 공급망 변화 추세와 대응과제", 글로벌 이슈브리프 Vol.2, 경제인문사회연구회, 2022.8.

정형곤, 윤여준, 연원호, 김서희, 주대영, 미중 반도체 패권경쟁과 글로벌 공급망 재편, 대외경제정책연구원, 2021.12.

조은교, 중국의 첨단산업 육성 및 과학기술 확보 전략, 글로벌 이슈브리 프 Vol.14, 경제인문사회연구회, 2023.12.

조은교, 중국의 수출통제를 통해 본 첨단산업의 공급망 전략과 우리의 대응, 월간 KIET 산업경제, 산업연구원, 2023.7.

조은교, 심우중, 서동혁, 김정현, 곽현, 글로벌 공급망 블록화에 따른 중국의 전략과 우리의 대응-이차전지 산업을 중심으로, 산업연구원, 2022.10.

조은교, 첨단기술의 미중 블록화 전개양상과 시사점-반도체, AI를 중심으로, 월간 KIET 산업경제, 산업연구원, 2022.7.

조은교, 중국 반도체 산업의 공급망 현황과 자립화 전략, KIET 산업경제, 산업연구원, 2022.1.

SNE 리서치, '23년 1월, 유럽 판매는 '22년 독일 464,255대, 영국 285,889 대, 노르웨이 138,569대 등.

코로나 19,
위기를 기회로 만들자

1 코로나 19의 발생과 대응

Q

코로나 19의 발생과 확산은 어떻게 진행되었나요?

A

2020년 초 코로나 19가 전 세계를 강타했다. 전례 없는 팬데믹(세계적 대유행)으로 전 세계는 경제활동을 멈추었고 세계 경제의 수요와 공급이 동시에 충격을 받았다. 우선 효율적인 글로벌 분업체계, 글로벌 공급망이 흔들렸다. 미중 패권경쟁, 러시아-우크라이나 전쟁 등으로부터 촉발된 일부 지역과 분야별 글로벌 공급망 재편이 전 세계, 전 분야로 확대되고 가속화되었다. 이와 함께 팬데믹 발생으로 비대면 경제로의 진행이 빨라짐에 따라 디지털화, 지능화가 급속히 진행되면서 새로운 시대의 새로운 패러다임으로 이동을 더욱 촉진하는 결과를 가져왔다.

전 지구적으로 동시 다발적으로 퍼진 코로나 19는 전 세계 경제를 일시에 멈춰 세웠다. 이를 두고 기타 고피나스(Gita Gopinath) IMF 수석이코노미스트(IMF 수석부총재)는 코로나 19 팬데믹으로 촉발된 경제위기를 '대봉쇄(Great Lockdown)'라고 명명했다. 다수 학자들은 코로나 19의 경제적 후폭풍이 대공황(1929년 미국을 중심으로 발생한 세계적인 경제 공황)과 대침체(2008년 금융위기)를 잇는 세 번째 대규모 세계 경제 위기로 평가했다. 하지만 코로나 19 위기는 대공황이나 대침체와는 그 양상이 달랐다. 그전까지는 먼저 위기를 겪으면 그만큼 회복도 먼저였다. 선진국에서 대응법을 마련해 위기를 극복하면 후발국들이 따라가는 구조였다. 선진국들은 축적된 대응전략을 바탕으로 상대적 우위를 지켜 나갈 수 있었다.

그러나 코로나 19 팬데믹은 거의 동시에 세계 경제를 멈추게 만들었고 순식간에 글로벌 공급망을 약화시켰다. 인류 역사상 가장 빠른 속도로 전 세계로 퍼진 감염병으로 인해 인류의 활동은 잠시 멈출 수밖에 없었다. 백신과 같은 대응책이 사전에 마련되지 않은 상황에선 일단 다른 이들과 접촉하지 않는 것이 감염병을 피하는 최선이었기 때문이다. 2020년 3월 21일 CNN은 코로나 19로 인해 전 세계 경제가 불황으로 치닫는 데는 불과 30일밖에 걸리지 않았다고 보도했다. CNN에 따르면 2020년 2월 17일까지만 해도 코로나 19는 중국 본토에서 주로 창궐했다. 당시 중국 내 확진자는 7만 명을 넘었지만 중국 외에서는 감염자가 800여 명에 불과했다. 사망자가 10명도 안 됐다. 뉴욕 증시 다우존스 산업평균지수는 미국 경기 호황으로 3만 포인트에 육박하던 시절이다. 하지만 한 달 만에 글로벌 시장은 크게 흔들렸다. 코로나 19의 유입을 막기 위한 세계 각국의 조치로 많은 세계 항공 노선이 폐쇄됐다. 여행 제한과 봉쇄 조치가 더해졌다. 공장과 술집, 식당이 문을 닫고 사람들이 집안에 틀어박히면서 수요와 공급이 모두 급감하기 시작했다. 이로 인해 미국 주식시장에선 3분의 1에 달하는 가치가 단 한 달 만에 사라져 버렸다. 2020년 3월 20일 다우존스 산업평균지수는 1만 9,174포인트로 장을 마감했다. 그 사이 급격한 주가 하락으로 뉴욕 증시에 서킷브레이커가 네 차례나 걸렸다. 서킷브레이커가 발동된 것은 1997년 이후 처음이었다. 당시 시장은 코로나 19 팬데믹이 1929년 대공황 사태를 재현할 것이라는 공포감에 휩싸였다. 코로나 19 직전에도 이미 미국과 중국간 무역 분쟁으로 세계 경제가 위협을 받고 있었다. 특히 코로나 19는 세계화(Gobalization)의 그림자이기도 했다. 전 세계가 밀접하게 연결된 탓에 코로나 19는 순식간에 거의 모든 국가로 퍼졌다. 치료법도, 예방법도 없는 상황에서 인류가 선택할 수 있던 건 '봉쇄(Lockdown)'뿐이었다.

코로나 19의 회복도 동시 다발적으로 진행됐다. 선진국이나 후발국의 구분이 약했다. 선진국이라도, 백신을 먼저 맞았어도, 최첨단 설비를 갖췄더라도 글로벌 공급망이 정상적으로 가동되지 않으면 한계가 있었다. 코로나 19 이후의 세계 경제는 선진국, 개발도상국, 저개발국 할 것 없이 '포스트 코로나'라는 동일한 출발 선상에 섰다. 세계 각국이 단계적으로 일상 회복으로의 전환을 준비하면서 경기 회복을 노리고 있었다. 선진국들은 기존의 지위를 빼앗기지 않기 위해, 후발국들은 선진국과의 격차를 줄일 절호의 기회를 놓치지 않기 위해 전력을 기울였다. 특히 코로나 19가 엔데믹(풍토병화)으로 전환되면서 전 세계가 동시에 경제를 돌리기 시작했다. 멈췄던 공장이 돌아가고 일자리가 다시 열렸다. 갑작스럽게 공급까지 폭증하면서 물류 가격은 천정부지로 치솟았다. 공장과 항만, 공항의 재가동에 따라 인력이 부족해졌다. 더욱이 코로나 19 대응을 위해 세계 각국이 양적 완화에 나서면서 풀린 유동성은 인플레이션을 자극했다. 한편 중국경제 성장의 둔화와 함께 러시아-우크라이나 전쟁 등으로 인한 유가 및 원자재 가격 인상 등으로 세계 경제는 성장이 둔화되고 물가가 오르는 상황에 처하게 되었다. 특히 미국이 인플레이션을 잡기 위해 금리 인상을 지속했고 고금리를 유지하고 있어 세계 경제가 성장 둔화와 함께 인플레이션 압력을 동시에 받는 상황이 지속되고 있다. 전 세계가 동일한 입장이다.

Q

코로나 19는 세계 경제에 어떤 영향을 주었나요?

A

위기는 기회이기도 하다. 코로나 19는 비대면 경제를 활성화시키고 디지털 사회로의 전환을 크게 앞당겼다. 사실 그동안 디지털 기술의 발전으로 사회적 효용성을 높이는 기술이 수없이 개발되어 왔지만 신기술에 대한 사회적 수용은 여전히 미진한 상태였다. 원격의료, 재택근무, 온라인 교육은 관성과 이해관계 때문에 제대로 수용되지 못하고 있었지만, 코로나 19가 그 걸림돌을 없애 버렸다. 이제 사회가 기존 관성을 극복하고 비대면 경제와 디지털화를 자발적으로 수용하면서 급격히 빠른 속도로 변화하고 있다.

디지털 사회는 비대면으로 옮겨가는 사회활동, Push에서 Pull로의 소비행태 변화, 중앙집중에서 지방분산으로 생산과 공급형태의 변화로 구체화되어 가고 있다.[1] 먼저 매점 운영, 물건 배송, 보안 경비 등 사람 간 상호작용 없이 디지털 기술로 대체될 수 있는 사회 활동은 사람에서 기계로 급속히 대체되어 가고 있다. 그리고 재택근무, 원격의료, 온라인 교육 등 사람간 상호작용은 필요하지만 디지털 기술로 보완할 수 있는 사회 활동도 급속히 우리 삶으로 들어왔고 빠르게 확대되고 있다. 하지만 디지털 항체검사와 면역확인 등과 같이 꼭 사람간 상호작용이 필요한 분야는 디지털화의 진전에도 불구하고 인간 활동의 고유한 영역으로 남아 있다. 비대면화의 확산으로 온라인 교육, 원격의료, 원격문화 소비가 확산됨에 따라 많은 서비스가 공급자 중심의 Push 형태에서 소비자 중심의 Pull 형태로 급속히 바뀌어 가고 있다. 이와 함께 효율성 중심의 중앙집중형 생산 및 공급체계는 소규모 지역의료, 지역 분산형 엣지 컴퓨팅, 전략물자 리쇼어링 등 안정성 중심의 지역분산형 생산 및 공급체계로 급속히 이동하면서 주류의 자리를 위협받고 있다. 이와 같이 코로나 19가 심화시킨 생활방식과 사고방식의 변화는 어떤 기술과 시장은 소멸시키지만 다른 기술과 시장은 더욱 성장시키고 있다. 새로운 변화에 적응하지 못하면 위기에 처하지만 이를 잘 활용하면 더 크게 성장하는 기회가 될 것이다. 대한민국은 불굴의 도전 정신과 신속한 대응능력을 바탕으로 새로운 변화를 선도할 수 있는 절호의 기회를 맞이하고 있다.

우리나라는 코로나 19 발생과 확산에 어떻게 대응했나요?

A

코로나 19는 2019년 12월 12일 중국 우한에서 최초 감염자가 발생하고 초기대응에 실패하면서 1월 하순 중국 전역으로 확대되었다. 2020년 1월 한국, 일본, 베트남 등 아시아 지역에서 환자가 발생하고 이어 미국, 호주, 프랑스 등 북미, 유럽, 오세아니아에서도 확진자가 나오고 2월에는 이집트, 브라질 등 아프리카와 남미에서도 확진자가 발생하면서 전 세계로 급속히 확산되었다. 세계보건기구(WHO)는 2020년 3월 11일 코로나 감염 확산세가 지속되자 홍콩 독감(1968년), 신종플루(2009년)에 이어 사상 세 번째로 코로나 19에 대해 팬데믹을 선포했다.

우리나라에서는 2020년 1월 20일 중국인 여성이 최초 코로나 확진자로 확인되고 2월 18일 신천지 대구교회의 집단 감염 이후 지역 감염사례가 속출하면서 확진자 수가 기하급수적으로 급증하였다.

우리 정부는 코로나 의심대상자에 대한 진단 실시, 환자에 대한 추적관리 및 치료라는 3T(Test, Trace, Treatment) 전략을 통해 경제, 사회활동에 대한 부정적 영향을 최소화하면서 효율적으로 코로나 19에 대응해 나갔다. 특히 중앙재난대책본부 운영, 신속검사제도 운영, 특별관리지역 지정, 코로나 특별대책 시행 등 정부의 적극적인 대처와 함께 드라이브스루 선별 진료소 운영, 리얼타임 PCR, 사회적 거리두기 등 창의적이고 신속한 코로나 대응, 국민의 적극적인 참여와 협조 등 우리 사회의 투명성과 개방성을 바탕으로 코로나 19에 성공적으로 대응했고, 이는 'K방역'으로 불리며 전 세계의 주목을 받았다.

'K방역'의 주역은 국민이다. 국민의 따끔한 비판과 사려깊은 협력이 K방역의 원천이었다. 정부는 국민의 생명과 안전 보장이라는 국가의 의무를 다해야 했다. 정부는 투명성, 개방성, 민주성을 바탕으로 봉쇄와 제한, 의료 방역과 경제 방역 사이의 어려운 선택을 이어 나갔다. 특히 중앙재난대책본부는 정부 부처, 중앙과 지방, 방역과 경제 전문가 그리고 정부와 국민 사이의 간격을 메우면서 신속하고 효과적이며 현실성 있는 정책을 결정하는 역할을 훌륭하게 해냈다. 정부는 코로나 19가 국내에서도 크게 확산되자 총리가 위원장이고 각 부처 장관들이 참여하는 중앙재난대책본부를 매일 아침 개최했다. 중앙재난대책본부 회의는 온라인으로 중앙부처는 물론 시·군·구 등 지방 행정기관에게도 모두 중계되어 모두가 코로나 19 상황을 실시간으로 확인하고 현안 사항을 공유할 수 있었다. 중앙재난대책본부에서 제기되거나 결정된 대응 방안은 모두가 함께 참여하여 검토하였고, 모두가 협력하여 신속하게 추진해 나갔다. 현장에 근거한 의사결정, 실시간 원활한 의사소통, 신속하고 효과적인 추진 등을 가능하게 만들었던 플랫폼이 바로 중앙재난대책본부였다.

이와 같은 중앙재난대책본부 운영 시스템은 코로나 19로 처음 시작된 것이 아니라 2016~2018년에 조류인플루엔자(AI, Avian Influenza, 조류독감) 대응으로부터 시작되었다. 2016년 조류독감이 발생하자 규정에 따라 농림축산식품부 장관이 중앙재난안전대책 본부장이 되어 대응했지만 각 부처별 협력, 신속한 의사소통, 현장에 기반한 대책 등이 미흡하여 조류독감에 효과적으로 대응하지 못했다. 하지만 중앙재난대책본부 회의를 총리가 직접 주재하고 각 부처 장관이 참석하는 구조로 변경하면서 부처 간 원활한 협의와 강력한 추진력을 이끌어 낼 수 있었다. 그리고 조류독감이 실제 발생한 현장이 직접 참여할 수 있도록 회의를 온라인-오프라인 동시 회의로 개최하고 회의 참여 범위를 광역자치단체 부단체장은 물론 시군구 등 기초자치단체장으로 대폭 확대하였다. 이와 같은 회의 방식 변경과 참여 범위 확대는 현장과 실시간 의사소통을 가능하게 만들었고, 이를 바탕으로 조류독감에 신속하고 효과적으로 대응해 나갈 수 있었다. 2017년 이후 정부는 변화된 중앙재난대책본부의 구성 및 운영 방식을 통해 조류독감에 효과적으로 대처해 오고 있다. 우리 정부의 조류독감 위기대응 체제는 코로나 19에도 그대로 활용되어 코로나 19 대응에도 커다란 효과를 볼 수 있었다. 재난 발생의 원인이 '바이러스'로 동일하고 각 정부 부처, 중앙과 지방, 민관 사이 긴밀한 협력과 현장에 기반한 신속하고 효과적인 대응이 필요하다는 대응 원칙이 동일했기 때문이다.

산업통상자원부는 코로나 19 확산으로 우리 기업의 피해를 최소화하고 글로벌 공급망 재편 등 새로운 변화에 대응하는 방안을 찾아야만 했다. 산업통상자원부는 코로나 19가 중국에서 확산되자 2020년 2월 3일 비상대응 TF를 구성하고 중국관련 수출입기업에 대한 유동성, 마케팅 등 애로사항을 중점적으로 해결하는 대책을 마련하여 추진했다. 이어 코로나 19가 중국은 물론 전 세계로 확산될 조짐을 보임에 따라 2020년 2월 20일 선제적으로 산업통상자원부를 중심으로 범정부 차원에서 코로나 19 관련 금융, 물류, 공장 가동, 마케팅 등 기업애로해결 대책은 물론 하이테크형·범용 품목형·기초 원료형 공급망 대응, 공급망 리스크 분산 대응, 글로벌 공급망 진출 등 글로벌 공급망 안정 대책을 포함한 수출지원대책을 신속히 수립하여 추진했다. 이후 코로나 19로 초래된 위기를 기회로 전환하기 위해 지역 및 현장 기반 수출 활력 제고, 전시산업 활력 제고, 서비스산업, 디지털 무역, 무역구조 혁신 등 일련의 수출 경쟁력 제고 대책을 순차적으로 수립하여 강력히 추진했다.

이와 함께 코로나 19 확산에 따른 업종별 영향을 분석하고 업종별 맞춤형 대책도 함께 마련하여 추진하였다. 우선 단기 위기극복을 위해 전기요금, 임대료 등 비용 부담을 경감하는 조치와 함께 공공기관의 투자와 구매를 선제적으로 집행했다. 코로나 19로 어려움이 심한 뿌리, 전시, 섬유, 기계 산업에 대해서는 자금, 판로, 고용, 비대면 전시회, 공공조달, 금융 등 업종별 맞춤형 대책을 마련하여 현장애로 해결을 중심으로 집중 지원했다.

2 코로나 19와 글로벌 공급망, 와이어링 하네스와 마스크 수급

코로나 19 발생 초기, 글로벌 공급망 문제 특히 와이어링 하네스 부족 문제는 어떻게 발생했나요?

코로나 19는 미중 패권경쟁으로부터 시작된 글로벌 분업체계의 변화를 더욱 심화시켰다. 전 세계는 비용 중심으로 국제 분업이 이루어지는 글로벌 공급망을 갖추고 자유무역이라는 글로벌 무역규범에 따라 효율적으로 운영되어 왔다. 하지만 코로나 19가 발생된 한 지역, 한 국가에서 글로벌 공급망에 포함된 물품의 생산이 중단되면 글로벌 공급망에 포함된 다른 지역, 다른 국가에서의 물품 생산도 중단되는 상황에 처하게 되었다. 특히 글로벌 생산시스템으로 운영되는 대표적인 산업인 자동차 산업에 미치는 영향이 가장 직접적이었다. 코로나 19로 자동차 반도체, 변속기 등 자동차 주요 부품의 생산 차질이 발생하여 글로벌 공급망이 제대로 작동되지 않자 벤츠, GM 등 글로벌 자동차 기업은 생산 중단, 근무시간 단축 등의 조치를 취할 수밖에 없었다.

코로나 19 확산에 따라 마스크, 소독약 등 의료제품에 대한 수요가 급증하자 독일, 프랑스는 자국 마스크 수출을, 체코는 소독약 수출을 금지하였다. 이는 자유무역을 지지하더라도 자국의 안보, 국방, 보건, 안전 등 자국의 핵심 가치가 우선된다는 냉혹한 국제 사회의 현실을 깨닫게 해주었다. 코로나 19로 심화되고 있는 안정성 중심으로의 글로벌 공급망 재편에 따라 핵심 전략산업은 물론 각 산업별, 각 품목별 글로벌 공급망에서의 핵심부문에 대한 안정성 확보가 산업정책의 최우선 과제가 되었다는 사실을 다시 확인시켜 주었다.

2020년 2월 초 C 국장으로부터 와이어링 하네스가 부족해서 국내 자동차 공장이 멈출 수 있다는 긴급 보고를 받았다. '와이어링 하네스가 무엇인지? 일본 수출규제 대응방안 마련시 검토한 품목인지? 코로나 19가 얼만큼 어떻게 와이어링 하네스 공급망과 글로벌 공급망에 영향을 미칠 것인가? 그리고 어떻게 대응해야 하나?' 등 많은 질문들이 떠올랐다. 우선 와이어링 하네스는 자동차의 배선뭉치로 고도의 기술을 필요로 하지는 않지만 전선을 묶고 연결하는 작업이 모두 수작업으로 이루어지고 저렴하며 부피가 매우 커서 충분한 재고 확보보다는 필요 시 주문하는 방법으로 조달되고 있었다. 물류, 시간, 비용 등을 감안해서 와이어링 하네스는 대부분 중국으로부터 수입했고, 국내와 베트남에서 일부 제작, 수입되기도 했다. 와이어링 하네스는 범용 품목으로 글로벌 공급망에서 고도 기술이 필요한 100대 핵심 품목에 해당되지 않았기 때문에 일본 수출규제시 검토된 품목이 아니었다. 하지만 중국에서 코로나 19가 급속히 확산되어 공장 가동이 중단됨에 따라 글로벌 공급망의 대표 산업인 자동차 부품의 조달이 가장 먼저 문제가 되었다. 그리고 중국과 긴밀한 분업 체제를 구축하고 있는 한국이 첫 번째 대상 국가가 되었고, 글로벌 생산 분업체제를 구축하고 있는 자동차 부품 중 범용재로서 재고 분량이 적고 단기간 내 대체가 어려운 와이어링 하네스가 첫 번째 대상 품목이 되었다. 이후 코로나 19가 전 세계로 확산되고 장기화됨에 따라 전 세계 각국은 자동차 반도체 등 주요 부품의 조달이 어려워 공장을 제대로 가동하지 못하는 상황을 맞이하였다.

현대 자동차 등 완성차 기업은 자체적으로 부품조달 문제를 해결하려고 했지만 쉽지 않아, 정부에 자동차 부품 수급 원활화를 긴급 지원해 달라는 요청을 했다. 현황 파악이 우선이었다. 당시 중국은 코로나 19 확산으로 춘절휴가를 2월 9일까지 연장하였고, 특히 와이어링 하네스 생산공장은 2월 5일까지 모두 가동을 중지하고 있었다. 더구나 국내 재고가 대부분 소진되었던 상황이었다. 이에 국내 완성차 제조업체인 현대차와 쌍용차가 공장별로 순차적으로 휴업하고 생산을 감축해야 하고 그 여파가 2, 3차 부품기업으로 확대될 위험에 처해 있었다. 중국 공장 가동을 통한 와이어링 하네스 확보가 시급했다. 물론 일정 기간이 지나면 자체 생산, 대체 수입을 통해서도 조달이 가능했지만, 와이어링 하네스가 당장 확보되지 않으면, 일정 기간 동안 공장 가동을 중지할 수밖에 없는 상황이었다. 우리나라 자동차 기업이 코로나 19로 인해 글로벌 공급망이 제대로 가동되지 않는 상황을 가장 먼저 맞이하게 된 경우였다. 글로벌 공급망 문제는 민간기업의 힘만으로 해결할 수 없다. 글로벌 공급망 문제의 피해를 최소화하기 위해서는 해결 속도가 중요했고, 글로벌 공급망 문제의 첫 번째 사례라는 불명예도 피해야 했다. 결국 우리 정부와 민간(완성차 기업, 부품 기업)은 완벽한 합동 작전(2020.2.7.~10.)을 통해 와이어링 하네스 수급 문제를 신속히 해결하는 성과를 거두었다.

Q

와이어링 하네스 부족 문제는 어떻게 해결했나요?

A

중국 현지 공장 가동을 위해서는 생산 재개 방역조건 충족, 지방정부 승인, 생산인력의 확보가 필요한 상황이었다. 산업통상자원부 등 정부는 우선 중국 지방정부 승인을 받기 위해 중국 중앙 정부는 물론이고 중국에 있는 주중 대사관, 현대 자동차, 코트라 등 중국 지방정부와 협력 가능한 채널을 모두 동원하여 중국 지방정부와 현지 공장의 조기 가동 인가에 대한 협의를 추진했다. 먼저 중국 지방정부에 산업통상자원부 장관의 협조 요청 편지를 보냈고, 주중 영사관, 코트라 등 현지 기관들을 지방정부와 직접 접촉하게 하여 부품 수급 차질의 심각성과 방역기준 충족과 철저한 방역관리 계획을 상세히 설명토록 하였다. 특히, 마스크, 손소독제, 체온계 등 방역물품을 한국에서 직접 공급하고, 신속 통관과 물류 원활화를 지원하는 등 현지 공장 가동에 필요한 방역기준 충족과 물류 문제 해결에 주력하였다. 당시 한국과 중국 양국에서 모두 부족한 마스크 확보를 위해 산업통상자원부, 현대 자동차 등 민관의 긴밀하고 신속한 협력 체계를 가동하였고, 우선 국내에서 마스크를 긴급히 확보하여 중국 현지에 적시 공급함으로써 현지 공장 가동의 방역조건을 충족시킬 수 있었다. 이와 같이 신속하고 적극적인 민관 합동 노력의 결과로 2월 9일 중국 내 와이어링 하네스 부품공장 40개 중 27개가 조기에 가동을 재개하는 성과를 거두었다. 당시 중국 지방정부에서는 와이어링 하네스 공장 가동을 신속히 승인해 주면서, 이에 대한 홍보는 자제해 줄 것을 우리에게 요청하였다. 아직 많은 중국 기업과 외국인 투자기업이 코로나 19로 공장 가동을 중단하고 있는 상황에서 집중적으로 한국계 투자기업만 공장 가동이 재개되는 것이 부담스럽기 때문으로 보였다. 결과적으로 국내 완성차 공장 가동률은 2월 57% 수준이었으나 3월 첫 번째 주부터 생산이 완전히 정상 수준으로 신속히 회복되는 성과를 거두었다.

정부는 와이어링 하네스 중국 공장 가동과 함께 국내의 재고 확대는 물론 국내 생산과 제3국 공장 가동 확대 등 대체 수급도 추진하였다. 나아가 정부는 가치사슬상 위험군에 속하는 부품에 대한 애로 조사와 해소 방안을 마련하는 등 국가적 차원에서 보다 체계적으로 공급망을 확충하고 다변화하는 작업에도 착수하였다. 이후 코로나 19가 전 세계로 확산되면서 자동차 부품 수급이 원활하지 못하게 됨에 따라서 GM, 폭스바겐, 르노 등 글로벌 완성차 업체의 공장은 가동 중단 등 휴업을 할 수밖에 없었다. 하지만 국내 완성차 기업은 코로나 19가 확산되는 기간에도 전체 공장의 가동이 중단되지 않았고 오히려 시장을 확대하는 성과를 거두었다. 이는 위기가 도래했을 때 원활한 민관 협력체계가 잘 가동되었기 때문이기도 하지만 우리 기업의 위기 극복 노력과 함께 재고 확대, 공급처 다변화, 자체 확보 등 일본 수출규제 대응으로 쌓인 공급망 관리에 대한 선제적인 경험도 도움이 되었다. 코로나 19로 인해 발생한 와이어링 하네스 부족 사태는 우리에게 글로벌 공급망 안정성의 중요성을 다시 확인시켜준 대표 사례이며, 코로나 19로 인한 글로벌 공급망 위기는 어떻게 대응하느냐에 따라 오히려 기회가 될수 있다는 교훈을 주었다.

Q

정부의 마스크 수급 안정화 조치는 어떻게 추진되었나요?

A

마스크 수급 대책은 국민 체감도가 매우 높은 대표적인 코로나 19 대책 중 하나이다. 마스크가 침방울을 통해 감염이 이루어지는 코로나 19 바이러스를 차단할 수 있다고 알려지자, 미국, 프랑스, 일본, 중국, 한국 등 전 세계는 마스크 확보에 전력을 기울였다. 우리나라도 코로나 1차 유행이 시작된 2020년 2월부터 마스크 수요가 폭증하기 시작했다. 마스크는 일반적으로 입자 차단 기능이 없는 일반용 마스크와 세균, 바이러스 등 입자의 차단 기능을 보유하고 있는 보건용 마스크(KF80, KF94 등)로 나눌 수 있고, 일반용 마스크는 시장 자율로 보건용 마스크는 식품의약안전처의 허가를 받아 생산되고 있다. 당시 마스크 착용은 최일선 개인 방역 수칙으로 여겨졌고, 침방울 차단 기능이 있는 보건용 마스크에 대한 수요는 폭증하였다. 새벽부터 보건용 마스크를 구입하기 위한 긴 행렬이 생겨났고, 긴 줄을 기다려도 구입하지 못하는 사태가 발생하기도 하면서 마스크 가격은 폭등하기 시작했다.

청와대와 식품의약안전처를 선두로 정부 전체가 마스크 수급의 문제 해결에 뛰어들었다. 우선 마스크 생산 확대를 위해 마스크 생산의 신속한 인허가, 정부 구매제도 도입, 생산 인센티브 제공 등 다양하고 파격적인 방법으로 마스크 생산을 적극 지원하였다. 특히 공적 마스크 판매처 제도(2020년 3월부터 마스크 생산업자는 당일 생산량의 80% 이상을 정부가 지정한 판매처에 의무적으로 출고), 마스크 구매 5부제(2020년 3월 9일부터 출생연도 끝자리에 따라 정해진 요일에 마스크 구입), 구매수량 제한제도 (매주 2매), 마스크 수출금지 등 긴급수급조정조치를 신속히 제정·시행하면서 정부가 직접 마스크 수급 상황을 조정하였다. 이와 같은 마스크 생산과 수요를 맞추기 위한 긴급조치가 시행된 지 1개월 정도가 지나자 마스크 구입을 위해 긴 줄을 서거나, 웃돈을 주고 거래하는 모습은 점차 사라지고 정상화되어 갔다. 하지만 마스크 수급을 완전히 시장 중심으로 되돌리는 조치는 조금 더 시간이 필요했다. 그해 7월에 들어서면서부터 마스크 생산량은 지난 1월 주간 4,600만 개에서 1억 2,687만 개 (7월 1주)로 대폭 확대되었고, 시장의 역할을 대신하던 공적 마스크 제도는 2020년 7월 12일 폐지되었다. 그 이후 마스크 수급은 종전처럼 시장 기능에 의해 안정적으로 이루어지고 있다. 이는 정부의 마스크 수급 조치만의 결과가 아니라 인내와 협조를 함께 했던 마스크 생산업체, 유통업체, 판매업체 그리고 모든 국민의 노력이 만들어낸 결과였다.

Q

산업통상자원부는 마스크 수급 조정에 어떤 역할을 했나요?

A

마스크 수급은 정부 전체의 과제였다. 대통령의 우일씨앤텍 마스크 생산업체 방문 시, 총리의 중앙재난안전대책회의 주재시 모두 산업통상자원부가 마스크 수급 문제 해결에 앞장서 줄 것을 당부하였다. 그리고 우리 기업이 정상적인 생산 활동을 이어가기 위해서도 충분한 마스크의 확보가 필수였다. 산업통상자원부도 마스크 수급 문제를 해결하기 위해 최전선에서 뛰었다.

　보건용 마스크 수급과 인허가 업무는 식품의약안전처 소관이었지만, 보건용 마스크 제작의 필수재인 멜트블로운 부직포(MB 필터) 수급은 산업통상자원부 소관이었다. 우선 산업통상자원부는 식품의약안전처 주관 마스크 TF에 과장 1명을 파견 근무시키는 등 보건용 마스크와 MB 필터 수급 원활화를 위한 긴밀한 협력 체제를 구축했다. 보건용 마스크 생산 규모에 따라 MB 필터 수요 규모가 결정되기 때문이었다. 당시 보건용 마스크 수요 급증에 따라 MB 필터 수요가 급증할 것으로 예상되었지만, 국내 MB 필터 생산 시장은 수요 비탄적이었기 때문에 특별대책이 필요한 상황이었다. 따라서 일단 MB 필터 수입 확대, MB 필터 생산성 증대를 두 축으로 삼고, MB 필터 수급 안정화 조치를 통해 MB 필터 시장을 안정화시켜 나가는 방향으로 대응해 나갔다. 산업통상자원부는 전례가 없었던 새로운 MB 필터 수급 업무를 창의적 적극적으로 추진함으로써 마스크 수급 문제의 해결에 기여할 수 있었다.

산업통상자원부의 MB 필터 수입 조치를 소개해 주십시오.

A

　코로나 19가 전국에서 유행하기 전, 마스크 수급 문제가 폭발하기 전, 2020년 2월 4일 국내 최대 MB 필터 생산업체인 ㈜이앤아이치를 방문하였다. 현장 방문에서 보건용 마스크의 MB 필터 수급 상황을 선제적으로 분석해보는 기회를 가졌고 앞으로 MB 필터의 확보 여부가 마스크 생산의 확대 여부를 결정짓는 핵심 요인이 될 것이라는 사실을 확인할 수 있었다. 당시 현장 방문에서는 간단한 MB 필터 수급 현황 파악 조치와 함께 MB 필터의 제조기술 고도화 및 설비 확충 지원, 특별연장 근로 인가, 사재기 등 시장교란행위 철저 단속 등 현장 애로사항 해결을 우선 조치하였다.

MB 필터 수급 안정화를 위해서는 우선 해외로부터 MB 필터를 빠른 시일내 가능한 많이 확보하는 전략을 시급히 추진해야만 했다. 왜냐하면 코로나 19가 전 세계로 확대되면 중국, 일본, 미국, 유럽 등 세계 각국도 의료용, 보건용 마스크 수요가 급증할 것이기 때문에 핵심원료인 MB 필터에 대한 수요도 함께 급증할 것으로 예상되었기 때문이었다.

우선 코트라, 무역협회, 상무관 등을 통해 전 세계를 대상으로 MB 필터 수입처를 찾는 작업을 벌였다. 그리고 수입 예정인 MB 필터 중 우리나라의 기준규격(KF Filter)을 통과한 업체와 계약을 하고 이를 수입하는 일련의 국내 절차를 신속히 완료하는 방안에 대한 검토도 이루어졌다. 매일 MB 필터 수입 활동이 보고되고 수입 방안에 대한 검토가 이루어졌다. 2020년 2월 초부터 전 세계를 대상으로 우리나라 마스크 제조업체별 사양에 맞는 MB 필터를 찾는 작업을 벌였다. 3월 말, 9개국 28종 MB 필터 샘플에 대한 검토 끝에 우리나라 기준 규격에 맞는 MB 필터를 결국 찾아낼 수 있었다. 우선 MB 필터 약 53톤을 긴급 수입했고, 최종적으로 2개국 3개사로부터 총 93톤의 MB 필터 수입물량을 확보하는 성과를 거두었다.

하지만 MB 필터 수입 주체는 조달청, 정부였기 때문에 정부의 예비비 지출과 사용에 따른 필수 절차를 거쳐야만 했다. 필수적인 정식 수입절차를 모두 거치게 되면 많은 시간이 걸리고 당장 현금 지급을 요구하고 있는 가계약된 수입 물량의 확보도 어려운 상황이었다. 그리고 MB 필터가 늦게 수입된다면 시급한 국내 마스크 생산에 지장을 초래할 수도 있는 상황이었다. 기존 방식이 아닌 새로운 방식의 도입이 필요했다. 산업통상자원부 등 정부는 이 문제를 민간과의 협력으로 해결했다. 우선 삼성전자와 삼성물산이 해외 MB 필터 제조업체와 직계약해서 수입한 뒤 그 전량을 조달청에 넘기고 정부가 이를 추후 정산하는 방법을 택했다. 민간의 적극적이고 자발적인 협조, 부처간 유기적인 협력으로 기존 40일 걸리던 계약기간을 5일로 단축할 수 있었고 MB 필터 수입 물량을 신속하고 안전하게 확보하는 성과를 거두었다. 이렇게 수입된 MB 필터는 MB 필터 부족으로 마스크 생산이 중단된 중소기업에게 배정되어 어려웠던 경영의 정상화를 지원하는 동시에 마스크 수급에도 의미있는 기여를 했다. MB 필터의 적시 수입은 새로운 방식의 도입과 각 부처 간, 정부·공공기관·민간 간의 신속하고 자발적 유기적 협력이 돋보인 코로나 19 대응의 성공 사례이다.

산업통상자원부의 MB 필터 생산 확대 조치를 소개해 주십시오.

마스크 제조시장은 마스크 제조기업이 마스크 생산설비(약 1억 원)만을 갖추면 쉽게 진입할 수 있었지만, MB 필터 제조시장은 상대적으로 진입이 쉽지 않았다. 왜냐하면 MB 필터 제조장비가 상대적으로 고가(30억 이상)이고, MB 필터 제조장비 공급이 수요 비탄력적이라서 MB 필터 제조장비의 확보가 쉽지 않았기 때문이다. 따라서 국내 MB 필터 제조시장은 약 20여 개 업체만이 참여하고 있던 한정된 시장이었다.

산업통상자원부는 일반 부직포용 제조설비의 MB 필터용 제조설비로 전환, MB 필터 노후 제조설비의 개선, MB 필터 생산관련 기술개발, 특별연장근로 등을 적극 지원하면서, 급증하고 있는 MB 필터 수요에 대응해 나갔다. 하지만 결국 MB 필터 공급 문제는 민간기업의 기술혁신과 협조로 해결될 수 있었다. 도레이첨단소재(주)는 산업통상자원부와 협의를 통해 신공법을 적용하여 기존 기저귀용 소재 생산라인을 개조하여 KF80급 마스크용 MB 필터를 대량 생산할 수 있는 기술을 확보하는 데 성공하였다. 나아가 MB 필터 생산라인으로의 조기 전환(당초 5월에서 3월로)에도 적극 동의해 주었다. 도레이첨단소재(주)가 하루 13톤(마스크 650만 장 생산분량) MB 필터 양산체제를 갖추게 됨에 따라 마침내 국내 MB 필터 제조시장은 국내 마스크용 MB 필터 수요에 충분히 대응할 수 있는 공급능력을 갖추게 되었다. 이후 안정적인 마스크용 MB 필터 공급을 통해 국내 마스크용 MB 필터 시장과 마스크 시장은 물량과 가격에서 점차 안정을 찾아가기 시작했다. 국내 마스크용 MB 필터의 충분한 공급을 통한 마스크 시장의 안정화 달성은 기술혁신과 민관 협력의 중요성을 확인시켜 주었다.

Q

MB 필터 수급 안정화 조치 등 산업통상자원부의 마스크 수급 안정화 노력을 소개해 주십시오.

A

정부는 공적 마스크 판매처 제도, 마스크 구매 5부제, 구매수량 제한제도, 마스크 수출금지 등 긴급수급조정조치를 신속히 제정·시행하면서 정부가 직접 마스크 수급 상황을 조정하였다. 산업통상자원부는 2020년 3월 6일 보건용 마스크의 필수재인 MB 필터의 생산업자와 판매업자의 신고와 생산, 출고, 판매 조정 명령, 수출제한을 주요 내용으로 마스크 MB 필터 긴급 수급조정조치를 발표하였다. 이에 따라 마스크 MB 필터 수급 안정화를 위해 2020년 3월부터 11월까지 총 19차례 긴급수급조정조치를 시행하여 MB 필터 수급을 직접 조정했다.

마스크 수요가 급증하던 시기에는 영세한 마스크 기업은 MB 필터를 확보하지 못해 마스크 공장을 가동하지 못하는 상황이 초래되기도 했다. MB 필터 생산기업은 소규모 수요기업보다 대규모 수요기업에 대해 MB 필터 공급을 우선했기 때문이었다. MB 필터의 적절한 배분은 마스크 생산을 촉진하면서 마스크 제조기업 경영의 안정화 효과도 함께 거둘 수 있었다. 긴급수급조정조치는 초기에는 해외수입으로 확보한 MB 필터를 대상으로 후반기에는 도레이첨단소재(주)가 생산한 MB 필터도 대상으로 포함하여 이루어졌다. MB 필터 부족으로 마스크 공장을 가동하지 못하고 있는 100여 개 이상의 마스크 제조기업에게 총 105톤 이상을 집중 배정하는 출고조정 명령을 직접 발령하였다. 첨언하자면

마스크 MB 필터 출고 조정 명령은 MB 필터 사양과 각 마스크 제조기업의 생산설비 사양을 모두 수작업으로 맞추는 산업통상자원부 직원의 지난한 밤샘 작업의 결과이기도 하다.

산업통상자원부, 공공기관, 산업별 협회, 산업계는 보건용 마스크는 아니지만 기능성 마스크를 자체 제작하여 사용하거나 MB 필터 교체용 면마스크를 사용하는데도 솔선수범했다. 저도 '흔들리지 않는 산업강국'이라는 홍보 문구를 넣은 MB 필터 교체형 면마스크를 장관 재임 중 계속 사용하였다. 이와 함께 산업통상자원부는 면마스크 사용이 급증함에 따라 일반 마스크의 제품안전관리를 안전기준 준수에서 공급자 적합성 확인 품목으로 안전관리 등급을 상향 조정하여 관리하는 등 국민의 눈높이에 맞추어 마스크 정책을 보완하기도 했다. MB 필터의 수입, 생산설비 전환, 긴급수급조정조치 등 그 전까지 아무도 해보지 않았던 조치를 기획하고 직접 실행하며 현장을 지키며 마스크 수급 안정화를 위해 최선의 노력을 기울여준 산업통상자원부 직원과 각 부처, 공공기관, 민간기업의 실무 담당자들에게 이 자리를 빌려 감사하다는 말씀을 전하고 싶다.

코로나 19 발생 초기, 마스크 수급 문제 해결은 세계 각국이 공통으로 겪는 문제였다. 프랑스, 미국, 일본, 중국 등 세계 각국은 마스크 수급 문제를 극복하는 방법도 각자 달랐다. 세계 각국은 마스크 긴급 수출제한 조치를 취하거나 공기업, 공공기관, 대기업이 직접 마스크 생산에 참여하기도 했고 정부가 직접 마스크 수급을 조절하는 등 마스크 수급은 시장이 아닌 정부가 주도하는 공통적인 모습을 보였다. 우리나라는 코로나 19 초기 마스크 수급에 약간 어려움이 있었지만 긴급수급

조정조치 등 정부의 적절한 시장 개입, 마스크와 MB 필터 증산을 위한 기업의 자발적인 참여와 협조는 물론 마스크 구매 5부제, 마스크 구매 앱 개발, 기능성 마스크 착용 등 국민의 적극적인 협조로 마스크 수급 문제를 극복할 수 있었다. 민관 협력의 힘으로 위기를 극복하는 대한민국의 저력이 마스크 수급 문제의 해결에서도 발휘되었음을 확인할 수 있다.

3 코로나 19와 수출 및 통상, 무역 디지털 전환과 필수인력 이동

Q

코로나 19 확산에 따른 우리나라 수출의 어려움은 어떻게 극복했나요?

A

　　대한민국은 수출중심 제조업 국가다. 코로나 19로 전 세계가 경제 위기에 빠졌지만, 우리나라는 수출과 제조업의 힘으로 위기를 기회로 만들었다. 우리나라 수출은 코로나 19가 전 세계를 휩쓸었던 2020년 △5.5% 성장으로 선방하고 2021년에는 25.7% 성장을 이룩하였다. 그 결과 우리나라 경제 성장률은 2020년 △0.7%, 2021년 4.1% 성장하면서 코로나 19 위기를 가장 잘 극복한 나라로 평가받았다. 이러한 우리나라 경제성장의 원천은 바로 수출과 제조업 경쟁력이다. 저는 장관 취임이후 제조업 르네상스 정책의 수립 및 추진을 통해 제조업 전반의 경쟁력 회복을 도모하였다. 그리고 시스템반도체, 미래 자동차, 바이오 산업 등 빅3 산업과 수소경제를 신산업으로 적극 육성했다.

　　이와 함께 수출을 우리나라 경제 및 제조업 성장의 주력 엔진으로 활용하기 위하여 다양한 정책을 마련하여 추진했다. 모든 정책은 현재의 어려움을 타개하고 보다 나은 미래를 만들기 위해 만들어진다. 저는 장관 취임 이후 2019년부터 어려워진 우리나라 수출 환경을 극복하고 2020년 이후 코로나 19로 초래된 위기를 기회로 전환하기 위해 수출기업의 애로사항 해결이라는 작은 과제부터 우리나라 수출구조 개혁이라는 거대 과제에 이르기까지 18번 무역대책을 수립하여 적극 추진했다.

우선 수출대책의 범위를 수출뿐만 아니라 수입, 통상, 투자 등 대외관계를 모두 포함하는 무역 전반으로 확대했다. 또한 참석자도 중앙정부 부처와 무역업계, 공공기관과 학계, 연구계의 전문가만이 아니라 지방정부 부단체장을 포함하여 지방정부 무역정책을 중앙정부 차원으로 끌어 올렸다. 그리고 총리가 주재하는 확대무역전략조정회의를 정기적으로 개최하여 산업통상자원부 무역정책을 범정부 차원의 무역정책으로 격상시켰다. 특히 무역 디지털 전환, 물류 원활화, 소비재 및 지역 기반 수출 활성화, 무역구제 진흥 등 기존에 다루지 않았던 새로운 분야를 발굴하여 무역정책에 포함시키는 등 범정부 차원의 전방위적 무역진흥 체제를 구축하였다.

수적성해(水滴成海)는 제가 장관으로 재임하는 동안의 무역정책 슬로건으로 물방울 하나하나가 모아져 바다를 이룬다는 의미다. 이는 정부, 기업, 국민 모두가 1달러 수출, 하나하나를 귀하게 여기고 이를 모두 모아서 무역 1조 달러를 넘어 2조 달러를 달성하자는 의미로 사용되었다. 우리 모두가 수적성해(水滴成海)의 마음으로 수출경쟁력 회복에 최선의 노력을 기울인 덕분인지 다행스럽게도 우리나라 수출이 2021년에는 크게 회복세로 돌아서는 성과를 얻을 수 있었다.

Q

무역 디지털 전환 등 수출진흥 대책은 어떻게 추진되었나요?

A

　　디지털 전환 등 새로운 시대가 도래하고 코로나 19가 전 세계로 확산됨에 따라 비대면 경제 대응, 온라인 시장 개척, 주력 시장 및 품목의 다변화 등을 통한 우리나라 무역구조의 디지털 전환은 핵심 현안 과제가 되었다. 특히 지난 10년간 정체되어 있는 수출기업 10만 개, 무역 규모 1조 달러의 벽을 넘어서기 위해 꼭 달성해야 하는 과제이다. 무역 디지털 전환계획(2020.11.)은 한국 무역의 디지털 전환으로 무역구조를 혁신하여 2030년 수출기업 20만 개, 무역규모 2조 달러 시대를 열어 나가겠다는 원대한 계획이다. 이를 위해 우선 한국형 B2B 글로벌 온라인 플랫폼을 구축하고 7대 세계 일류(Global Top Tier) O2O 전시회(Online to Offline)를 비롯 세계 최고 수준의 온라인 전시 생태계를 구축하는 등 10만 중소기업의 디지털 수출기업화를 추진했다. 이와 함께 물류, 인력, 무역체제를 디지털로 전면 개편하는 전략도 포함되었다. 우리나라 무역 구조의 개편은 앞으로 무역 디지털 전환계획의 지속적인 추진과 함께 정기적 점검, 끊임없는 보완을 통해 완성해 나가야 할 것이다.

　　신정부에서는 전 부처의 산업부화를 주문하면서, 수출 5대 강국 도약을 비전으로 제시하고 있다. 우선 물류, 해외인증, 마케팅 등 수출 활동 총력지원, 현장 애로사항 해결, R&D, 인력, 대규모 프로젝트 지원 등 수출강화전략(2022.8.)을 추진하고 있다. 그리고 아세안, 미국, 중국 3대 수출 주력시장과 중동, 중남미, EU 3대 전략시장 등 수출지역별 특화전략과 주력산업, 첨단산업, 부처별 유망산업과 무역, 금융 등 분야별 수출지원, 전 부처 및 유관기관의 수출역량 강화 지원 등 세부 추진전략(2022.11.)도 마련하여 함께 추진 중이다. 또한 수출 활성화 추가지원 방안(2023.9.) 추진과 함께 무역구조 대전환 전략의 수립 계획 발표(2023.7.) 등 수출정책을 지속 보완하고 강화하고 있다. 이와 함께 민관합동 수출확대 점검회의, 민관합동 품목별 수출동향 점검회의, 범정부 수출현장 지원단 등 다양한 수출관련 민관합동 협의체를 구성, 운영하여 현장 중심의 수출 정책 수립은 물론 추진 및 점검 체제를 구축하고 있다.

새로운 시대의 변화에 맞추어 수출드라이브 정책 방향을 정하고, 이를 추진하는 세부추진 전략의 속도와 구체적 내용을 전 부처, 민관이 함께 추진하면서 지속 점검, 보완해 나갈 때, 수출은 대한민국의 꺼지지 않는 성장동력이 될 것이다. 첨언하자면, 지금까지 수출 정책은 산업통상자원부를 중심으로 범정부 차원에서 현장 중심, 기업애로해결 중심으로 수립되고 추진되어 왔다. 특히, 효과적인 수출 정책은 실물부서의 총괄 책임하에서 각 부처가 참여하고 대통령실의 강력한 지원 및 조정을 거치는 추진체제의 유지가 무엇보다 중요하다는 사실을 강조하고 싶다.

Q

'코로나 필수인력 이동'은 어떻게 제안되었나요?

A

　　2020년 3월 세계보건기구(WHO)가 코로나 팬데믹을 선언하면서 세계는 사상 초유의 국가, 국경간 봉쇄를 맞게 되었다. 국가 간 이동에 있어 필수사항인 사증 발급이 중단되거나 제한되었고 정기 항공편도 코로나 19 이전의 5% 수준으로 떨어지는 등 글로벌 경제 활동이 크게 제한되었다. 미국, 유럽 등은 코로나 초기 대봉쇄를 실시하였고, 중국, 베트남 등 사회주의 국가는 제로 코로나를 원칙으로 엄격한 대봉쇄 정책을 지속하였다. 우리나라는 3T 전략을 통해 대봉쇄 없이 경제와 방역 활동의 조화를 추구하고 있었다. 코로나 19가 전 세계로 확산되고 장기화되면서 경제와 방역 활동을 어떻게 조화시킬 것이냐가 현안 과제였다. 특히 대외경제 개방도가 높은 우리나라는 큰 어려움에 직면하게 되었다. 우리 정부는 코로나 19로 경제에 대한 부정적 영향을 최소화하기 위해서는 우선 일정 방역 조건이 충족되면 필수인력의 이동을 보장하는 것이 필요하다는 결론에 도달했다. 당시 산업통상자원부는 삼성전자, LG디스플레이, 포스코 등 우리나라 대기업은 물론 중소·중견으로부터도 국내 전문인력과 해외 고급기술인력의 정기적인 출입국을 가능하도록 해달라는 강력한 요청을 받았다. 왜냐하면 중국과 베트남 등 해외 공장의 정상적인 건설과 운영, 국내 첨단공장의 효율적 운영을 위해서는 정기적인 필수인력의 출입국이 꼭 필요했기 때문이었다.

3. **코로나 19와 수출 및 통상, 무역 디지털 전환과 필수인력 이동　177**

우리나라는 먼저 2020년 3월 26일 문재인 대통령께서 G20 특별화상정상회의에서 각국의 방역조치를 저해하지 않는 범위 내에서 과학자, 의사, 기업인 등 필수인력의 이동을 허용하는 방안을 모색할 것을 최초 제안했다. 이후 우리나라는 OECD, G20, WTO, APEC, 아세안 등 다자 회의에서는 물론이고, 중국, 베트남, 일본, 인도네시아, 캐나다 등 양자 회의에서도 필수인력 이동 원활화 장치의 마련을 제안하고 구체화하는 노력을 주도해 나갔다. 이후 우리나라 주도로 한국, 싱가포르, 캐나다, 호주, 뉴질랜드, 칠레 등 6개국간 필수인력 이동 원활화를 위한 공동 각료 선언문이 채택(2020.5.)되었으며, 결국 G20, APEC 등 정상 선언문(2020.11.)에의 반영으로 이어졌다.

　　먼저 중국과 베트남 정부와 필수인력의 범위, 규모, 이동방법과 코로나 19 검사 및 격리 면제 등 경제와 방역 활동을 조화시킬 수 있는 방법에 대한 협의를 시작했다. 나아가 일본, 인도네시아, 싱가포르, UAE 등 국내기업의 출장 수요가 많은 국가와의 협의로도 확대하여 필수인력 이동 원활화 제도의 운영을 합의하는 성과를 거두었다. 이와 같은 우리 정부의 노력을 통해 코로나 19 검사 등을 전제로 입국시 자가 격리 면제 등 양국 상호간 필수인력인 기업인 입국특례를 제도화한 '신속통로 제도'는 중국, 베트남, 일본, 인도네시아, 싱가포르, UAE에서 먼저 운영되었고, 이후 세계 각국으로 확대되었다.

Q

우리나라가 필수인력 이동을 위해 도입한 프로그램을 소개해 주십시오.

A

우리 기업인들은 코로나 19에도 불구하고 경제 활동을 지속하려는 강력한 의지를 표명했다. 정부도 우리 기업인의 경제 활동을 지원하기 위한 각종 제도를 만들고 이를 전 세계로 확산시키기 위해 노력했다. '코로나 필수인력 이동 선언'은 우리나라가 최초 제안하였고, '신속통로 제도', '기업인 출입국 종합지원센터', '중소·중견기업 전세기 마련', '입국지원패키지 프로그램' 등 다양하고 편리한 프로그램을 창의적으로 개발하여 활발히 운영함으로써 필수인력 이동을 효과적으로 지원했다. 우리나라는 코로나 19 확산 속에서도 경제활동 피해를 최소화하는 지혜를 발휘했고, 이를 전 세계로 확산시키는 주도적 역할을 수행했다는 자부심을 가져도 좋을 것 같다. 첨언하자면, 우리나라는 검사-추적-치료라는 3T를 K-방역모델로 체계화하여 18종을 국제표준으로 추진하였다. 특히 유전자 증폭 방식의 체외 진단 검사를 수행하는 검사실 운영 절차와 방법은 2020년 12월 국제표준화기구(ISO)에 국제표준으로 등록되어 전 세계 기준으로 이미 인정받고 있다.[2]

우리 정부는 기업인의 국가, 국경간 이동을 지원하기 위해 먼저 2020년 4월 국무조정실 주관으로 산업통상자원부, 외교부 등 관계부처로 이루어진 '기업 입국애로 해소 TF'를 발족하였다. 정부는 이를 통해 2020년 한 해 동안 중국, UAE, 인도네시아 등 총 23개국으로 우리 기업인 2만 3천여 명의 입국을 지원했다. 그리고 2020년 8월에는 산업통상자원부, 한국무역협회, 대한상공회의소가 함께 우리 기업인의 출입국을 지원하는 '기업인 출입국 종합지원센터'를 개소했다. 종합지원센터에서는 기업인 출입국 종합안내와 함께 출국전 예방접종, 전세기 지원, 출장과정에서의 건강진단 및 의료지원, 입국시 격리면제 지원까지 해외출장 전주기(one stop service)를 지원했다. 특히 2020년 12월 국내 입국시 격리 면제 업무가 기존 13개 부처에서 종합지원센터로 일원화되면서 접수에 소요되는 시간이 최대 2주에서 평균 5.8일로 단축되는 등 종합지원센터는 기업인에게 출입국관련 많은 편의를 제공했다.

우리 기업인은 코로나 19 확산으로 정기 항공편이 급감함에 따라 해외출장 수요가 많은 중국, 베트남 등으로 입국하는데 큰 어려움을 겪고 있었다. 정부는 우리 기업인의 입국 애로를 경감시키기 위하여 상대국 정부에 '정기 항공편의 증편'을 요청하고 우리 기업인의 '전세기 운항' 확대를 지원했다. 특히 전세기 운항과 관련하여 자체적으로 전세기 마련이 어려운 중소·중견기업의 입국수요 조사를 바탕으로 무역협회, 코트라 등 지원기관과 협업을 통해 베트남과 중국 광둥성, 충칭 지역에 '전세기 운항'을 추진했다. 그리고 비자발급, 현지 숙소 예약, 격리면제 신청 등을 지원하는 '입국지원패키지 프로그램'도 운영하여 2020년 4월부터 총 49회 5,229명을 지원했다.

당시 삼성전자 등 대기업은 중국, 베트남 현지 공장의 정상 운영을 위해 대규모 전문인력의 일괄 이동이 가능한 전세기를 자체적으로 마련하였고 상대국 정부로부터 출입국 업무 지원도 원활하게 받을 수 있었다. 상대국 정부도 자국의 경제 안정화를 위해서는 자국 내 대규모

공장의 정상적 운영이 필요했고 우리 대기업의 입국대상자 관리능력을 신뢰하여 자국내 코로나 방역에도 문제없을 것으로 믿었기 때문에 우리나라 대기업의 전세기 운항과 입국지원 패키지프로그램을 승인해 주었다. 하지만 우리 중소·중견기업은 상황이 달랐다. 중소·중견기업은 자체적으로 전세기 임차, 현지 숙소 예약 등을 수행할 능력이 부족했고 상대국 정부도 이들에게 특례를 부여할 만큼 경제적 파급효과가 크지 않았고 코로나 방역에 대한 신뢰를 갖고 있지도 않았다. 하지만 중소·중견기업의 해외 출장은 이들 기업의 생존이 걸린 문제인 만큼 긴급하고 중요했다.

산업통상자원부 등 정부는 중소·중견기업 특별입국을 특별과제로 선정하여 상대국과 협상을 시작했다. 산업통상자원부는 소규모 출장 건의 경우 개별 건별로 상대국 정부와 교섭하기 어려운 상황임을 고려해서 우리 정부가 주도해서 다수 중소·중견기업으로부터 출장자를 모집해서 일괄적으로 전세기 이동, 방역, 격리에 이르는 방안을 구상했다. 우리의 생산기지가 위치하고 밀접한 경제관계를 가지고 있는 베트남을 최초 대상 국가로 선정했다. 산업통상자원부, 외교부, 주베트남대사관, 보건복지부 등 정부 부처와 대한상공회의소, 코트라 등 유관기관이 팀 코리아로 긴밀하게 협력했다. 특히, 정부가 입국 협의, 비자발급, 전세기, 격리호텔 섭외 등 출장의 전 과정을 직접 주도하여 143개 기업의 필수인력 340명의 베트남 입국을 성공시켰다. 저는 당시 출국을 앞둔 중소·중견기업인과 출국장 간담회에서 나눈 직접 대화를 통해 우리나라 기업인이 코로나 19에도 불구하고 시장개척에 얼마나 열정적인지를 직접 확인할 수 있었고, 이들을 도와주는 것이 바로 정부의 역할이라는 것을 확실히 체감할 수 있었다. 당시 산업통상자원부 담당 사무관은 모든 업무를 함께 직접 준비했고 출장단과 동행해서 함께 격리되어 우리 기업인의 특별입국 업무를 지원하면서 상대국 정부와 출장단 모두에게 신뢰를 얻을 수 있었다. 이후 중소·중견기업 전세기 마련과 입국지원 패키지 프로그램은 빠르게 정착되었고 중국 등으로 확산되었다.

Q

코로나 19가 우리에게 주는 의미는 무엇인가요?

A

코로나 19는 전 세계 각국에 동시에 닥친, 누구도 경험하지 못한 새로운 문제였다. 모든 국가에게 적용될 수 있는 정답은 없었다. 세계 각국은 자신의 여건에 맞는 자신만의 방법을 찾을 수밖에 없었다. 우리나라는 코로나 의심대상자에 대한 진단실시, 환자에 대한 추적관리와 치료라는 3T 전략을 통해 경제, 사회활동에 대한 부정적 영향을 최소화하면서 코로나 19에 효율적으로 대응했다.

하지만 미국, 유럽 국가들은 위치, 건강 등 개인정보에 관한 정부의 자의적 활용에 대한 우려와 추적관리시스템 운용관련 행정력 확보 문제 등으로 3T중 추적관리를 제대로 시행할 수 없었다. 그 결과 코로나 19 초기에 환자 급증 사태를 맞았다. 그들은 철저한 환자 추적과 관리에 치중하기보다 백신개발에 주력하면서 천문학적 비용을 투자하였다. 그 결과 새로운 백신을 놀랍게도 빠른 시간 내 개발·적용하는 성과를 올리면서 코로나 19에 적절히 대응해 나갈 수 있었다.

반면 중국은 사회주의 특성으로 코로나 발생 시 원천 봉쇄하는 제로 코로나 대응을 초기부터 지속 적용하다가 늦게야 원천 봉쇄를 완화하였다. 중국의 제로 코로나 대응은 코로나 발생 초기에는 상당한 효과를 보았다. 하지만 제로 코로나 대응 원칙을 2년 넘게 고수하면서, 경제, 사회 활동의 희생이 기하급수적으로 증가하였고, 국민 저항도 거세졌다. 추후 중국 정부가 코로나 원천 봉쇄를 완화하기 시작하자 코로나 환자가 다시 급증하는 바람에 코로나 유행을 다시 겪었다. 중국은 초기 제로 코로나 정책의 긍정적 효과를 거둔 이후, 장기간 원천 봉쇄와 코로나 재유행에 따라 커다란 경제적, 사회적 손실을 겪었다.

이와 같이 코로나 19 대응과 그 효과는 국가별, 시기별로 모두 다르다는 사실을 알 수 있다. 어떤 분야에서든지 새로움에 대처할 때, 이미 정해진 정답은 없으며 도전과 축적을 통해 개별 상황에 맞는 적절한 해결책을 찾아 나가는 것이 정답이라고 할 수 있다. 코로나 19는 전 세계 모든 국가에게 자신의 상황에 맞추어 자신만의 최적 해법을 동태적으로 찾아 나가야 한다는 교훈을 주고 있다. 우리나라는 방역과 경제 측면에서 독자적인 방법으로 코로나 19에 성공적으로 대응했다. 나아가 우리나라는 코로나 19라는 위기를 맞이하여 글로벌 공급망 재편의 대응, 무역·통상정책의 기회로 활용했다. 이제 우리나라는 더 이상 추격자가 아니라 새로움을 만드는 혁신 선도자라는 자신감을 바로 코로나 19 대응으로부터 얻을 수 있었다.

주석

1) The 43rd NAEK VOICE, 코로나 19 이후의 과제(2) 디지털전환 가속화 대응을 서둘러야 한다. 한국공학한림원, 2020.4.
2) K 방역모델 18종은 검사(Test) 분야는 유전자 증폭기반 진단기법, 자동차 이동형 선별 진료소 표준 운영 절차 등 6종, 추적(Trace) 분야는 모바일 진담 앱의 요구사항 등 4종, 치료(Treat) 분야는 감염병 생활치료센터 운영 표준 모형 등 8종으로 국제 표준화가 추진되고 있다.

참고문헌

산업통상자원부, 주요 수출지역별 특화전략 및 수출지원 강화 방안, 2022.11.

산업통상자원부, 수출경쟁력 강화전략, 2022.8.

산업통상자원부, 산업통상자원백서 2019－2020, 산업통상자원부, 2021.8.

산업통상자원부 등 관계부처 합동, 무역 디지털 전환대책, 2020.11.

산업통상자원부 등 관계부처 합동, 신종 CV 대응 자동차 부품 수급 안정화 대책, 2020.11.

산업통상자원부, 코로나 대응 기업지원 추가대책, 2020.9.

산업통상자원부 등 관계부처 합동, K－방역 3T 국제표준화 추진전략, 2020.6.

산업통상자원부, 신종 코로나바이러스관련 수출입 영향 및 대응방안, 2020.2.

산업통상자원부 등 관계부처 합동, 코로나 19 기업애로 및 수출지원대책, 2020.2.

문재인 대통령비서실, 위대한 국민의 나라, 한스미디어, 2022.4.

정책기획위원회, 국민과 함께 극복한 3대 위기, 정책기획위원회, 2021.11.

문정인, 문정인의 미래 시나리오, 청림출판(주), 2021.3.

The 43rd NAEK VOICE, 코로나 19 이후의 과제(2) 디지털전환 가속화 대응을 서둘러야 한다. 한국공학한림원, 2020.4.

대한민국의 도전,
신성장 동력을 만들자

1 │ 새로운 시대, 미래 제조업의 모습

Q

제조업의 역할은 무엇이고, 어떻게 변화하고 있나요?

A

산업화 시대의 주역은 제조업이다. 대한민국은 제조업 강국이다. 제조업은 성장의 원천이자, 일자리의 원천 역할을 해왔다. 제조업은 우리나라 GDP 27.9%(2021년), 수출 85%(2021년), 설비투자 58%(2021년), 특허 83%(2017년), 국가 R&D 87%(2020년)를 차지하는 경제성장의 주역이다. 제조업 평균임금은 365만 원으로 서비스업 평균임금 321만 원에 비해 고임금이고, 제조업 상용근로자 비중도 84.5%로 서비스업 상용근로자 비중 67.4%에 비해 안정적인 일자리를 제공해 주고 있다(2017년). 무엇보다도 중요한 사실은 고부가 서비스 산업도 결국 제조업으로부터 파생(2010년 미국 제조업 일자리 1,150만 개 → 관련 서비스업 포함시 3,290만 개)되고, 2008년 금융위기, 2020년 팬데믹 위기를 가장 빠르게 극복하는 원동력 중 하나는 제조업이라는 사실이다. 이는 최근 세계 각국이 자국의 제조업 경쟁력 강화를 위해 적극적으로 산업정책을 전개하고 있는 사실로부터 확인할 수 있다.

제조업은 시대 변화에 따라 진화를 거듭해왔다. 특히 디지털화, 지능화로 대표되는 4차 산업혁명은 제품, 서비스의 경계를 무너뜨리고 제품의 성격을 소유의 대상이 아닌 활용 대가를 받는 대상으로 변화시키는 등 제조업의 모습과 역할을 바꾸고 있다. 이제 기획, R&D, 생산, 마케팅, 유통 과정을 거쳐 제품을 만들어 판매한 후 성장한다는 제조업의 전통적 성장 모델은 더 이상 작동하지 않는다. 제조업의 서비스화, 규모의 경제 종언, 플랫폼 기업의 주류 형성 등으로 가치창출 부문과 시장주도 세력이 변화하고 있다. 미래 제조업은 과연 어떤 모습일까?

Q

수요 측면에서 바라본 미래 제조업으로의 변화 요인은 무엇인가요?1)

A

우선 미래 제조업의 모습을 변화시키는 요인을 수요와 공급 측면의 변화로 구분하여 살펴보자. 먼저 소비자의 수요가 변화하고 있다. 소비자는 자신의 필요에 맞춤화된 제품을 원하고 있다. 이는 자본주의의 발달과 함께 넓어진 소비 저변과 지속적인 소비를 떠받치고 있는 소득의 확대와 밀접하게 연관되어 있다. 3D 프린팅, 디지털화, 지능화는 소비자의 개별적 선호를 반영하지 못했던 기존 대량생산 제품을 기술적 측면에서만이 아니라 비용적 측면에서도 개인화, 맞춤화를 가능하게 만들었고, 이는 소비자의 구매 욕구를 더욱 증폭시키는 상승요인으로 작용하였다. 이제 시장의 중심은 대규모 대량생산이 주도권을 확보하는 산업사회, 규모의 경제로부터 적정 규모의 생산이 주도권을 확보하는 디지털 사회, 범위의 경제로 이동하고 있다. 이는 소비자가 제품의 개발과정에 적극 참여하면서 제조자와 소비자의 경계가 희미해지는 창조자로서의 소비자 경향이 나타나면서 더욱 구체화되고 있다. 전 세계에서 100개 이상 열리고 있는 메이커 페어(MakerFair), 전자기기 마니아에서부터 제품 설계자들까지 모든 계층에서 나타나고 있는 DIY(Do It Yourself)와 자체 제조 활동 등 제조자 운동(Maker Movement)이 보편화되고 있다. 특히, 창조자로서의 소비자가 제조자 운동 참여, 크라우드 펀딩 참여, 맞춤상품 제작 교류 참여 등 다양한 형태로 나타나면서 한정된 품목의 대량생산 중심의 제조자는 더욱 어려움에 처하게 되었다.

Q

공급 측면에서 바라본 미래 제조업으로의 변화 요인은 무엇인가요?2)

A

공급 측면에서는 제품의 변화, 가치사슬의 변화, 제조기술의 변화가 동시에 일어나고 있다. 우선 제품이 자체의 효용을 넘어 스마트 기기로 변화하고 있다. 시계가 웨어러블 기기로, 자동차는 커넥티드카로, 전구는 스마트 조명으로 바뀌어 가고 있다. 이제 제품은 소프트웨어와의 연결성이 높아지면서 제품에서 소프트웨어의 중요성은 하드웨어만큼 아니 그 이상으로 평가받게 되었다. 제품 제조자가 제품 생산으로 얻었던 이익은 소프트웨어 플랫폼 기업, 빅데이터 활용기업, 핵심 앱 제작기업 등과 나누게 되었다. 이제 제조업체는 제품의 가치를 창출하기 위해 제품 생산단계가 아닌 소프트웨어와의 연결성에 중점을 두고 있다. 이는 물리적 제품의 효용 증가를 위해 단순히 소프트웨어를 추가하는 것을 넘어 플랫폼 형성이 부가가치 창출의 핵심이 되고 있음을 확인시켜 주고 있다. iOS(애플이 생산하는 제품 중 아이폰 등에 탑재되는 독자 운영체제)와 안드로이드(휴대폰용 소프트웨어 운영체제) 앱 플랫폼이 스마트폰의 매출을 증가시켜주는 사례가 가장 대표적인 성공사례이다.

디지털 전환, 지능화 진전은 주된 가치창출 부문을 제품에서 서비스로 이동시키고, 나아가 제품을 소유에서 활용의 대상으로 변화시키고 있다. 마이크로 소프트는 소프트웨어를 월간 구독 방식으로 제공하고 있고, 우버(차량 공유업체), 에어비앤비(숙박 공유업체)는 물론 공구, 주방용품 등 제품을 공유하는 수많은 스타트업이 늘어나고 있다. 나아가 전통 제조업체인 GE의 항공부문에서는 수익 창출점을 항공기 엔진 판매에서 30년에 이르는 엔진 수명기간 동안 제공하는 정비 서비스로 이동시키는 시간당 서비스 파워라는 프로그램을 도입하는 사례가 나타나는 등 제조업의 가치사슬 변화는 신산업은 물론 주력산업에서도 이미 가시화되고 있다.

디지털 전환, 지능화 진전과 함께 제조기술의 발전은 제조 가능한 제품의 범위와 제조방식을 더욱 확장 시켜주고 있다. 우선 3D 프린팅으로 잘 알려진 적층제조기술(Additive Manufacturing)은 속도, 소재, 정확도 측면에서 발전을 거듭하면서 소량 및 고가의 부품 생산 분야를 넘어저가의 대량생산 분야로 확대되고 있다. 로봇은 강한 힘과 정확도가 요구되는 대규모 제조 현장만이 아니라 로봇공학 기술의 발전과 경제성 확보를 통해서 단순 작업 대체, 사람과 협동작업 분야 등 광범위한 분야로 확대되고 있고, 이러한 추세는 더욱 확산되고 있다. 특히 디지털화, 지능화의 진전에 따라 제조 현장은 자동화-정보화를 거쳐 지능화되고 실제 공간을 대체하는 가상화(Virtual Factory Lab)로 발전하고 있으며, 인간 요소의 지능화인 암묵지의 형식지화가 핵심 관건이 되고 있다. 또한 탄소섬유, 형상기억합금 등 소재 공학의 발전과 일반 제조 현장으로 적용 분야의 확산은 새로운 제조 분야로의 진출과 생산성 및 경제성 제고에 크게 기여하고 있다. 상기 3가지 기술만이 아니라 수많은 혁신적 기술(disruptive technology)의 폭발을 통해 새로운 제품과 제조방식이 쏟아져 나오고 있다.

이와 함께 디지털 전환, 지능화의 진전에 따라 제조업과 소비자, 유통업의 경계가 모호해지고 있다. 이제 제조기업은 소비자와의 직접 교류를 늘려가고, 아이디어에서 제품화까지 걸리는 속도가 빨라지며, 재고 비축을 위한 제조보다 주문대응을 위한 제조로의 전환이 가속화되면서 제조의 가치사슬이 변화되고 있다. 생산 활동이 가치 창출의 중심이었던 대량생산 중심의 제조업 전성기를 지나 기획 – R&D – 생산 – 마케팅 등으로 가치사슬이 분화되면서 가치창출의 중심이 기획 – R&D 와 마케팅으로 이동하는 제조업의 글로벌화 시대로 발전해 왔다. 이제 기획 – R&D – 생산 – 마케팅 가치사슬은 소비자, 유통 부문을 포함하는 가치사슬로 확대되었고, 가치창출의 중심도 다시 이동하고 있다.

현재도 제조업은 수요와 공급 측면의 변화에 대응하면서 끊임없는 혁신을 통해 자신의 모습과 역할을 변화시키는 진화를 거듭하고 있다. 세계 각국 제조업은 물론 대한민국 제조업도 진화를 거듭하면서 미래 제조업의 모습을 찾아 나가고 있다. 미래 제조업이 어떤 모습일지, 언제 완성될지, 누가 주도할지 등을 지금 예단할 수 없다. 하지만 미래 제조업도 융합의 원천이며 경제 발전의 원동력이 될 것이라는 사실만은 확실하다. 대한민국은 선도자로서 미래 제조업의 모습을 바로 우리 자신이 만들어 나가야 한다는 과제를 가지고 있다. 대한민국 신성장 동력 만들기는 대한민국의 미래, 제조업의 미래를 만들어 나가는 첫걸음이다.

산업강국 나침판: 신성장 동력을 만들자(전자신문 2022.2.28.)3)

산업화 시대의 출발은 늦었지만 성공한 산업강국, 대한민국. 새로 출범한 4차 산업혁명 시대를 주도하는 국가가 될 수 있을까? 산업화 시대의 성공신화에서 벗어나 새로운 시대에 맞는 사고방식과 전략의 채택이 필요하다. 하지만 신성장동력을 끊임없이 찾아내어 새로운 주력산업으로 성장시켜 나가는 목표는 동일하다. 대한민국 산업구조를 더 높은 가치사슬로 이동시키고 신산업 창출을 통해 새로운 가치사슬을 만들어 내는 일, 신성장 동력 만들기는 활발하게 지속되어야 한다.

경제학자 라이시(R. Reich)는 "한 국가가 산업이 위기에 처했을 때 어떻게 대응하느냐에 따라 미래의 번영에 크게 차이가 난다. 이는 경쟁력을 상실하는 부문에서 부가가치가 높은 부문으로 자원을 얼마나 유연하게 옮길 수 있느냐에 의해 결정된다."라고 했다. 이런 자원이동 메커니즘이 바로 산업 내 구조조정, 산업간 구조조정이며 혁신을 통해 자원이동이 원활하게 이루어질 때 위기를 극복하고 성장을 지속할 수 있게 된다.

산업 구조조정은 혁신을 통한 자원이동이어야 하며 저항과 갈등을 유발한다. 혁신에 의한 신기술은 새로운 제품과 서비스를 창출하면서 국민, 지역사회 및 공동집단 그리고 이해관계인 등 신기술 수요자의 수용성 확보라는 과제를 불러온다. 혁신과 규제의 관계 정립이 중요하다. 신기술 분야 규제기준은 명확·예측가능하고 합리적 수준으로 정해져서 사회적 수용성을 높이고 신산업 성장으로 연결되어야 한다. IT 산업과 같이 혁신이 빠르게 창출되는 산업부문에서는 기술주도적 입장(실리콘밸리식)이, 생명공학 산업과 같이 안전이 중요한 부문에서는 사회적 영향 최소화 입장(유럽식)이 규제의 구체적 수준을 결정하고 있다. 하지만 규제와 혁신의 시차, 간격이 최소화되어야 한다는 입장은 공통이다. 신기술 연구개발이나 제품화 초기 단계에서부터 규제를 함께 검토함으로써 예측 가능성을 높여 신성장 동력 창출의 속도와 성공률을 높여야 한다. 이와 함께 신기술 등장에 따라 부적절해진 기존 규제의 즉각 폐지 또는 개선 등 기존 규제 정비도 함께 이루어져야 함은 물론이다.

한국공학한림원 조사결과(담대한 전환, 2021)에 따르면 한국경제의 문제로 장기 구조적 저성장세의 지속을, 보다 구체적으로 한국 제조업 위기의 구조적 요인으로 주력산업의 구조개편 미흡과 신성장 산업의 진출 미흡을 첫 번째로 들고 있다. 대한민국 산업은 원활한 자원이동 메커니즘의 작동을 통해 주력산업의 구조개편, 초격차 유지와 함께 신산업의 창출·성장이라는 과제를 안고 있다. 대한민국 산업은 기술혁신, 연대와 협력을 통해 도전과 축적의 메커니즘을 만들어 지능화, 친환경화, 융합화, 고부가가치화를 이룩해야 할 것이다. 보다 구체적으로는 기존사업 매각과 신사업 인수로 신시장을 개척하면서 사업구조를 재편하고 스핀오프나 사내벤처를 통해 신사업 진출을 준비하고 M&A, 투자 확대 등을 통해 성장해 나가야 한다. 그리고 연구개발, IP 전략 등을 통해 초격차를 확보하면서 지속 성장해 나가야 한다.

대한민국의 수소경제 만들기는 퍼스트 무버로서 신성장 동력 만들기에 대한 과감한 도전이다. 수소경제는 세계적으로 초기 단계로 누구도 가보지 않은 새로운 길이며, 에너지 산업만이 아닌 경제·산업구조의 근본적인 변혁을 초래할 것으로 보인다. 더욱이 글로벌 탄소중립이 본격화되면서 친환경 자원이자 신성장 동력으로 크게 주목을 받고 있다. 우리나라는 수소경제 활성화 로드맵(2019.1.) 발표 이후 수소의 생산, 저장, 이송, 활용 등 수소경제 가치사슬 전반에 걸친 제도 및 인프라 형성과 R&D, 보급, 투자, 안전, 조달 등을 적극 추진하면서 수소경제 만들기에 전력을 다하고 있다. 대한민국은 수소의 수요 및 공급 생태계 동시 조성, 부생–추출–그린수소 공급의 입체적 추진, 수소산업 진흥 및 안전 동시 추진 등 총체론적 방법(holistic approach)으로 수소경제 선도국가 만들기에 도전하고 있다.

우리나라는 수소차와 연료전지 분야의 세계 최고 기술력, 전국 LNG 공급망 및 튼튼한 석유화학 산업 등 안정적이고 경제적인 수소 생산·공급 인프라를 갖추고 있으며 세계 최초 수소경제법 제정, 수소안전관리 종합대책 수립, 민간수소위원회 출범 등 수소경제의 제도 및 인프라 구축을 선도하고 있다. 최근 우리나라 민간기업의 수소경제에 대한 관심이 급증하면서 자원이동이 활발해지고 있다. 2021년 민간기업 부문에서만 43조 원에 달하는 수소경제 투자계획이 발표되었다. SK, 한화 등 화석연료중심 에너지 기업의 수소연료전지발전, 그린수소 R&D에 대한 신규 투자, 내연자동차중심 현대차의 수소연료전지차에 대한 전환 투자, 탄소다배출업종 대표기업인 포스코의 수소환원제철기술개발 투자 등 수소산업으로의 전환과 선점 투자가 주요 내용이다. 정부는 청정수소발전의무화제도(CHPS) 도입 등 제도 정비가 시급하고 R&D, 공공조달 확대 등 각종 지원을 통해 민간의 투자위험을 줄이면서 신성장동력으로의 자원이동을 촉진시키는 노력을 배가해야 한다. 이와 함께 정부는 수소경제법을 제정하면서 수소경제 진흥과 함께 수소 안전기준을 동시 규정하고 규제샌드박스 1호로 국회 수소충전소 설립을 추진하는 등 규제의 예측 가능성을 높이면서 갈등을 극복하고 수용성을 높이기 위한 규제개혁도 적극 추진하고 있다. 앞으로 수소경제 활성화를 위해서 우선 허용, 사후 규제 원칙 적용, 규제샌드박스의 대폭 활성화, 실리콘밸리 규제수준도입 등 규제벤치마크제도 도입, 규제 하나 신설시 규제 둘 폐지의 2 FOR 1 규칙 도입 등 다양하고 지속적인 규제개혁 노력이 필요함은 물론이다.

신성장동력은 혁신을 통한 자원의 원활한 이동을 통해 창출되고 사회적 수용성 제고를 통해 신산업으로 성장된다. 대한민국은 수소경제 선도국가 도전을 통해 신성장동력을 성공적으로 창출하고 성장시켜 나가고 있다. 그리고 미래 자동차, 시스템반도체, 바이오, 이차전지, 인공지능 등 새로운 성장동력 만들기에 대한 지속적인 도전을 통해 주력산업의 구조조정과 새로운 주력산업으로의 성장을 지속해 나가고 있다. 신성장동력 만들기에 대한 보다 과감한 도전과 적극적인 지원이 바로 대한민국 산업 경쟁력의 원천임을 명심하자.

Q

2019년 수소경제 활성화 로드맵은 어떻게 만들어지고 추진되었나요?

A

　　대한민국 수소경제 만들기는 정부가 2019년 1월 수소경제 활성화 로드맵(수소경제 로드맵)을 발표하면서 본격적으로 추진되기 시작했다. 수소경제 로드맵은 대한민국이 세계 최고 수준의 수소경제 선도국가로 도약한다는 비전을 내걸고 2040년 수소차 620만 대, 수소 충전소 1,200개소, 연료전지 발전 15GW, 연료전지 건물 2.1GW, 수소공급 526만 톤 등 구체적인 목표를 제시했다. 당시 매킨지, 골드만삭스 등 세계적인 컨설팅 회사와 일본, 호주 등 일부 국가에서 이미 발표한 수소경제 비전에서는 미래 수소경제의 규모와 기대효과를 개략적으로 제시하면서 그 중요성을 강조하는 데 그치고 있었다. 하지만 우리 정부가 제시한 수소경제 로드맵은 수소의 수요와 공급 모두, 수소의 생산−저장−유통−활용 단계 모두, 수소의 활용과 안전 모두 등 수소경제 전반에 대한 상세한 분석, 전망을 바탕으로 과감한 비전과 목표 그리고 구체적인 제도 마련과 R&D, 인력, 투자 등 추진전략을 제시하는 획기적인 내용을 담았다. 독일, 프랑스, 호주 등 수소경제에 관심있는 국가는 물론 다수의 세계적인 컨설팅 회사, 수소 전문가들은 우리나라 수소경제 로드맵에 대해 수소경제를 부활시키고 그 중요성을 다시 확인시키는 확실한 계기를 만들어 냈다는 평가를 했다. 수소경제 로드맵의 공식 발표전, 실무작업을 완성한 후 공식발표 내용을 어떻게 구성할 것인가에 대한 검토가 있었다. 수소경제 로드맵 내용을 모두 공개하게 되면 우리의 수소경제 추진전략을 경쟁자에게 자세하게 공개한다는 불편함이 있었다. 하지만 제한된 정보만을 담은 수소경제 로드맵을 작성하고 보니, 이미 발표된 다른 나라와 전문기관의 수소경제 비전과 마찬가지로 설득력과 실행력이 부족해 보이는 단점이 있었다. 이에 수소경제는 우선 시장의 신뢰를 얻어 시장을 움직이는 것이 중요하다는 결론을 내리고 수소경제 로드맵 내용을 모두 공개하기로 결정하였다. 예상대로 우리나라 수소경제 로드맵은 좋은 평가를 받았고, 수소경제 로드맵이 차질 없이 추진되면서 시장의 신뢰를 얻고 민간의 적극적인 참여가 활발하게 이루어졌다.

수소경제 로드맵에 따라 수소경제법 세계 최초 제정(2020.2.), 수소경제 컨트롤타워로 국무총리주재 수소경제위원회 출범(2020.7.), 수소안전기관(가스안전공사), 수소진흥기관(H2KOREA), 수소유통기관(가스공사) 등 수소전문기관 지정, 청정수소발전의무화제도(CHPS) 도입, 수소시범도시·수소클러스터·수소규제특구의 지정, 수소전문기업 육성, 수소금융 활성화 등 수소경제 인프라 및 제도를 차질 없이 구축해 나갔다. 이에 따라 민간은 H2 비즈니스 서밋 출범(2021.9.), 글로벌 그린수소 국제협력사업 참여와 함께 2030년까지 43조 원 수소경제 투자계획을 밝히면서 수소관련 대규모 프로젝트를 기획하고 착실히 실행해 나갔다. 그 결과 우리나라는 2021년 수소 승용차 보급 세계 1위, 수소 충전소 보급 속도 세계 1위, 발전용 연료전지 보급 세계 1위 등 세계에서 최고 빠른 속도로 수소경제의 성과를 창출하였다. 특히 2019년 10월 독일에서 개최된 한독 산업협력 회담에서 독일 경제에너지부 장관 페터 알트마이어 부총리가 "한국의 수소 경쟁력은 독일보다 앞서고 있는 것으로 알고 있다."라고 하면서 한독 양국간 수소협력을 강화하자고 했을 때 우리나라 수소경제의 세계적인 위상을 다시 확인할 수 있었다.

수소경제 로드맵 관련해서 강조하고 싶은 사실이 하나 더 있다. 사실 우리나라 최초 수소경제 로드맵은 2005년에 발표되었고, 2019년 수소경제 로드맵은 2번째이다. 2002년 제레미 리프킨(Jeremy Rifkin)은 '수소혁명(The Hydrogen Economy)'이라는 책에서 석유 시대의 종말을 예고하고 미래 에너지원으로 수소를 제시하면서 수소경제에 대한 대대적인 관심을 불러 일으켰다. 이와 함께 미국 클린턴 행정부가 재생에너지 중심의 친환경 정책을 채택하고 수소연료전지차 등 다수의 수소프로젝트를 적극 추진하면서 수소가 세계적으로 큰 관심의 대상이 되었다. 당시 우리 정부도 지역적 편중이 없는 보편적 에너지이자 친환경 에너지인 수소경제에 대한 관심이 높았다. 하지만 당시는 수소기술이 상용화 전 단계로 실증 정도만 추진할 수 있는 수준에 불과했고 수소 시장이 전무하고 수소차 가격이 약 20억 원, 수소 충전소 구축은 약 50억 원에 달하는 등 가격 경쟁력을 전혀 확보하지 못하고 있는 상황이었다. 따라서 당시 정부의 수소경제 로드맵은 수소 기술개발 로드맵 성격으로 작성될 수밖에 없었다. 하지만 당시 수소 기술개발 로드맵에 의해 추진한 수소자동차 개발과 수소연료전지 개발 노력의 결과에 힘입어 현재 우리나라는 수소자동차와 수소연료전지 발전 분야에서 세계적인 경쟁력을 보유할 수 있게 되었다. 2005년 수소경제 로드맵과 같이 2019년 수소경제 로드맵도 향후 20년 뒤 미래 수소경제를 선도하고 있는 대한민국의 위상을 만드는 초석이 될 것으로 믿는다.

Q

규제샌드박스 1호, 국회 수소 충전소 설치는 어떻게 추진되었나요?

A

　　2019년 10월 문재인 대통령은 프랑스 국빈 방문시 파리 에펠탑 근처의 수소 충전소를 방문했다. 대통령의 파리 수소 충전소 방문은 저의 장관 취임 이후 최초 해외행사였다. 대통령의 프랑스 국빈 방문 전(前), 국빈 방문 관련 일정, 행사, 메시지 확정을 위한 점검 회의가 청와대에서 개최되었다. 예상과 달리 동 점검 회의에서 대통령 수소 충전소 방문 행사에 대한 여러 이견이 제시되었다. 우선, 박근혜 대통령의 프랑스 방문시 수소차 행사가 이미 개최된 바 있어 행사 의미가 중복될 수 있다는 우려가 있었다. 그리고 현재 파리에서는 현대 넥소 수소차가 60대 정도밖에 운행되지 않아 수소차 시장에 대한 파급 효과가 적을 것으로 보인다는 지적도 나왔다. 또한 대통령께서 이미 국내에서 수소차관련 행사를 수차례 하셨기 때문에 동 행사가 불필요하다는 의견도 제시되었다. 우선 저는 금번 대통령의 수소 충전소 방문은 수소경제 확산의 필수 요소인 수소의 안전성을 강조하기 위한 행사로써 지난 국내외 수소차 행사와는 의미가 다르다고 설명하였다. 특히, 세계 문화의 중심지인 파리, 더구나 에펠탑 앞에서 대통령의 수소차 셀프 충전은 국내의 수소의 안전성에 대한 인식 제고에 커다란 효과가 기대된다는 점을 강조하였다. 또한 수소차는 미래 자동차의 핵심 모델 중 하나로서 미래 자동차 시장의 선점 필요성과 함께 세계 자동차 시장의 자존심이자 중심인 유럽 시장 진출의 중요성을 강조했다. 나아가 파리 수소택시 전체

100대 중 60대가 현대 넥소 수소차라는 사실은 전 세계 수소차 시장을 우리나라가 주도하고 있다는 것을 증명하는 것이라고 설명했다. 결국 파리 수소 충전소 방문은 대통령 행사로 결정되었고, 파리 에펠탑 아래에서 대한민국 넥소차에 수소를 셀프 충전하는 대통령의 모습이 대대적으로 보도되었다. 이 행사는 수소의 안정성, 수소차 경쟁력, 수소관련 규제개혁 이슈 등 수소경제에 대한 국내의 정책적 관심을 크게 불러 일으키는 계기를 만들었다. 나중 대통령께서도 당시 파리 수소 충전소 방문을 통해 수소경제 의미, 동향, 현안, 추진전략 등 수소경제에 대해 크게 관심을 가지는 계기가 되었다는 말씀을 주셨다.

저는 대통령의 파리 수소 충전소 방문 행사를 계기로 서울 한복판에도 수소 충전소를 설치해야겠다는 결심을 했다. 당시 서울에는 단 2개 수소 충전소만이 운영되고 있었다. 서울시가 상암동에 매립가스 개질로 수소 충전소를, 민간사업자가 양재동에 연구용으로 수소 충전소를 운영할 뿐이었다. 물론 수소 충전소는 환경부, 국토부의 중점 업무였지만, 수소 충전소 구축은 수소 생산 및 공급, 수소 인프라 구축, 수소의 안전성, 규제개혁 등 수소경제 확산을 위한 핵심 과제로 산업부도 함께 추진해야 하는 과제였다. 저는 파리 에펠탑 앞과 동경 동경타워 앞의 수소 충전소와 같이 적어도 서울 시청, 광화문, 여의도 국회 의사당 등 서울의 상징적 장소에 수소 충전소를 설치해야 한다고 생각했다. 당장 서울시, 국회와 수소 충전소 설치에 대한 협의를 추진했다. 서울시로부터는 서울 시청과 광화문 근처에 수소 충전소를 설치할 수 있는 커다란 부지 확보가 쉽지 않다는 실무 의견을 전달받았고, 국회로부터는 수소 충전소 설치에 호의적인 반응을 받았다. 곧바로 우선 국회 수소충전소 설치를 추진했다. 현대 자동차와는 수소경제를 대표하는 상징적인 수소

충전소를 어떻게 만들어야 하는가에 대한 협의를, 국회 사무처와는 국회 부지내 구체적인 수소 충전소 입지 결정을 위한 협의를, 국회 산업통상자원위원회와 수소포럼 등 수소에 관심있는 여야 국회의원들과는 수소 충전소 설치관련 지원 사항에 대한 협의를 본격적으로 추진했다. 국회 수소충전소는 정부, 국회, 기업과의 원활한 의사소통과 적극적인 협력을 통해 대한민국 대표 수소충전소의 모습을 갖추어 나갔다. 국회 수소충전소는 누구나 쉽게 찾고 볼 수 있는 국회 정문 옆 국회대로에 청정 에너지를 대표하는 하얀색의 세련된 디자인으로 세워졌다. 국회 수소충전소 설치는 여야 의원 모두, 산업통상자원위원회를 넘어서 국회 차원의 전폭적인 지원을 받으며 추진되었다.

당시 서울 도심에 수소 충전소를 설치하기 위한 관련 법령이 정비되어 있지 않아서, 상업지역에 속하는 국회 부지에 수소 충전소 설치는 산업융합법에 따라 실증 특례를 허용하는 2020년 산업부 규제샌드박스 1호 사업으로 추진되었다. 특히 관계부처와 지자체가 협력하여 인허가부터 완공까지 모든 절차를 7개월 만에 완료하였다. 마침내 2020년 7월, 국회 수소 충전소는 수소경제의 친환경성, 안전성, 규제개혁을 대표하는 우리나라 수소경제의 아이콘으로 자리 잡았다. 모든 국민이 수소 경제를 언제나 쉽고 편하게 보고 느낄 수 있는 기회가 마련된 것이다. 국회 수소 충전소 설치는 정부, 국회, 기업 등 모두가 성원하고 합심한 성과로 초기 수소경제의 활성화에 크게 기여하였다. 수소 충전소가 국회 내 의원회관 앞, 국회대로에 자리 잡게 된 것에 대하여, 당시 국회 사무총장은 국회 방송 앞, 국회 뒤 하상 주차장 근처, 국회의원회관 앞 등 여러 후보지 중에서 수소의 안전성에 대한 국회의 의지를 가장 강하게 표현할 수 있는 장소인 국회의원 회관 앞을 수소 충전소 자리로 확정하였다는 설명을 수소충전소 완공식에서 밝혔다.

　국회 수소 충전소 준공식과 함께 서울에서 수소택시 시범사업을 개시하여 '달리는 공기청정기' 수소차를 우리 국민이 보다 쉽고 가깝게 접하고 느끼면서 수소경제를 체험할 수 있는 기회를 확산하는 사업도 함께 추진했다. 첨언하자면, 저는 장관 재임기간 동안 관용차로 수소차 넥소를 타고 다녔다. 수소차는 소음이 전혀 없고 승차감도 좋은 친환경 차이지만, 수소차를 신기하게 바라보면서 탄소저감에 기여하는 친환경 차라고 평가해주는 타인의 시선을 느낄 수 있는 승차감보다는 하차감이 좋은 차라고 자랑하고 다녔던 기억이 새롭다.

Q

우리나라 수소경제 정책은 어떻게 추진되어 오고 있나요?

A

　정부는 수소경제 로드맵 발표(2019.1.) 이후 수소경제법 제정, 수소경제위원회 운영, 수소안전·진흥·유통 전담기관 지정, 수소시범도시·수소클러스터·수소규제특구의 지정, 수소전문기업 육성, 수소금융 활성화 등 수소경제관련 제도와 인프라를 차질 없이 구축해 나갔다. 특히, 수소경제 전주기 생태계 구축으로 청정수소경제를 선도한다는 비전을 세우고 국내외 청정수소 생산주도, 빈틈없는 인프라 구축, 모든 일상에서 수소 활용과 생태계 기반 강화라는 4대 전략, 15대 과제를 선정하여 적극 추진했다. 우선, 2030년 그린수소 25만 톤 생산, 3,500원/kg 생산

기반 구축을 위하여 수전해 스택의 대용량화(500KW→'30년 10MW) 및 고효율화(50%→'50년 77%)를 추진했고 재생에너지단지와 연계하거나 해외 수전해 시장의 진출을 통해 그린수소 실증을 확대했다. 수소 액화 플랜트, 수소 배관망, 융복합 수소충전소 구축 등 튼튼한 수소 인프라를 구축하는 한편, 연료전지, 암모니아 발전, 수소 혼소 및 전소 등을 통해 수소발전을 확대하고 암모니아·수소 선박 등 수소 모빌리티를 다양화하면서 산단의 열 공급 설비 및 석유화학 공정 연료·원료를 수소로의 전환이나 대체도 추진했다. 또한 철강에서 수소환원제철 공정으로 전환, 시멘트 연료를 석탄에서 수소로 대체하는 등 산업분야 수소 활용의 확대를 넘어 모든 일상에서 수소 활용을 확대하는 방안을 찾아 추진했다. 이와 함께 기술개발, 인력양성, 표준화, 수소 안정성 확보, 글로벌 협력 주도, 전문기업 및 금융 활성화, 지역별 수소 생태계 구축 등 전반적 수소 생태계를 조성해 나갔다. 정부는 수소경제를 국정과제로 삼아 수소시장 조성, 수소 안전규제 도입 등 수소관련 제도를 형성하고, 수소경제 전 분야에 걸친 세부 정책과 전략의 방향을 선제적으로 제시하는 등 수소경제 만들기를 강력히 주도했다. 이에 민간기업도 수소의 생산, 저장, 운송, 활용 등 각 단계별 수소 프로젝트에 적극 참여하고 2030년까지 43조 원 수소경제 투자계획을 발표하는 등 정부의 수소경제 만들기에 적극 호응했다. 이와같은 민관의 수소경제에 대한 강력한 의지와 실천은 대통령과 국무총리의 수소경제 프로젝트 행사에의 직접 참여, 산업통상자원부 2차관 및 수소경제국 신설과 함께 민간의 대규모 투자계획 발표, 정의선 현대자동차그룹 회장의 수소경제위원회 공동의장 수임 등을 통해 확인할 수 있다.

신정부는 수소경제를 국정과제로 선정하고, 세계 1등 수소산업 육성 전략, 청정수소 생태계 조성방안, 수소기술 미래전략 등 신정부 수소경제 세부 실행방안(2022.11.)과 청정수소 인증제 운영방안, 수소산업 소부장 육성전략, 수소전기차 보급 확대방안, 국가수소중점연구실 운영방안(2023.12.) 등 수소경제 만들기를 지속 추진하고 있다. 보다 구체적으로 신정부는 우선 상용차 확산, 대규모 집중형 발전, 국내외 대규모 청정수소 생산기지 구축 등을 통해 대규모 수요를 창출하는 규모와 범위의 성장(Scale-Up) 전략을 제시하고 있다. 이와 함께 액체방식 대량 저장 및 운송, 암모니아·액화수소 전용기지 구축 등 청정수소기반 생태계 전환을 위한 인프라와 제도의 성장(Build-up) 전략과 수소 전주기 핵심기술 확보, 수소전문기업 집중 육성 등 수소산업을 신성장 동력으로 육성하기 위한 산업과 기술의 성장(Level-Up) 전략을 3대 수소경제 성장 전략(3UP)으로 제시하고 있다. 특히 신정부는 2024년 청정수소 기준을 수소 1kg당 온실가스 4kg 이하로 설정하는 등 청정수소 인증제도를 도입·운영하고, 청정수소발전입찰시장을 운영하는 등 우리 기업의 청정수소 투자를 뒷받침하는 제도 구축에 주력하고 있다. 또한 수전해, 연료전지 등 수소산업 7대 전략분야의 핵심 기술개발을 집중 지원하고, 600여 개 수소 전문기업 육성, 수소 모빌리티 등 5대 해외진출 유망분야의 수출산업화, 수소산업 소부장 40대 핵심품목에 대한 원천기술 확보 지원 등 세계 1등 수소산업 육성 전략, 수소산업 소부장 전략[4]을 적극 추진하고 있다.

Q

수소경제의 확산을 위해 강조하고 싶은 사항은 무엇인가요?

A

　　수소는 누구나 만들 수 있는 보편적 에너지원이고 장기간 대용량 저장이 가능하며 부산물로 물밖에 안 나오는 친환경 에너지다. 신재생 에너지와 함께 수소는 탄소중립 달성을 위한 가장 강력한 친환경 에너지 대안 중 하나이다. 또한 수소산업은 새로운 녹색 신산업으로서 경제 성장을 견인하는 역할을 수행할 수 있어 탄소중립 시대에 크게 주목을 받고 있다. 우선 우리나라는 수소경제의 대응을 에너지 믹스라는 에너지 정책 차원을 넘어서 수소산업을 신성장동력으로 육성하는 산업정책을 보다 적극 추진해야 한다.[5] 산업정책은 일반적으로 시장의 실패를 보완하는 차원에서 제한적으로 추진되지만, 수소산업의 경우는 시장이 성숙되지 않은 특별 상황이므로 정부가 시장의 형성과 발전을 주도하는 적극적인 산업정책이 추진되어야 한다. 특히, 안정적인 수소 시장의 형성과 발전이 중요하다. 안정적 수소 시장은 충분한 수소 수요 및 공급 능력의 창출을 통해 형성된다. 적극적 산업정책을 통해 만들어진 수소 수요는 수소 공급능력의 확충을 촉진한다. 적극적 산업정책을 통해 효율적 대량 수소 공급능력을 갖추게 되면 수소 가격의 하락을 불러온다. 수소 가격하락은 새로운 수소 수요를 창출하면서 또다시 수소 공급 능력 확충을 촉진하게 된다. 수소 수요와 공급 능력의 확충을 위한 적극적 산업정책은 결국 충분한 수소 수요와 공급의 선순환 체제를 구축하고 수소 가격의 하락을 통한 안정화 효과를 얻을 수 있다. 충분한 수소 수요 및 공급 능력의 창출을 촉진하는 산업정책의 중요성은 아무리 강조해도 지나치지 않다고 생각한다.

수소 산업의 세부 분야별 핵심 소재부품장비 산업의 중요성도 함께 강조하고 싶다. 수소산업 육성 초기부터 수소산업 소재부품장비 산업을 함께 육성하여 수소 산업의 경쟁력과 부가가치를 동시 제고하고 안정적인 수소산업 공급망을 구축해야 한다. 핵심 소부장 원천기술 확보, 사업화 촉진과 글로벌 소부장 공급망 강화를 주요 내용으로 수소산업 소부장 전략(2023.12.)의 강력한 추진은 매우 중요하다. 특히 미중 패권경쟁 강화에 따라 첨단기술을 중심으로 글로벌 공급망이 블록화되어 가고 있어, 수소산업의 글로벌 공급망의 안정성 확보는 향후 중요한 과제가 될 것이다. 수소산업과 수소산업 소부장에서의 핵심 경쟁력 확보는 안정적 수소산업 글로벌 공급망을 확보하고 우리나라의 전략적 가치를 확보하는 길이기도 하다.

수소경제 만들기에 있어 수소의 안전성 확보에 대한 중요성도 강조하고 싶다. 수소는 엄청 가볍다. 액화석유가스(LPG)는 누출되면 무거워서 쌓여 있다가 폭발하지만 수소는 누출되면 폭발하기 전에 모두 날아가 버린다. 파리 에펠탑 앞, 동경 도쿄타워 앞, 서울 국회의사당 앞의 수소 충전소는 수소 안전성에 대한 자신감의 표현이다. 하지만 현실에서는 수소폭탄, 후쿠시마 원전사고 등으로 수소의 안전성에 대한 우려가 깊다. 국내에서 수소 충전소가 기피시설로 취급되어 도심 설치가 어렵고 수소 충전소 구축 속도가 늦어지고 있다. 무엇보다 국민이 안심할 수 있도록 수소산업 전주기 안정관리 체제를 조속히 확립하고 이를 적극 홍보하여 수소를 국민과 가깝고 친숙한 에너지로 만들어야 한다. 이미 정부는 수소법 제정시 수소산업 진흥과 함께 수소안전 규정을 만들어서 수소 생산−저장−이송−활용 전주기 안전관리 체제를 갖추었다. 그리고 수소법 시행 전 안전규정이 불비한 저압 수소에 대해서는 국제 수준의 안전관리를 적용하여 실시하고 있다. 가스안전공사를 수소안전관리 전담기관으로 지정했고 수소충전소, 수소생산기지, 연료전지를 3대 핵심 중점관리시설로 지정·운영하고 있다. 이와 함께 수소안전 인력, 기술개발, 실증지원 등 수소안전 생태계 조성과 지역협력, 정보공개, 소통 강화 등 수소안전 문화의 확산을 추진해야 한다. 이제 수소안전 제도가 완비됨에 따라 이를 차질 없이 운영하고 준수해 나가는 것이 무엇보다 중요하다. 특히 수소가 깨끗하고 안전한 에너지라는 사실을 국민 모두에게 알리는 수소안전 문화의 정착이 시급하다.

우리나라 수소경제는 이제 목적지를 향해 막 출발했을 뿐이다. 지금 우리나라는 전 세계적으로 누구도 가보지 않은 길인 수소경제 만들기를 주도해 나가고 있다. 앞으로 우리나라가 수소경제를 새로운 성장 동력으로 만들어 가는 길은 더욱 멀고 험할 것이다. 대한민국 수소경제의 출발은 좋았다. 하지만 더욱 중요한 것은 앞으로 수소경제 만들기 정책을 흔들림 없이 지속적으로 추진하는 일이다. 수소경제 정책의 방향, 속도, 내용을 끊임없이 점검, 보완하는 작업을 지속해야만 한다. 국제에너지기구(IEA)가 말한 대로, 수소경제는 좁지만 가능한(Narrow but Achievable) 길이다. 수소경제가 우리나라의 대표적인 성장동력이 될 것으로 굳게 믿는다.

Q

미래 자동차 산업은 어떤 모습일까요?

A

　　자동차 산업은 산업혁명 시대의 발전을 견인해 온 대표 산업이다. 컨베이어 벨트, 대량생산, 대규모 고용으로 대표되는 전통 자동차 산업은 지난 산업혁명 시대의 꽃이었다. 이제는 지능화 기술혁명, 탄소중립 친환경화, 글로벌 공급망 재편 등 새로운 패러다임 전환과 함께 전통 자동차 산업은 미래 자동차 산업으로 변신하고 있다. 미래 자동차 산업은 지능화, 융합화를 통해 새로운 시대의 플랫폼으로 진화하여 또 다시 4차 산업혁명 시대의 꽃으로 부활하려 하고 있다. 휴대폰이 스마트폰으로 전환되면서 불러온 변화만큼이나 전통 자동차에서 미래 자동차로의 전환은 우리의 삶과 산업에 커다란 변화를 불러일으키고 새로운 시대의 발전을 이끌어나갈 것으로 전망된다. 자동차 산업은 자동차와 사람, 사물, 공간을 연결하는 연결성(Connectivity), 자동차의 디지털화, 지능화, 융합화를 촉진시키는 자율주행(Autonomous), 자동차 가치사슬 창출점과 조직 및 인력 구성 그리고 제조의 서비스화 이동의 중심인 공유 서비스(Shared Service), 자동차의 전동화와 친환경화를 실현하는 전기화(Electrification) 등 CASE(Connectivity, Autonomous, Shared Service, Electrification)를 특징으로 하는 산업 혁신을 추진 중이다.

자동차 산업은 단순한 이동을 넘어 다양한 서비스를 포함하고 육지, 항공, 바다를 포함하는 이동관련 모든 집합체, 모빌리티(Mobility)의 개념으로 확장되고 있다. 모빌리티의 개념이 과거 사람과 화물의 위치를 옮겨주던 교통 중심의 단순한 이동 개념에서 사람과 화물을 원하는 때에 원하는 장소로 이동시키기 위한 운송 수단과 기술 그리고 서비스가 융합된 집합체를 의미하는 통합 개념으로 확대되었다. 자동차 산업은 서비스 산업을 포함하여 기존 수직 계열화된 기계산업, 아날로그 산업에서 IT · SW 산업, 디지털 산업으로 빠르게 변화하고 있다. 자동차 산업은 자동차 제조기업을 피라미드의 최상위에 두고 그 아래로 많은 부품기업들이 수직 계열화되고, 함께 수익을 나누던 전통적 생태계였다. 그러나 이제 그 수직 계열화되었던 피라미드는 점차 파괴되면서 모빌리티를 둘러싸고 있는 제조, 통신, 물류, IT 기업 등이 모두가 수평적으로 참여하는 새로운 생태계로 변모하고 있다. 이제 자동차 산업은 자동차 제조로부터 주된 수익을 창출하는 것이 아니라 자율주행 서비스, 엔터테인먼트 서비스, 자동차 보험, 자동차 공유와 정비 등 다양한 분야에서 주된 수익을 창출하는 디지털 산업의 생태계로 전환되고 있다. 특히 현재 자동차 시장은 스마트폰 시장의 7~8배에 달하는 규모이지만, 스마트화와 서비스화가 진전되어 갈수록 더욱 시장규모가 확대되어 갈 것으로 기대되는 유망시장이다. 따라서 미래 자동차 시장을 주도하는 국가가 새로운 시대의 기술과 산업 발전을 주도하고 경제패권을 차지할 것으로 보인다. 이것이 바로 우리가 미래 자동차에 주목하는 이유다.

Q

미래 자동차 시장은 어떠한 모습일까요?6)

A

글로벌 자동차 수요는 2023년 9,102만 대로 전년대비 약 8.5% 증가(LMC Automotive, 2023년 잠정치)되었다. 특히 플러그인 하이브리드(PHEV), 전기자동차(BEV) 등 전기차 시장은 1,400만 대 규모로 전년대비 29% 성장(2023년 잠정치)하였고, 글로벌 전체 판매의 15.5%를 차지하였다.7)

향후 글로벌 자동차 시장은 디지털, 탄소중립 시대의 도래로 자율주행, 전기차 등 미래 자동차가 높은 성장률을 보이면서 자동차 산업의 성장을 이끌어 갈 것으로 전망된다. 자동차 산업은 우선 전기차와 수소차 확대 등 친환경화가 급속히 진행되고 있다. 영국, EU는 2035년부터 휘발유·경유차의 신차 판매를 금지하겠다는 입장을 밝혔고, 미국 캘리포니아와 뉴욕도 2035년부터 내연기관을 사용하는 신차 판매의 전면 금지에 동참을 이미 선언하였다. 미국, EU, 일본, 한국 등 주요 자동차 생산국들은 2050년 탄소중립을, 중국은 2060년 탄소중립을 선언하였다. 2030년 글로벌 자동차 시장은 총 1억 3천만 대 중 적어도 전기차가 3천 4백만 대로 약 30%를 차지할 전망이다.

자동차에 디지털 기술을 접목하는 부품의 전장화, 자율주행 서비스가 급속히 진행되고 있다. 차량 원가 중 전자장치 비중이 2030년에는 50%에 이를 것으로 전망되고, 차량 기능이 부품교체 없이 소프트웨어 업데이트(OTA, Over the Air)를 통해 향상되고 결정되는 SDV(Software Defined Vehicle)로 전환도 가속화되고 있다. 또한 차량 기능이 복잡해지면서 이를 효율적으로 제어하기 위해 전장 아키텍처는 단일화, 통일화되어 가고 있다. 특히 차량제조, 판매 중심 자동차 산업이 자율주행 서비스의 활용 중심으로 급속히 전환되면서 교통사고율 저감, 도로 정체 개선, 교통 약자의 이동성 확보 등의 긍정적 효과도 함께 불러왔다. 2030년에는 레벨3 이상 자율주행시스템 탑재비율이 50% 전후가 될 전망이며, 이를 뒷받침하고 활용하는 각종 기술혁신이 이루어지고 새로운 가치사슬이 만들어질 것으로 보인다.

자동차의 개념이 소유에서 공유로 바뀌면서 서비스 제공수단이라는 인식으로 바뀌고 있다. 특히 이용자 관점에서 개인통행 맞춤형 최적 교통정보 및 경로를 제공하고 수단 예약 및 결제까지 제공하는 모빌리티 서비스(MaaS, Mobility as a Service)가 등장하면서 빅데이터, AI 등 지능화 기술기반의 스마트 모빌리티로 교통패러다임이 변화하고 있다. 스마트 모빌리티 서비스는 공유차량, 자율주행, 도심교통항공(UAM, Urban Aviation Mobility), 개인이동수단(PM, Personal Mobility) 등과 관련된 서비스 모두를 포함하고 있으며, 모빌리티 서비스 시장은 2027년 2,808억 달러 규모로 성장할 것으로 전망된다. 그리고 자동차구독 서비스 시장(구독 서비스 연간 영업이익 1,183억 달러)은 자동차 판매시장에 버금가는 규모로 성장할 것으로 보인다. 또한 자동차 보험, 광고, 차량관리 서비스 등 자동차연관 서비스도 2030년 약 1조 5천억 달러에 도달할 것으로 전망된다. 이와 함께 자동차와 자동차 부품의 판매시장이 오프라인에서 온라인으로 이동하고, SW 인력, 전기차 및 자율주행 핵심기술, 공정혁신과 공급망 관리의 중요성이 더욱 부각될 것으로 전망된다.

자동차 시장은 독일 벤츠, 일본 토요타, 미국 GM 등 내연기관 자동차 회사가 주도해 왔다. 하지만 최근 미국 테슬라와 중국 BYD가 전기차 양산으로 자동차 시장의 강자로 부상했고, 구글의 완전자율주행 실증, 우버의 자율주행 택시 운영, 바이두의 유상 로보택시 뤄보콰이바오 서비스 시작, 디디추싱의 차량공유서비스 실시 등 글로벌 기업들이 혁신적 발상을 통해서 미래 자동차 시장의 주도권 확보를 놓고 치열한 경쟁을 벌이고 있다. 특히 자율주행, 전동화 등 디지털 전환의 본격 추진으로 기존 내연기관 시대에 비해 자동차 산업의 진입장벽이 낮아져 기존 자동차 산업 생태계가 아닌 다른 영역으로부터 신규진입이 용이해지면서 구글 등 IT 업체가 자동차 산업으로 진출하였고, 테슬라, BYD 등 전기차 신생업체가 전통 자동차 제조업체를 위협하는 상황이 벌어지고 있다.

우리나라 자동차 산업은 어떠한 위치에 있나요?

우리나라는 산업혁명 시대의 꽃인 자동차 엔진부터 모든 자동차 부품까지 자동차 100% 국산화를 이룩하고 세계 5위의 생산능력(중국, 미국, 일본, 인도, 한국)을 가진 자동차 산업강국이다. 2021년 기준으로 국내와 해외를 포함해 약 일천만 대 생산능력을 보유하고 있으며, 국내에서 연간 약 400만 대 이상을 생산하고 이 중에서 60~70% 정도를 세계

시장에 수출하고 있다. 자동차 산업은 제조업 생산의 12.6%, 고용의 11.5%, 총 수출액의 약 10% 내외를 차지하고 완성차사 7개, 1만여 개 부품기업이 비즈니스를 영위하고 있는 지역경제의 중추이자 국가 경제 발전을 주도하고 있는 대한민국 대표 주력산업이다. 2023년 우리나라 자동차 산업은 424만 대 생산, 277만 대 수출 실적을 기록했고, 친환경차, SUV 중심의 수출 증가로 인한 수출단가 인상(2.3만 달러/대) 등으로 완성차 수출 709억 달러(무역흑자 550억 달러, 친환경차 242억 달러, 전기차 143억 달러), 부품 수출 230억 달러 달성 등 총 수출 939억 달러로 역대 최고 수출 실적을 기록하는 등 우리나라 무역수지 개선과 수출 플러스 전환을 이끌면서 대한민국 경제성장을 주도하고 있다. 특히 현대자동차 그룹은 2023년 730만 4천 대 판매 실적을 기록하면서 2년 연속 토요타 그룹, 폭스바겐 그룹에 이어 글로벌 3위 자리를 지키고 있는 자랑스러운 성과를 보여주고 있다.

우리나라는 자동차 산업, 반도체 산업, IT 산업, 네트워크 인프라를 모두 확보하고 있는 미래 자동차 산업 발전의 잠재력이 매우 큰 국가 중 하나다. 일본, 프랑스, 독일 등 전통 자동차 강국에 비해 전자, IT 산업이 잘 발달되어 있다는 장점도 있다. 물론 미국과 중국이 가장 강력한 경쟁 상대이다. 하지만 우리나라는 현대자동차, 기아자동차, LG엔솔 등 글로벌 기업만이 아니라 다수의 전자·자동차 부품기업, 스타트업 등 부품기업이 잘 발달되어 있어 미래 자동차 전반의 탄탄한 제조기반을 보유하고 있다는 강점을 가지고 있다. 전기차 세계 최고 연비, 수소차 세계 최장 거리, 배터리 최대 수출 국가, 수소차 최초 양산 등 수소차, 전기차 분야에서는 국산화를 기반으로 효율성, 주행거리 면에서 강력한 경쟁력을 확보하고 있다, 하지만 배터리 원천 소재의 해외 의존,

중국대비 가격경쟁력 부족 등의 어려움도 함께 지니고 있다. 자율주행 분야에서는 5G 세계 최초 상용화 성공, 4G 전국 커버리지 세계 1위 등 통신 인프라는 우수하나 AI 등 핵심기술과 센서 등 핵심 부품은 선진국 대비 역량이 아직 부족한 실정이다. 하지만 우리나라는 자율주행에 필요한 통신기술, 교통 시스템과 제도, 서비스관련 단일화된 인프라를 전국적으로 일관되게 구축해 왔다는 특징이 있다. 이는 주정부, 지자체 단위로 인프라 구축 사업을 추진해 온 미국, 국가별 단위로 각자 인프라를 구축해 온 EU에 비해 자율주행이 본격화될 때 크게 효과를 거둘 수 있는 커다란 장점이 될 것이다.

미래 자동차 산업을 선점하기 위한 경쟁은 벌써 시작됐다. 미래 자동차 시장이 생각보다 빠르게 열리고 있다. 하지만 미래 자동차 시장에는 절대강자가 없다. 우리나라도 동일 선상에서 함께 경쟁하고 있다. 우리의 잘하는 점을 더욱 발전시키고 약점을 빠르게 보완하면서 정부와 민간이 함께 최선의 노력을 기울인다면, 우리나라가 미래 자동차 산업 강국이 될 수 있을 것으로 믿는다.

Q

우리나라 자동차 산업의 과제는 무엇인가요?

A

우리나라 자동차 산업은 짧은 기간 동안 국산 고유모델 개발, 자동차 부품산업 육성, 수출산업화, 자동차 산업재편이라는 과정을 거쳐 자동차 산업강국으로 성장했다. 하지만 자동차 글로벌 공급망의 재편 등 불확실한 통상 환경, 중국, 인도 등 신흥 경쟁국의 등장, 노사 상생협력 문화의 미정착 등 자동차 산업의 경쟁력을 지속·확보하기 위해 극복해야 할 미해결 과제를 가지고 있다. 더욱이 미래 자동차 시대가 성큼 다가옴에 따라 소프트웨어 중심 차량으로의 전환에 따른 핵심 기술력 확보와 소프트웨어 경쟁력 강화, 미래 자동차 부품기업 육성 등 생태계 전반의 유연한 전환, 글로벌 공급망 안정화에 대한 대응능력 배양, 모빌리티 시대의 신산업 창출 선도 등 미래 자동차 산업의 현안 과제 해결이 시급한 실정이다.

우선 미래 자동차 산업의 현안 과제인 전동화 및 자율주행관련 핵심 기술력 및 소프트웨어 인력의 확보가 중요하다고 강조하고 싶다. 글로벌 주요 자동차업체는 이미 인포테인먼트, 첨단운전자지원시스템(ADAS) 및 센서, 연료전지 분야에 집중적으로 R&D 자금을 쏟아붓고 있으며, 특허도 전자장치와 첨단운전자지원시스템 분야에서 압도적으로 많은 건수를 기록하고 있다(Deloitte Supplier Benchmark DB).[8] 특허 출원 수에서 볼 때, 우리나라 현대 자동차 그룹은 친환경차와 자율주행차 관련 전반적으로 우수한 실적을 보이고 있으나, 핵심 원천기술 확보 여부는 불분명한 실정이다. 또한 폭스바겐 그룹, 다임러 그룹, 토요타 그룹 등 글로벌 자동차 업체는 이미 각각 4,000명, 3,400명, 1,400명의 소프트웨어 인력을 확보하고 있으나, 보다 많은 소프트웨어 인력을 충원하려는 노력을 경주하고 있다. 하지만 우리나라는 총체적으로 3만여 명 소프트웨어 인력의 부족이 전망(2025년)되고, 국내 순수 자동차관련 소프트웨어 인력은 1,000명 정도에 불과한 것으로 추산되고 있다.[9] 이와 함께 미래 자동차 부품기업으로의 전환이라는 현안 과제의 해결이 매우 중요하고 시급하다고 강조하고 싶다. 미래 자동차의 동력 장치가 전기모터로 변화되고 차량 전동화로 부품수가 30~40% 정도 간소화됨에 따라 자동차 부품산업 구조가 획기적으로 전환될 것으로 전망된다. 하지만 우리나라 자동차 부품 업계는 미래 자동차로의 전환에 따른 부품 개발, 생산, 판매 등에 대한 체계적인 전환전략을 갖추고 있지 못하고 있는 실정이다.

Q

우리나라 미래 자동차 산업 발전전략은 무엇인가요?

A

　　정부는 2019년 10월, 2030년 미래 자동차 경쟁력 1등 국가로의 도약을 비전으로 2030년 전기차, 수소차 보급 세계 1위, 2027년 완전자율주행 세계 최초 상용화를 목표로 '미래 자동차 산업 발전전략'을, 2020년 10월, 2025년 미래차 중심 사회와 산업 생태계 구축을 비전으로 '미래 자동차 확산 및 선점 전략'을 발표하는 등 미래 자동차 산업 육성을 국정의 핵심 과제로 삼아 적극 추진했다. 우선 전기차와 수소차 등 친환경차 기술력 확보와 국내 보급에 주력하면서 세계 시장을 공략하고, 완전자율주행 법과 제도, 인프라를 세계에서 가장 먼저 완비(2024년)하는 전략을 추진했다. 1년 이후에는 친환경차 보조금 제도 개편 등 친환경차에 대한 대대적 수요 창출, 이차전지 등 미래차 연관산업의 수출 주력화, 자율주행 서비스 활성화와 자동차 부품기업 1천 개의 미래차 전환 등으로 구성된 미래차 산업 육성을 위한 보완 전략을 마련하여 민관이 함께 적극 추진했다.

미래 자동차는 친환경차, 전장화, 자율주행, 서비스화, 부품 산업 등 분야별 정책 대상과 수단이 서로 상이하여 각 분야별로 정책과 발전전략이 제시되는 것이 일반적이다. 하지만 우리나라 정부는 전기차, 수소차, 자율주행, 부품산업 등 관련된 개별 대책을 모두 하나로 모아 통합된 미래 자동차 산업의 비전과 발전전략을 종합적으로 제시했다. 비록 미래 자동차 정책의 분야별 대상과 수단이 각각 상이하더라도 결국 미래 자동차라는 하나의 실체로 연계되고 통합되어야 한다고 생각했기 때문이었다. 산업통상자원부 주관으로 국토건설부, 과학기술부 등 관계부처가 모두 참여하고 완성차 및 부품 업계 등 산업계와 학계, 전문가 그룹이 함께 만들었고 자동차 노사정 포럼과 비전을 공유하는 등 민관, 산학연관, 노사정이 모두 함께 미래 자동차 산업의 로드맵을 만들었다.

미래 자동차 산업 육성은 수소차, 전기차라는 하드웨어 산업과 자율주행이라는 소프트웨어 산업을 함께 포함하고, 민간의 미래 자동차관련 기술개발, 투자 실현과 정부의 보조금 지원, 교통 시스템, 통신 인프라, 자동차 보험 등 선제적 인프라 구축 및 관련 제도 개혁을 함께 추진해야 하는 범부처, 민관합동, 국가적 차원의 대형 프로젝트다. 미래 자동차 발전전략을 수립하는 과정에서 정부는 우선 미래 자동차에 대한 보조금 지원을 지속하지만 지원 비율을 현재 50%에서 점차 줄여 나가면서 미래 자동차 생산이 규모의 경제에 도달하는 시점에 보조금 지원을 중단한다는 원칙과 일정을 제시했다. 현대 자동차 그룹 등 민간기업은 정부의 원칙에 호응하면서 미래 자동차 기술개발, 전용라인 설비 투자, 생산성 향상 계획을 자율적으로 발표했고 미래 자동차 산업의 로드맵에 따라 보조금 없이 미래 자동차를 생산할 수 있는 능력을 보유하기 위한 노력을 적극 기울였다. 이와 함께 정부는 수소차 및 전기차 충전소 설치, 통신·지도·교통·보험 등 자율주행제도 개혁, 미래 자동차관련 통신, 데이터, 서비스 인프라 구축 및 제도 개혁에 대한 구체적 일정과 방향도 함께 제시하여 민간의 미래 자동차 투자 시점과 규모에 대한 불확실성을 줄여 주었다. 이와 같이 정부와 민간은 실시간 유기적인 소통과 협력을 통하여 상호 신뢰를 쌓으면서 미래 자동차 산업 육성 전략을 함께 수립·추진했다. 그 결과, 2022년 상반기 기준으로 전기차 판매 세계 6위(점유율 2.2%), 수소차 판매 세계 1위(점유율 62.4%)라는 성과만이 아니라 이차전지, 연료전지 등 핵심 부품과 전기차 경쟁력이 세계 정상 수준에 도달하는 성과를 거두었다.

2022년 9월 신정부는 2030년 글로벌 전기차 330만 대 생산, 세계시장 점유율 12%로 '자동차 산업 3대 강국 도약'을 비전으로 설정하고 향후 5년간(2022~26년) 자동차 업계 투자 95조 원+α, 2030년 미래차 전문인력 3만 명 양성을 목표로 제시하였다. 신속하고 유연한 전환, 모빌리티 신사업으로 확장을 기본방향으로 설정하고 4대 전략도 제시했다. 우선 전동화 글로벌 탑티어(Top-tier) 도약 전략으로 소프트웨어 융합인력 1만명 양성, 운영체제(OS) 무선업데이트(OTA) 등 차량용 소프트웨어 국산화('26년)를 통해 소프트웨어가 중심인 자동차로의 전환을 가속화하면서 수소차 및 전기차의 경쟁력 제고, 규제개혁을 중점적으로 추진하고 있다. 둘째로는 내연기관차 부품기업의 사업 다각화와 내연기관의 친환경화 기술개발 추진을 통해 내연기관차의 고도화를 추진하면서 중형 3사 및 협력사의 경쟁력 유지를 통해 생태계 전반의 유연한 전환을 추진하고 있다. 셋째로는 안정적인 공급망 구축 전략을 추진하여 미국 인플레이션 감축법안(IRA) 총력 대응 등 통상 능력 제고, 주요 시장별 맞춤형 수출 및 생산체계 구축과 함께 민관 공급망 공조 강화와 핵심 품목 국산화를 추진하고 있다. 넷째로 2027년 완전자율 주행 상용화를 목표로 자율주행 차량 개발을 추진하고 모빌리티 혁명에 대응하여 자율주행과 커넥티드 기반 신산업 창출을 지원하는 전략을 실천하고 있다. 이와 함께 정부는 자동차 부품 산업전략 원탁회의(2023.5.)에서 미래차 전환 및 수출 지원대책을 발표하고 자금 지원(14.3조 원) 및 일감 확보(2030년까지 국내 전기차 생산규모 5배 확대), 미래차 핵심 기술 확보 및 전문인력 양성, 2대 주력시장(미국, EU)과 3대 유망시장(중동, 아세안, 일본·중국)에 대한 자동차 부품 수출 확대 등 3대 전략을 추진하여 미래 자동차 생태계로의 신속하고 유연한 전환을 지원하고 있다. 특히 2023년 12월 '미래자동차 부품산업의 전환촉진 및 생태계 육성에 관한 특별법안'이 국회를 통과함으로써 앞으로 보다 내실 있고 체계적으로 미래차 부품산업 생태계를 조성해 나갈 수 있을 것으로 기대된다.

미래 자동차 산업 육성은 개별 부처의 과제가 아닌 관계부처 모두가 참여하는 범정부 과제이다. 나아가 정부나 민간이 각각 독자적으로 추진하는 것이 아니라 정부의 제도 및 인프라 구축과 세제, 재정, 보급 지원이 민간의 신기술 개발, 설비 투자, 해외 진출과 함께 같은 방향으로 적정 속도로 정확한 전략으로 추진되어야 하는 산업정책의 대표 과제이다. 미래 자동차 산업 육성과 같이 민관 합동으로 범정부적으로 추진된 과제는 장관 또는 정권 교체에도 불구하고 정책의 일관성을 유지하면서 지속적으로 추진되어야 한다. 이제 우리나라 자동차 산업은 생산능력 세계 5위, 현대 자동차 그룹은 판매실적 세계 3위로서 2023년 사상 최초 277만 대, 709억 달러 수출 실적을 기록하였다. 특히 미래 자동차인 친환경차 수출은 242억 달러, 전기차 수출은 143억 달러로 역대 최고의 실적을 기록하는 등 미래 자동차는 앞으로 대한민국 수출과 경제성장을 견인해 나갈 것으로 기대되고 있다.

미래 자동차 산업 생태계로의 전환에서 유의해야 할 사항은 무엇인가요?

A

미래 자동차 산업 만들기의 핵심은 미래 자동차 산업 생태계로의 전환이다. 현재 자동차 부품산업은 2021년 기준 제조업 고용의 8.2% (23.9만 명), 생산의 6.7%(101.4조 원), 수출의 3.4%(233억 달러)를 차지하고 있는 우리나라의 핵심 주력산업이다. 하지만 동력장치가 엔진에서 전기모터로 변화하고 차량 전동화로 인해 30~40% 부품 수가 간소화됨에 따라 3만여 개에 이르던 내연기관차 부품 수가 전기차에서는 1만 9천여 개로 줄어들 것으로 보인다. 자동차 부품기업의 46.8%, 고용의 47.4%가 사업재편 필요 기업군으로 조사되고 있다. 특히 자동차 산업의 핵심 부가가치 창출 부문이 엔진 중심에서 전자장치 중심으로 이동하고 있어 기존 자동차 부품기업의 사업전환 어려움은 더욱 크게 다가오고 있다. 이와 함께 전기차로 전환시 엔진오일, 변속기 등 내연기관 부품 중심의 정비 수요(2021년 1/4분기 정비업체수 36,247개소, 고용인원 96,269명)가 대폭 감소(약 1/3 감소 전망)되고, 고도화된 SW, 전자장치 정비 업무의 전문화로 인해 개별 정비 사업자의 존속 및 고용 유지가 더욱 어려워질 것으로 보인다. 자동차 부품기업의 83%가 매출 100억 원이하의 영세기업이고, 국내 자동차 생산 규모가 감소하기도 하는 등 자동차 부품산업의 매출액과 영업이익이 줄어들고 있다. 우리나라 자동차 부품 업계는 미래 자동차로의 전환을 위한 부품 개발, 생산, 판매 역량이 부족하여 미래 자동차로의 전환전략을 체계적으로 추진하고 있지 못하고 있는 실정이다.

정부는 2021년 6월 자동차 부품기업의 미래 자동차 전환 지원전략을 발표하고, 2030년까지 부품기업 1,000개를 미래 자동차 부품기업으로 전환하고 미래 자동차 전환 플랫폼 구축, 사업모델 혁신 지원과 함께 기술, 인력, 자금, 공정, 컨설팅 등 사업재편 정책 수단을 대폭 확충하면서 기업 유형별 맞춤 지원 정책을 추진했다. 신정부도 2023년 5월 자동차 부품 산업전략 원탁회의에서 '미래차 전환 및 수출 지원대책'을 발표하여 3대 전략을 중심으로 미래 자동차로의 생태계 전환을 추진 중이다. 특히 2023년 12월, '미래자동차 부품산업의 전환촉진 및 생태계 육성에 관한 특별법안'이 국회를 통과하는 성과를 거두었다. 금번 특별법 제정으로 미래 모빌리티 시대의 핵심인 SW, 전장 등 부품산업에 대한 강력한 지원체계가 마련되고, 미래차 부품 생태계가 더욱 고도화될 것으로 기대된다. 또한 국내 부품 공급망이 강화되는 등 중요 부품의 안정적인 국내외 공급망 플랫폼이 구축될 수 있을 것으로 기대된다.

우리나라 자동차 산업은 완성차 업체와 전속거래가 높은 부품산업의 경쟁력을 바탕으로 하고 있다. 앞으로 미래 자동차 산업의 경쟁력은 어떻게 현재 내연 자동차 부품산업을 미래 자동차 부품산업으로 성공적으로 전환할 수 있을 것인가에 달려 있다. 미래 자동차 완성차 기업은 부품기업과 미래 비전, 부품조달 방향을 공유하면서 기술, 금융, 인력 등 상생 협력을 더욱 강화해야 하며, 부품기업은 대규모화, 전문화, 투자유치 등을 통해 미래 자동차 부품기업으로 전환을 추진해야 한다.

이와 함께 정부는 민간의 미래 자동차 및 미래 자동차 부품으로 전환 노력을 지원하면서 기술, 인력, 금융, 세제, 상생협력 등 미래 자동차 산업 생태계 조성을 범정부적으로 지속 지원해야 할 것이다. GM, 르노 등 글로벌 자동차 기업이 우리나라에서 자동차 생산을 지속하는 이유 는 우리나라의 임금 수준이 매우 높아 비용 경쟁력이 떨어짐에도 불구 하고 우리나라의 매우 발달된 자동차 부품 산업과 매우 높은 생산공정 능력 때문이라고 말하고 있다. 앞으로 미래 자동차 산업의 경쟁력은 결 국 미래 자동차 부품 산업의 경쟁력 확보와 직결되어 있다고 할 수 있 다. 미래 자동차 산업으로의 전환은 새로운 산업의 창출보다 어려운 과 제다. 전환은 기존 부문의 저항과 갈등을 최소화시키면서, 동시에 새로 운 산업 부문의 경쟁력도 만들어 내야 하기 때문이다. 미래 자동차가 새로운 성장동력이 되기 위해서는 미래 자동차 생태계를 얼마나 성공 적으로 조성하느냐에 달려 있다는 사실을 다시 한 번 강조하고 싶다.

Q

우리나라 미래 자동차 산업의 육성에 대한 제언은 무엇인가요?

A

한국공학한림원은 담대한 전환(2021년)에서 미션 중심의 대형 프로 젝트, G5 메가프로젝트를 추진하여 산업구조 전환을 앞당겨야 한다고 제안하고 있다.[10] 그중 하나가 미래 모빌리티 메가프로젝트(HFM: Hyper Fleet Mobility)로 자동차 산업이 모빌리티 산업으로 혁신적으로 변화 함에 따라 미래 지향적 모빌리티 생태계를 구축하고 이를 기반으로

e-고속버스, e-수송트럭, e-수직이륙착륙기, e-선박, e-드론 프로젝트를 범정부적 국가 차원에서 선정하여 실행하자는 제안이다. 저는 나아가 미래 모빌리티 메가프로젝트를 대통령이 기획부터 실행, 평가까지 직접 관장하는 TF 구성 및 운영을 제안한다. 이를 통해 우선 5개 모빌리티 산업구조의 전환을 촉진함은 물론 국내 자동차산업, 조선산업, 항공산업, 기계산업, 전기전자산업 등 주력산업의 경쟁력을 확보하는 계기를 만들 수 있을 것으로 기대한다.

모빌리티 메가프로젝트는 다부처 협력을 기본으로 기존 규제의 대대적인 개혁과 신규 제도의 신속한 형성이 필요하며 각종 이해 및 갈등 조정과 통합이 절실하다. 따라서 일부 부처의 권한과 능력만으로는 해결하기 어렵기 때문에 대통령주도 범정부적 추진체제의 구축이 필수적이다. 미래 모빌리티 메가프로젝트를 대통령이 직접 챙긴다면, 신산업 창출과 산업구조 전환 과정에서 발생하는 부처간 협력, 민관 협력, 규제개혁, 제도 창출, 갈등 극복 등 핵심 과제의 어려움을 극복하고 핵심 과제 간 연계 효과를 최대화할 수 있을 것으로 기대된다. 이러한 성과는 미래 모빌리티 프로젝트의 성공에 그치지 않고, 주력 산업, 디지털 산업, 에너지 산업 등 전 산업 분야로의 확산도 기대할 수 있다. 과거 대통령이 수출을 직접 챙기면서 수출주도형 산업구조를 성공적으로 만들었던 것처럼, 미래 모빌리티 프로젝트를 대통령이 직접 챙김으로써 우리나라 미래 제조업의 모습을 성공적으로 만들어 나갈수 있을 것으로 기대한다.

미래 자동차 산업의 경쟁력은 전기차, 수소차 등 친환경 부문과 자율주행 부문의 경쟁력이 중요하다. 이 중 우리나라가 상대적으로 취약한 분야인 자율주행 부문 경쟁력 강화를 위해 한국공학한림원이 제안한 자율대리 주차, 자율주행 배송 로봇, 자율주행 플랫폼 프로젝트의 추진을 추천하고자 한다.[11] 자율주행의 최종 목표는 도로에서 운전자 없이 자동차가 운전되는 것이다. 하지만 레벨4 이상의 자동차가 일반도로에서 사용되기 위해서는 앞으로 상당한 시간이 걸리고 많은 기술적, 사회적 난제를 극복해야 할 것으로 보인다. 대한민국이 자율주행 기술과 산업을 선도해 나가기 위해서는 우리나라의 산업 경쟁력 현황과 지리적 특성을 고려한 프로젝트를 단계적으로 구현해 나가는 것이 필요하다는 점에 공감한다.

자율대리 주차, 자율주행 배송 로봇, 자율주행 플랫폼 3개 프로젝트는 주차장, 아파크 단지, 공원 등 제한된 공간에서 실증경험을 확대해 줄 것이다. 나아가 제한된 범위지만 자율주행 서비스의 상용화를 통한 시장이 형성되고, 인프라와 통신기술과 융합할 수 있도록 오픈화, 표준화, 플랫폼화를 위한 활동을 강화해 줄 것으로 보인다. 아울러 자율주행 관련 표준 등 제도 정립은 부품, 통신, 법률, 보험, 도로 인프라, 교통물류 등 관련 분야에서 사용되는 레벨과 용어의 통일 등으로 자율주행 기능에 대한 혼동을 최소화하고 후방 산업 비즈니스 확산의 기준으로 활용될 것으로 기대된다. 자율주행 서비스 활성화의 열쇠가 되는 자율주행 데이터 표준과 라이다·레이다·카메라 등 핵심부품에 대한 표준화 작업도 지속 추진되어야 한다. 상기 3개 프로젝트는 자율주행 부문의 경쟁력 제고는 물론 조기 시장 형성 등을 통해 미래 자동차 산업의 성장 동력화를 단계적으로 추진해 나가는 훌륭한 디딤돌이 될 것으로 보인다.

스마트 모빌리티는 개별 서비스 부문들이 기능적으로 통합될 수 있도록 통합 플랫폼 기반의 데이터 통합·연계·공유 프레임워크 구축이 핵심이라는 사실을 명심해야 한다. 기존 개별 교통 서비스는 해당 시스템들이 기능적으로 연계·통합되어 작동하지 않았기 때문에 비용 절감이나 다양한 서비스 발굴에 미흡했다. 스마트 모빌리티는 우선 각종 모빌리티 정보 인프라를 통해 수집되고, 각 기관별로 수집된 데이터가 하나의 플랫폼으로 수렴되어 통합된 정보의 생산-수집-저장-활용 체계로 구축되어야 한다. 특히 통합 플랫폼의 구성 및 운영을 위한 행정 거버넌스 체제와 민관협력 체제의 구축 및 운영이 시급하며, 스마트 모빌리티의 핵심 요소기술 및 융복합기술 개발 지원과 새로운 모빌리티 서비스 및 신산업 창출에 필요한 관련 법령 및 제도의 정비, 규제 혁신 및 집중 지원 체제가 마련되어야 한다는 제안에 동감한다.[12]

Q

몰라도 괜찮고, 알아두면 좋은 자동차에 관한 상식은 무엇이 있나요?

A

최초 자동차는 1770년 프랑스의 니콜라 조셉 퀴노(Nicola-Joseph Cugnot)가 제작했던 증기 자동차로서 역사상 처음으로 기계의 힘에 의해 주행한 자동차이다. 증기 자동차는 처음에는 군대에서 포차를 견인할 목적으로 발명되었으며, 성능이 우수하고 운전이 쉬웠지만 무게가 무겁고 불을 넣고 주행하는 데까지 걸리는 시간이 길다는 결함 때문에 대중의 인기를 유지하지 못했다. 최초 전기 자동차는 1824년 헝가리의 아이노스 예들리크(Anyos Jedlik)가 발명했고 1832년 스코틀랜드의 로버트 앤더슨(Robert Anderson)은 전기 마차를, 1835년 네덜란드의 지브란두스 스트라티(Sibrandus Stratingh)와 크리스토퍼 베커(Christopher Becker)가 미니 자동차를 만드는 데 성공했다. 전기자동차는 진동과 소음이 적고 기어 조작이 필요 없다는 장점과 속도가 느리고 가격이 매우 비싸다는 단점을 가졌지만 초기 자동차 시장을 장악했다. 하지만 가솔린 자동차 등장 이후 배터리가 무겁고 충전시간이 길고 값이 비싼 전기차는 시장에서 인기를 잃어버렸다. 최초 가솔린 자동차는 1886년 카를 벤츠(Karl Benz)가 제작한 페이턴트 모터바겐이라는 3륜 자동차이다. 1900년대 이후 가솔린 자동차는 대량생산시스템 도입, 대형 유전개발 등에 따라 값싸게 구입, 운영될 수 있게 되면서 전기 자동차를 제치고 자동차 시장을 장악했다.

1903년 대한제국 고종 황제가 즉위 40주년을 맞이하여 미국 공사 호러스 알렌을 통하여 미국산 자동차 한 대를 전해 받은 것이 우리나라에 자동차가 처음 들어온 기록이다. 대한민국에서 최초 제작된 자동차는 1955년 국제차량제작소의 시발(始發)이고 1975년 최초 국산 자동차 모델, 포니가 탄생되었고, 1991년 현대자동차는 1,500cc 알파엔진이라는 한국 최초 엔진개발에 성공하였다. 우리나라 자동차 생산은 1980년 50만 대, 1985년 100만 대를 돌파하고 현재 국내외 약 1,000만 대 생산 능력을 보유하고 있으며 연간 400만 대 이상을 국내에서 생산하여 이 중 60~70%를 전 세계 시장으로 수출하고 있다.

많은 글로벌 자동차 회사의 명칭이 사람 이름이다. 미국의 포드, 테슬라, 독일의 메르세데스-벤츠, 영국의 롤스로이스, 밴틀리, 이탈리

아의 페라리, 람보르기니, 마세라티, 프랑스의 푸조, 시트로엥과 일본의 토요타와 혼다가 바로 사람 이름의 자동차 회사에 관한 사례이다.

영국의 경우 자동차 운전석이 오른쪽에 위치하고 있는 이유는 무엇일까? 여러 가지 이야기가 있지만, 유력한 주장은 자동차가 발명되기 전 주요 교통수단인 마차의 경우 마부가 마차의 오른쪽에 위치했기 때문이라고 한다. 일반적으로 대부분 사람은 오른손잡이가 많았기 때문에 마부 역시 오른손으로 채찍을 드는 경우가 많았다. 만일 마부가 마차의 왼쪽에 위치하게 되면 오른쪽에 앉은 사람이 마부가 휘두르는 채찍에 맞을 위험이 있기 때문에 마부가 오른쪽에 앉게 되었다. 마차에서 마부의 자리에 대한 전통이 자동차에서 운전석의 위치로 이어졌다는 이야기이다.

또 하나, 자동차 주유구의 위치는 어떻게 결정되었나? 첫째로 차량을 만드는 나라의 통행 방향에 따라 다르다는 주장이다. 우측통행 국가는 운전자 전면 기준으로 오른쪽에, 좌측통행 국가는 왼쪽이라고 한다. 이는 도로에서 주유할 경우, 차들이 다니지 않는 방향에서 안전하게 주유할 수 있도록 위치를 정하였다는 주장이다. 둘째로는 자동차 제조사마다 다르다는 주장이다. 자동차 안전을 위해서 머플러의 위치와 주유구의 위치를 언제나 반대 방향으로 정했다는 주장이다. 하지만 최근 자동차의 주유구 위치는 위와 같은 역사적, 기술적 설명과 무관하게 자동차 제작사가 디자인과 안전성에 따라 임의적으로 결정하고 있는 것으로 보인다. 따라서 이제 자동차 주유구 위치는 논리적 이유가 아닌 계기판 주유기 모양 옆 화살표의 위치를 보고 판단하면 될 것 같다.

주석

1) 존 하겔, 존 실리브라운, 두리샤 쿠라수리야, 크레이크 기피, 밍밍첸(역자: 딜로
   이트 안진회계 법인), 제조업의 미래, 변화하는 세상에서 물건 만들기, 딜로이트
   대학출판사, 2015.
2) 존 하겔, 존 실리브라운, 두리샤 쿠라수리야, 크레이크 기피, 밍밍첸(역자: 딜로
   이트 안진회계 법인), 제조업의 미래, 변화하는 세상에서 물건 만들기, 딜로이트
   대학출판사, 2015.
3) 성윤모, 산업강국 나침판: 신성장 동력을 만들자, 전자신문, 2022.2.28.
4) 수소산업 7대전략분야는 수전해, 액화수소운송선, 트레일러, 충전소, 모빌리티
   연료전지, 발전 모빌리티, 수소터빈이며, 해외진출 5대 유망분야는 수소 모빌리
   티, 발전용 연료전지, 수전해 시스템, 액화수소 수송선, 수소 충전소이다.
5) 이슬기, 국내 수소산업의 경제 현황과 경쟁력 강화방안, KIET 산업경제,
   2023.11.
6) 나승식(한국자동차연구원장), Quo Vadis, Vehiculum, 2022.11.
7) 김주홍, 미래차로의 전환과 당면과제, KIET 산업경제, 2024.1.
8) Deloitte Supplier Benchmark DB에 의하면, 부품 클러스터별 산업별 매출 대비
   R&D 지출 바율은 평균이 4.6%이나 인포테인먼트 부문은 14.4%, ADAS 부문은
   11.2%, 연료전지 부문은 9.0%, 전자장치는 6.9%에 달하고 있다. 또한 부품 클러
   스터별 지난 2년간 특허 건수는 전자장치 부문이 2,208건, ADAS 부문은 1,957
   건으로 각각 1,2위를 기록하고 있다.
9) 김재형, 미래차 SW인력 국내 1,000명도 안 돼, 동아일보, 2022.2.4.
10) 산업미래전략위원회, 담대한 전환─대한민국 산업미래전략 2030보고서, ㈜ 잇
   플ITPLE. 한국공학한림원, 2021.10.
11) NAEK VOICE The 55th, 자율주행 '글로벌 1등 코리아로'로 가는 길, 한국공학
   한림원, 2022.6.
12) 신희철, 스마트 모빌리티 구현을 위한 전략과 과제, Research Brief No. 33, 경
   제인문사회연구회 혁신성장연구단, 2019.1.

참고문헌

존 하겔, 존 실리브라운, 두리샤 쿠라수리야, 크레이크 기피, 밍밍첸(역자: 딜로이트 안진회계 법인), 제조업의 미래, 변화하는 세상에서 물건 만들기, 딜로이트대학출판사, 2015.

산업통상자원부, 청정수소 인증제 운영방안, 2023.12.

산업통상자원부, 수소산업 소부장 육성전략, 2023.12.

산업통상자원부, 세계 1등 수소산업 육성전략, 2022.11.

산업통상자원부, 청정수소 생태계 조성방안, 2022.11.

산업통상자원부, 제1차 수소경제이행 기본계획, 2022.3.

산업통상자원부 등 관계부처 합동, 수소경제 성과 및 수소선도국가 비전, 2021.10.

산업통상자원부, 수소안전관리종합대책, 2019.10.

산업통상자원부 등 관계부처 합동, 수소경제 활성화 로드맵, 2019.1.

산업통상자원부, 자동차 부품업체 미래차 전환 및 수출 지원대책, 2023.5.

산업통상자원부, 자동차산업 글로벌 3강 전략, 2022.9.

산업통상자원부, 자동차 부품기업의 미래차 전환 지원전략, 2021.6.

산업통상자원부 등 관계부처 합동, 미래 자동차 확산 및 선점 전략, 2020.10.

산업통상자원부 등 관계부처 합동, 미래 자동차 산업 발전 전략, 2019.10.

산업통상자원부, 미래차 산업 발전전략, 2018.2.

한국공학한림원, 담대한 전환, ㈜잇플ITPLE, 2021.10.

한국공학한림원, 새로운 100년 산업혁명, '추월의 시대로 가자, 2021.11.

김주홍, 미래차로의 전환과 당면과제, KIET 산업경제, 2024.1.

김재형, 미래차 SW인력 국내 1000명도 안돼, 동아일보, 2022.2.4.

성윤모, 신성장 동력을 만들자, 전자신문, 2022.2.28.

신희철, 스마트 모빌리티 구현을 위한 전략과 과제, Research Brief No. 33, 경제인문사회연구회 혁신성장연구단, 2019.1.

이슬기, 국내 수소산업의 경제 현황과 경쟁력 강화방안, KIET 산업경제, 2023.11.

NAEK VOICE The 55th, 자율주행 '글로벌 1등 코리아로'로 가는 길, 한국공학한림원, 2022.6.

나승식(한국자동차연구원장), Quo Vadis, Vehiculum, 2022.11.

5

산업 대전환의 시대, 제도혁신을 이루자

1 산업 대전환 시대의 도래

산업강국 나침판: 산업 대전환으로 나아가자[1] (전자신문, 2022.2.7)

거대한 기회의 창이 열렸다. 4차 산업혁명 기술혁신, 탄소중립 에너지 전환, 글로벌 가치사슬 재편이 전 지구적으로 동시 진행되고, 코로나 19의 확산은 이를 더욱 심화시키고 있다. 머지않아 재편될 국제질서 속에서 새로운 가치와 기술에 따라 세계의 패권지도는 다시 그려질 것이다. 세계 최고 수준의 제조역량을 바탕으로 산업화 시대의 선진국 문턱을 넘은 대한민국은 다시 거대한 변화의 소용돌이를 맞고 있다. 임인년 새해, 대한민국은 산업 대전환을 통해 향후 100년간 흔들리지 않는 산업강국을 만들어야 한다는 과제를 안고 있다.

디지털화, 지능화로 대표되는 4차 산업혁명은 기술혁신을 폭발시키면서 전통적 산업경계를 무너뜨리고 있다. 1차, 2차, 3차 산업분류는 더 이상 의미가 없다. 나아가 제품, 서비스의 경계가 없어지고 상호 융합하면서, 이제 제품은 소유의 대상이 아닌 활용 대가를 받는 대상으로 변화하고 있다. 기술혁신이 이러한 변화의 주역이다. 데이터와 인공지능의 디지털 세계와 물리적 세계가 사물 인터넷으로 실시간 연동되면서 상호순환 작용을 통해 모든 산업에서 생산성을 높이고 새로운 부가

가치를 창출하고 있다. 우리나라는 GDP 대비 제조업 부가가치 비중이 27.1%('20년)로 독일 18.2%, 일본 19.7%, 미국 11.2%보다 높다. 유엔산업개발기구(UNIDO)에 의하면 2020년 기준 한국 제조업 경쟁력은 독일, 중국에 이어 세계 5위를 차지하고 있다.[2] 그리고 한국은 제조 활동을 둘러싼 산업생태계가 잘 구축되어 있어, 세계경제포럼('18년 WEF)에 의하면 세계 2위의 강력한 생산구조를 가진 나라로 평가받고 있다. 특히 한국은 자동차, 조선, 철강, 석유화학 등 주력산업과 5G, 반도체, 바이오, 이차전지 등 신산업이 함께 하는 탄탄한 산업구조를 지니고 있다. 세계적으로 주력산업과 신산업이 함께 발전되어 있는 국가는 미국, 중국, 독일, 일본, 한국 정도를 꼽을 수 있을 뿐이다. 한국은 산업구조 다양성 측면에서는 독일, 프랑스, 영국보다 다양해서 디지털화의 파급효과가 매우 클 것이고, 디지털화 측면에서는 일본, 독일보다 앞서고 있어, 4차 산업혁명 주도국으로 부상할 수 있는 잠재력을 가지고 있다. 한국은 디지털과 인공지능의 산업화 측면에서 매우 유리한 위치에 있다. 이것이 바로 우리가 4차 산업혁명에 주목하는 이유다.

2050년 탄소중립 선언, 유럽의 탄소 국경세 도입, RE100 및 ESG 경영의 확산 등 탄소중립과 친환경화가 전 세계적으로 급속히 확산되고 있다. 탄소중립은 시장진입 규제, 무역장벽으로 작용하여 선진국의 사다리 걷어차기 성격을 지니고 있지만, 기술혁신, 신산업 창출을 통해 지속발전 가능한 성장의 원천 마련이라는 의미도 함께 지니고 있다. 글로벌 시장 개방적 산업구조를 갖춘 우리나라는 친환경 에너지 중심의 에너지 전환을 통해 에너지 수급구조를 바꾸고, 철강, 석유화학 등 탄소 다배출 산업의 구조전환과 전산업의 친환경화라는 산업구조 혁신을 통해 탄소중립을 추진해야 한다. 제조업 비중이 상대적으로 크고, 탄소중립 달성까지 남은 시간이 상대적으로 짧으며, 주력산업의 에너지 효율이 세계 최고 수준인 우리나라에게 탄소중립은 매우 어렵지만 궁극적으로 기술혁신과 산업구조 개혁으로 달성해야 하는 필수 과제이다. 탄소중립은 대한민국이 극복해야 할 위기이자, 활용해야 할 기회이다.

제2차 세계대전 이후 브레튼우즈 협정과 GATT 협정으로 자유무역이 확산되었고, 1995년 WTO 출범과 2001년 중국의 WTO 가입으로 전 세계는 저비용, 고효율을 추구하는 글로벌 가치사슬 체제가 구축되었다. 하지만 중국의 급속한 부상에 따라 미중 분쟁이 격화되고, 코로나 19 확산으로 글로벌 가치사슬이 재편되고 있다. 글로벌 가치사슬 형성과 확산에 있어 저비용, 고효율만이 아닌 공급 안정성이라는 새로운 기준이 도입되었다. 세계 패권경쟁이 격화되면서 전략적 가치를 중심으로 경제와 안보가 함께하는 글로벌 가치사슬로 재편되고 있다. 세계무역과 글로벌 가치사슬의 확대와 함께 급속히 성장해 온 한국은 새로운 국제경제 질서 변화에 대응하면서, 우리나라만의 고유한 전략적 가치를 확보해야 한다는 과제를 안고 있다. 특히 우리나라 무역의 40% 정도를 차지하고 있는 미국과 중국의 패권경쟁에 대한 대응은 우리나라의 생존과 직결되는 현안 과제이다.

글로벌 트랜드 변화에 대응해서 대한민국 산업이 나아가야 할 길은 바로 '아무도 흔들 수 없는 기술주권을 확보한 산업강국'을 만드는 일이다. 대한민국은 신산업과 주력산업의 대대적인 구조개혁으로 지속적인 성장을 이룩하는 산업 대전환을 이룩해야 한다. 우선, 새로운 시대에 맞는 새로운 패러다임 도입이 시급하다. 첫째, 더 이상 추격자가 아닌 퍼스트 무버로서 새로운 가치와 방법에 도전, 재도전해서 성공 경험을 축적하고, 우리만의 핵심 자산을 만들어야 한다. 특히 기술혁신은 물론 이를 실제 성장으로 연결시키는 제도혁신이 필수적이다. 둘째는 GDP, 경제성장률 등 양적 성장목표가 아닌 고용 창출, 양극화 해소 등 경제, 사회 문제를 해결하는 질적 성장을 목표로 삼아야 한다. 경제 활동에 참여하는 모든 주체가 함께 성과를 공유하면서 발전하는 것이 목표가 되어야 한다. 셋째는 비용과 효율에 의한 자유무역 경쟁력이 아닌 새로운 글로벌 가치사슬에서 전략적 가치를 확보해야 한다. 대한민국은 세계 최고의 제조역량을 기반으로 전략기술을 확보하여 글로벌 가치사슬에서 우리가 아니면 안 되는 기술, 제품, 서비스, 기업 등 우리 만의 핵심 자산을 만들어 누구도 흔들 수 없는 경쟁력을 확보해야 한다. 넷째로는 민간과 정부가 함께 새로움에 도전하고 위험을 공유하고, 실패와 성공 경험을 축적해 나가야 할 것이다. 이러한 민관의 연대와 협력은 대기업과 중소기업 간, 수요기업과 공급기업 간, 그리고 산업 내, 산업 간에서 활발히 일어나야 한다, 나아가 국가 간, 글로벌 기업 간에도 적용되어야 함은 물론이다.

새로운 기회의 창이 열렸다. 대한민국은 충분한 잠재력을 지니고 있다. 임인년, 새 아침이 밝았다. 바로 지금부터다. 대한민국 산업 대전환을 시작하자!

Q

거대한 기회의 창, 4차 산업혁명이란 무엇인가요?

A

4차 산업혁명이란 상품의 생산, 유통, 소비 등 전 과정에 걸쳐서 모든 것이 연결되고 지능화되면서 생산성이 극대화되는 차세대 산업혁명을 일컫는 용어로서 2016년 스위스 다보스 포럼의 의장이었던 클라우스 슈왑(Klaus Schwab)이 처음 사용하였다. 4차 산업혁명 시대에는 인공지능(AI), 사물 인터넷(IoT), 빅데이터 등 정보기술의 발전과 활용을 통한 초연결(hyperconnectivity), 초지능(hyperintelligence)이 경쟁력의 원천이다.

4차 산업혁명은 제조업 가치사슬의 확장 및 제고라는 커다란 변화를 초래하고 있다. 즉, 4차 산업혁명 시대의 도래에 따라 제조업에서는 디지털 기술을 활용하여 생산 유연화, 제품 지능화, 서비스 고도화, 신산업 창출 등 산업의 부가가치를 혁신시키는 디지털 전환이 급속히 확산되고 있다. 우선 제조업 디지털 전환은 제품·공정·가치 혁신의 원천이 되어 기업 차원에서는 스마트화, 업무 효율화, 비용 절감을 이룩하고, 생산 혁신과 글로벌 공급망 재편이라는 결과를 초래했다. 또한 제조업 차원에서는 초연결성 기반의 플랫폼이 발전하면서 새로운 비즈니스 모델이 출현하고, 산업간 연계와 융합, 신산업이 출현하는 모습으로 나타났다. 나아가 국가 차원에서는 생산가능곡선 자체를 이동시켜 국가 성장잠재력을 확장시키는 효과를 가져왔다. 세계 각국은 자국 사정에 맞추어 전략적인 제조업 디지털 전환에 중심을 두고 있다. 독일은 제조와 서비스 융합이라는 새로운 비즈니스 모델로의 전환을, 미국은 연구개발, 제조 소프트웨어 등 신 제조업으로의 이행을, 일본은 자율운송로봇 시장의 소재부품시장 진출 등 니치마켓 선점을 중심으로 디지털 전환을 전략적으로 추진하고 있다.

우리나라는 산업디지털전환촉진법을 제정(2021.12.)하여 산업 디지털의 개념 정립, 추진체제 구축, 선도사업 지원, 인프라 구축과 함께 산업 디지털(데이터 포함) 생태계 조성을 체계적으로 추진해 나가고 있다. 산업 디지털 전환에 있어 산업 데이터의 중요성과 특성에 대한 이해가 필수적이다. 2025년 데이터의 90% 이상이 자동화 기계에서 생성될 것으로 전망되는 등 전체 데이터 중 산업 데이터의 비중이 대부분을 차지할 것으로 보인다. 특히, 산업 데이터는 공공 및 개인 데이터와 달리 활용 목적 결정 후 데이터가 확보되는 특성을 지니고 있어 기업자산 관점에서 접근해야 한다는 점이 중요하다. 산업 디지털 전환은 대한민국 산업 전환의 핵심 과제이며, 어쩌면 유일한 대안이라고 할 수 있다. 저는 장관 재임시 산업디지털전환촉진법 제정을 장관의 의무라고 생각했다. 산업디지털전환법의 제정 필요성에 대한 공감대 조성과 산업계의 의견 수렴 후 산학연 전문가의 지혜를 모아 법률 초안을 작성하였고, 관계 부처와 국회와의 지난한 설득 과정을 거쳐 마침내 2021년 말 동 법안이 국회를 통과하는 성과를 거두었다. 이제 출발선에 서있는 대한민국의 산업 디지털 전환이 성공하기 위해서는 앞으로 정부와 민간의 보다 많은 관심과 노력이 필요하다는 사실을 강조하고 싶다.

글로벌 시가 총액 5대 기업은 기존 에너지, 금융기업 중심('11년 액슨모빌, 애플, 페트로차이나, 로얄더치셸, 중국공상은행)에서 대규모 데이터와 플랫폼을 장악한 기업 중심('24년 2월 마이크로소프트, 애플, 사우디아람코, 알파벳, 아마존)으로 이동되었다. 우버(Uber), 에어비앤비(Airbnb) 등 글로벌 기업은 글로벌 시장에서 공유소비 플랫폼을 창출하는 등 새로운 시장을 지속적으로 만들어 내고 있다. 이와 함께 아마존이 전자상거래 기업에서 출발해서 물류, 웹서비스 시장으로 진출하여 기존 비즈니스 영역을 파괴하거나, 구글이 안드로이드와 딥 마인드(Deep Mind)를 인수하는 것과 같은 과감한 인수합병(M&A)도 활발히 일어나고 있다. 글로벌 시장에서는 4차 산업혁명이란 새로운 시대가 이미 도래하였고 본격적으로 확산되고 있다.

Q

산업혁명의 동인은 무엇이고, 시대별로 어떠한 의미를 가지고 있나요?

A

산업혁명은 파괴적(disruptive) 기술혁신을 통해 놀라운 생산성 증대를 가져왔고 나아가 우리가 생활하고 일하는 방식을 크게 바꾸어 왔다. 1차 산업혁명은 18세기부터 증기기관의 발명과 기계화로 대표되는 대대적인 생산성 혁신을 이루었고, 수천년 동안 지속되어 온 농업사회를 산업사회로 바꾸었다. 이제 일하는 동력원이 인간과 동물에서 기계로 이동하고, 그 기계를 움직이기 위한 동력원은 증기기관(Steam Engine)이 되었다. 기계화는 바로 엔진(engine)의 발명에 힘입은 바가 크다. 특히 1차 산업혁명으로 새로운 학문 영역인 공학이 탄생되었다는 사실은 매우 흥미롭다. 공학은 기능(Skill)과 과학(Science)의 중간 단계라 할 수 있다. 공학은 현장에서 단순한 기술의 습득인 기능과 다르고 자연과 사회의 근본 원리를 찾는 과학과는 또 다르게 자연과학적 원리와 방법을 응용하는 공업기술에 대한 학문이라고 할 수 있다. 공학은 영어로 Engineering이다. 바로 엔진(engine)의 발명은 새로운 수많은 공업기술 발명의 출발점이었으며, 나아가 새로운 학문 분야를 창출할 만한 커다란 역할을 했다는 사실을 확인할 수 있다.3)

산업사회는 19세기와 20세기에 걸쳐 전기화와 대량 생산시스템으로 대표되는 2차 산업혁명을 통해 또 한 번 생산성 도약을 이룩했다. 전기화를 통해 밤을 낮과 동일하게 활용함으로써 하루 24시간 모두를 사용할 수 있게 되었고, 고층빌딩 건축 등이 가능하게 됨에 따라 활용할 수 있는 수직적 공간이 크게 늘어났다. 또한 노동자의 시간과 동작 연구를 바탕으로 하는 과업관리 시스템, 테일러 시스템(Taylor System) 등 과학적 경영관리 기법과 공장 자동화 활용 등을 통해 대량생산 시스템이 확산됨에 따라 산업화가 급속하게 진전되었다.

20세기 후반, 컴퓨터와 인터넷 발명으로 정보화로 대표되는 3차 산업혁명이 발생했다. 지식 정보화 시대를 맞이하여 물리적인 재화의 생산, 제조업 중심의 산업구조에서 무형적인 재화, 정보와 지식 중심의 산업구조로 이동하게 되었다. 특히 중세에서 근세로 넘어가는 중요한 계기가 되었던 크리스토퍼 콜럼버스의 아메리카 신대륙 발견에 견줄만한 인터넷이라는 보이지 않는 사이버 대륙(Cyber Continent)을 발명하였다. 콜럼버스의 신대륙 발견에서 알 수 있듯이 서유럽 국가들은 아메리카, 아시아, 오스트레일리아 등 새로운 대륙으로의 진출을 통해 엄청난 부를 창출했고 이를 바탕으로 강대국으로 부상하였다. 이후 신대륙을 찾기 위한 노력은 달 탐사를 비롯한 우주탐사로까지 이어졌으나, 인류에게 도약의 기회를 제공한 신대륙은 물리적 대륙이 아닌 인터넷 등 정보화 시대가 만든 인터넷 세상, 사이버 대륙이었다. 인터넷은 전 세계를 시공간을 초월한 진정한 하나의 시장으로 통합했고 전 세계를 하나의 네트워크로 연결했다.4)

지금은 초연결과 지능화를 통해 사물과 사람, 사람과 사람, 사물과 사물 관계를 연결하고 융합하는 새로운 세상, 4차 산업혁명 시대가 본격화되고 있다. 새로운 시대의 패권을 차지하기 위한 세계 각국의 경쟁이 치열하게 전개되고 있다. 1차 산업혁명 시대는 영국이, 2차, 3차 산업혁명 시대는 미국이 기술혁신을 주도하고 경제 및 안보 패권을 장악하였다. 이제 4차 산업혁명 시대를 맞이하여 "4차 산업혁명 시대의 패권 국가는 누가 될 것인가", "4차 산업혁명 시대의 패권을 차지하기 위해 무엇을 어떻게 해야 하는가"라는 물음을 갖게 된다.

Q

거대한 기회의 창, 탄소중립이란 무엇인가요?

A

탄소중립이란 배출한 이산화탄소를 다시 흡수해서 순수 증가된 이산화탄소 배출량을 0으로 만드는 것으로 넷 제로(Net-Zero)라고도 부른다. 탄소중립은 기후위기에 대응하여 안전하고 지속가능한 사회를 만들기 위한 온실가스 감축 목표이자 의지를 담은 개념이다. 탄소중립은 온실가스에 의한 지구의 기온 상승으로 인한 기후변화가 지구 공동체의 생존과 발전에 중대한 도전을 초래했다는 환경적, 윤리적 관점으로부터 출발했다. 하지만 기술혁신에 의한 신산업 창출 경쟁과 시장규제 도입으로 인한 진입장벽 만들기라는 의미도 함께 지니고 있다.

탄소중립 시대는 1989년 1월 오존층 파괴물질을 규제하는 '몬트리올 의정서' 채택으로부터 출발했다. 1992년 'UN 기후변화협약'으로 기후변화 방지를 위한 일반적인 원칙이 만들어졌고 1997년 '교토의정서' 체결로 선진국의 온실가스 감축 목표치가 명시적으로 규정되면서 구체화되기 시작했다. 마침내 2015년 12월, 195개 국가가 참여하여 산업화 이전 수준 대비 지구 평균온도가 2°C 이상 상승하지 않도록 온실가스 배출량을 단계적으로 감축하기로 하는 '파리기후변화협약'의 체결로 본격화되었다. 이후 영국, EU, 미국, 일본, 한국 등은 2050년 탄소중립을, 중국이 2060년 탄소중립을 선언하였고, 전 세계 약 138개 국가가 탄소중립을 선언하거나 지지하는 등 탄소중립은 거스를 수 없는 국제 사회의 대세로 자리를 잡았다. 금번 제28차 유엔기후변화협약당사국총회(COP28)는 2023년 11~12월 UAE 두바이에서 개최되어, 파리협정 이후 처음으로 전지구적 이행점검 결과를 도출하였다. 특히, 기후위기의 주범인 화석연료를 줄여야 한다는 내용이 명시된 합의문을 도출하고 기후 손실과 피해 기금이 공식 출범하는 성과를 거두었다. COP는 매년 회원국을 소집하여 기후변화 대응의 의지와 책임을 표명하고 기후관련 정책을 파악하고 평가하는 기구로서의 역할을 수행해 오고 있다.

탄소중립 실천은 세계 곳곳에서 다양한 모습으로 나타나고 있다. 우선 파리협약 체결에 따라 세계 각국은 2030년 국가 온실가스 감축목표(NDC, Nationally Determined Contribution)를 자발적으로 상향하여 제시하고 있다. 미국은 2005년 대비 50~52%, EU는 1990년 대비 55%, 영국은 1990년 대비 78%, 일본은 2013년 대비 46%, 한국은 2018년 대비 40% 감축 목표를 제시하고 있다. 한편 국제해사기구(IMO)는 2020년 선박 연료유의 황함유량 기준을 3.5%에서 0.5% 이하로 대폭 하향시켰다. 국제에너지기구(IEA)는 2035년부터 내연기관 차량판매 금지 등을 권고하였으며 UN은 ESG를 기준으로 하는 투자 및 자산 운용을 권고하는 등 국제기구를 중심으로 탄소중립관련 국제규범이 지속적으로 강화되고 있다. EU는 철강, 알루미늄, 시멘트, 비료, 전력, 수소 등 6개 품목에 대해 탄소국경조정제도(CBAM, 6개 생산제품 생산과정에서 나오는 탄소배출량 추정치에 세금을 부과하는 제도)를 2026년부터 본격 적용할 계획임을 발표하였다. 이와 함께 구글, 나이키 등 많은 글로벌 기업은 자신들이 사용하는 전력의 100%를 재생에너지로 충당하겠다는 RE100을 선언하였다. 나아가 자신과 거래하는 기업에도 RE100의 채택을 요구하면서, RE100은 민간 글로벌 기업을 중심으로 자발적으로 확산되고 있다. 또한 기업활동에 있어 친환경, 사회적 책임경영, 지배구조 개선을 실천하는 ESG 경영이 기업평가, 투자기준으로 채택되면서 글로벌 기업은 물론 많은 일반 기업도 ESG 경영을 선언하고 실천하는 등 널리 확산되고 있다.

　　탄소중립의 실현 가능성과 속도에 대해서는 다양한 시각이 존재한다. 중요하지만 어려운 과제라는 공통된 인식을 가지고 있지만 실현 불가능한 목표라는 인식에서부터 지금도 늦은 목표라는 인식에 이르기까지 매우 광범위하다. 탄소중립은 석탄, 가스 등 화석연료 사용에 대한 규제를 강화하고 RE100, ESG, 탄소국경조정제도 등 탄소중립 관련 신규 규제를 만들어 내고 있다. 이와 함께 태양광, 수소연료전지, 수소터빈 등 신기술 개발을 통해 신산업을 창출하는 기회를 제공하여 신산업을 선점하기 위한 경쟁을 촉진하고 있다. 탄소중립은 지구 공동체의 생존을 명분으로 내세우고 있지만 신산업 창출에 따른 경제적 이익의 선점을 위해 규제를 만들어 내는 사다리 걷어차기의 성격도 있다는 사실을 분명히 알아야 한다.

Q

우리나라의 탄소중립 추진 여건은 어떠한가요?

A

탄소중립은 어렵지만 가야 할 길이다. 탄소중립은 우리나라에게 위기와 기회를 동시에 주고 있다. 우선 우리나라는 온실가스배출 순위 7위('21년 중국 - 미국 - 인도 - 러시아 - 일본 - 독일 - 한국), 석유, 가스 순수입은 각각 5위, 3위, 화석연료 수입 의존도 81.8%('21년)로 온실가스 배출이 많고, 화석연료 의존도도 매우 높은 실정이다. 이는 우리나라가 GDP 대비 높은 제조업 비중('20년 한국 27.1%, 미국 11.2%, 일본 19.7%, 독일 18.2%), 높은 탄소다배출업종 비중('19년 한국 8.4%, EU 5.0%, 미국 3.7%, 일본 5.8%)으로 구성된 경제구조를 가지고 있기 때문이다. 나아가 탄소배출 정점 연도가 2018년으로 다른 선진국에 비해 5~18년 늦어 탄소중립을 달성하기까지 남은 시간이 상대적으로 짧다. 또한 높은 무역의존도('20년 G20 국가 중 수출 의존도 3위, 수입 의존도 4위)로 탄소중립관련 무역장벽 신설에 따른 영향에 직접 노출되어 있다. 특히 산업부문의 경우 우리나라 산업의 에너지 효율성은 세계 최고 수준으로 추가적인 향상을 위한 한계비용이 매우 높다. 또한 상대적으로 최신·고효율 설비를 갖추고 있으면서 최고 수준의 공정기술을 보유하고 있어 공정혁신과 연료·원료 전환 비용도 매우 클 것으로 보인다. 그리고 우리나라 대부분 주력산업은 자본·기술 집약적 산업으로 탈탄소화 이후에도 과연 경쟁력을 유지할 수 있을지가 불확실하다는 어려움도 가지고 있어 우리나라에게 탄소중립 달성은 매우 어려운 과제임에는 틀림없다.

하지만 세계 최초 수소법 제정(2020년), 신재생에너지공급의무화제도(RPS, 2012) 운영, 배출권거래제도(ETS, 2015년) 운영 등 선제적으로 친환경 제도를 운영하면서 탄소중립 시대의 경험을 축적해 오고 있다는 기회 요인도 있다. 이와 함께 수소차, 친환경선박, 배터리 산업과 디지털 산업의 경쟁력이 세계 최고 수준으로 탄소중립 시대를 선도할 수 있는 혁신역량도 보유하고 있다. 탄소중립이란 친환경 에너지 중심으로 에너지 수급구조를 전면적으로 바꾸면서, 동시에 탄소 다배출 산업구조를 친환경 산업구조로 전환해야 하는 매우 도전적인 혁신과제이다. 탄소중립은 우리가 극복해야 할 위기이지만 새로운 시대의 선도자로 도약할 수 있는 기회이기도 하다.

Q

우리나라의 탄소중립 추진 전략은 무엇인가요?

A

2020년 10월, 우리나라는 2050년 탄소중립을 선언했고, 2021년 12월, 2030년 국가 온실가스 감축목표(NDC)를 35%에서 40%로 상향 조정했다. 2021년 10월, 2050년 탄소중립 실현을 위한 추진방향을 수립·발표하고 우리 산업의 새로운 경쟁력과 미래 먹거리 창출, 기업의 당면 어려움 극복, 공정한 대전환을 기본방향으로 삼아 4대 추진전략을 추진했다.5) 우선 청정에너지로의 전환을 가속화하기 위해 석탄발전 감축, 화력발전의 무탄소화, 재생에너지 확대, 전력망·인프라 확충, 전력시장 개선과 에너지 수급대응체제를 추진했다. 둘째로는 핵심기술 확보, 기업 투자 부담 경감, 규제 확대와 저탄소 시장 확대, 저탄소 전환 공급망 확보, 핵심자원 수급망 관리를 중심으로 산업구조의 저탄소 전환을 추진했다. 셋째로는 이차전지, 수소, 재생에너지, 탄소 포집·활용·저장 기술(CCUS), 에너지 신서비스 등을 탄소중립 기회의 신산업으로 육성했다. 이와 함께 중소·중견기업 맞춤 지원, 취약산업 지원, 지역 균형발전 등을 통해 공정한 전환을 추진했고 탄소중립법 제정, 탄소중립 산업 전환위원회 구성 등 탄소중립 전환 거버넌스도 구축하여 추진했다.

신정부는 우선 2030년 국가 온실가스 감축목표(NDC) 40%는 유지하되, 산업부문은 원료수급 곤란의 상황과 기술전망 등을 고려하여 일부 완화하되, 부족한 감축량은 전환부문(태양광, 수소 등)과 국제부문에서 각각 400톤씩 확대하겠다는 조정안을 확정(2023.4.)했다. 2023년 4월,

신정부는 책임 있는 실천, 질서 있는 전환, 혁신주도 탄소중립·녹색성장이라는 3대 방향과 4대 전략 12대 과제를 담은 '탄소중립 녹색성장 국가전략'을 발표하였다.[6] 우선 원전·신재생 에너지 등 무탄소 전원의 최대한 활용, 저탄소 산업 구조 전환, 국토의 저탄소화 등으로 책임감 있는 탄소중립 전략을 추진하고 과학기술 혁신, 규제개혁, 핵심산업 육성, 탄소중립 재정·금융·투자로 혁신적인 탄소중립 및 녹색성장 전략을 추진해 오고 있다. 이와 함께 에너지 소비절감, 지방중심 탄소중립, 산업·일자리 전환 지원을 통해 함께하는 탄소중립 전략을 추진하고 모든 주체별 기후위기 적응, 국제 사회의 이행 선도 등을 통한 능동적인 탄소중립 전략을 적극 추진하고 있다.

탄소중립 산업정책은 혁신기술개발－공정혁신－설비투자 촉진－저탄소시장 창출－순환경제 등 전주기를 관통하는 산업정책으로 추진해야 한다.[7] 철강, 화학, 기계, 반도체 등 주요 산업별 탄소중립은 중장기적으로 결국 신기술 혁신을 통한 원료·연료·공정 혁신과 자원순환, 산업구조 개편을 통해 달성해야 한다. 탄소중립에 따른 산업 대전환은 혁신적 기술·공정의 기술개발, 상용화에 대한 민간의 불확실성을 완화시키고, 10~20년 내 도전적 목표를 경제적으로 달성하는 속도전과 경제성 확보가 핵심이라는 사실을 강조하고 싶다. 이와 함께 산업 고도화는 글로벌 시장의 진출을 지향해야 하고, 그린 수소, CCUS, 재생 에너지 등 녹색 에너지 확보는 탄소중립 산업정책의 기본 전제라는 사실도 명심해야 한다.

대한민국 산업의 위상은 어떠한가요?

대한민국의 발전은 제조업의 성장과 함께하고 있다. 1960년 소득수준이 저소득 국가에 해당됐지만 2020년 소득수준이 고소득 국가에 해당되는 놀라운 성장을 이룩한 나라가 바로 대한민국이다. 대한민국 성장의 엔진인 제조업은 부가가치, 생산, 수출 기여도가 높고 전후방 파급효과가 매우 큰 혁신성장의 주역이다. 우리나라 제조업은 섬유, 봉제, 신발 등 경공업 중심 생산구조에서 철강, 자동차, 조선 등 중공업 중심으로 이동하였고, 다시 반도체, 디스플레이, 석유화학, 기계 등 ICT 산업과 자본재 산업의 발전으로 조립형·부품형 산업구조를 갖추게 되었다. 우리나라는 수출주도형 제조업 중심의 성장 정책을 추진하면서 시기별로 상이한 산업이 성장을 견인하고 우수한 복원력을 보이면서 단기간 내 높은 성장을 이룩한 결과 높은 제조업 비중과 다양한 산업 포트폴리오를 확보하고 있다.

대한민국은 제조업이 강한 나라다. 우리나라는 GDP 대비 제조업 부가가치 비중이 27.9%('21년)로 독일, 일본 등 다른 선진국들보다 높다. 우리나라 제조업은 독일, 중국 등에 이은 세계 5위('20년 UNIDO)의 경쟁력을, 세계 2위의 강력한 생산구조를 가진 나라로 평가('18년 WEF, 세계경제포럼)받고 있다. 특히 우리나라는 반도체, 석유화학, 철강, 정유산업과 같이 막대한 자본을 투자한 고도의 일관 설비를 초정밀하게 관리, 활용하는 제조능력은 세계 최고 수준이라고 할 수 있다. 우리나라는 메모리 반도체 압도적 세계 1위, 비메모리 포함 세계 2위('21년), 자동차 생산 세계 5위, 고부가, 친환경 선박 세계 1위, 산유국이 아님에도 석유화학 세계 4위 등 강력한 제조업 기반(2022년)을 가지고 있다. 또한 수소차 생산 및 보급 세계 1위, 이차전지 세계시장 점유율 2위, 바이오 생산능력 세계 1위 등 신산업이 새로운 주력산업으로 부상(2022년)하고 있다. 특히 세계 최초 5G 상용화, 세계 최고 수준의 디지털·ICT 인프라는 물론 반도체, 로봇, 디스플레이 등 고부가가치 혁신이 가능한 강력한 제조 역량도 보유하고 있다. 우리나라 산업은 주력산업과 신산업이 함께하는 산업구조를 가지고 있어 4차 산업혁명 시대의 도래로 인한 산업 디지털 전환에 따른 파급효과가 매우 클 것으로 기대된다.

대한민국 산업의 과제는 무엇인가요?

2010년대 중반 이후 우리나라 주력산업의 수출 증가율이 현저하게 둔화되면서 제조업 전반의 성장세가 둔화되었다. 우리나라 제조업의 수출 및 생산 증가율은 각각 2000~2010년 평균 10.5%, 9.3%에서 2010~2019년 평균 1.7%, 2.2%로 급속히 하락하였다. 한편 우리나라 산업의 구조변화 지수 추이를 보면, 전산업의 경우 1970년대 0.039에서 2010년대 0.018로 절반 이상 떨어졌고, 제조업의 경우도 절반가량 하락했다. 구조변화 지수의 평균치가 낮아지고 있는 것은 1990년대 이후 제조업 중심 한국 경제의 고도성장이 종료되고 안정 성장기로 접어들면서 성장률이 추세적으로 하락하고 있다고 볼 수 있다. 그리고 제조업의 성장이 확장형에서 구조조정형으로 전환되었다고 할 수 있다. 이제 우리나라는 산업 전체적으로 자원 배분의 효율성을 제고시키고, 산업 활력을 회복시켜야 한다는 당면 과제를 안고 있다.[8] 이와 함께 중국은 급속한 경제 성장과 함께 제조업 전반에서 비용 경쟁력은 물론 기술 경쟁력까지 확보함에 따라 주요 업종에서 한중 간 경쟁이 격화되고 있으며, 많은 세부 업종에서 중국의 위협이 가시화되고 있다. 또한 혁신기술의 융복합화, 제조와 서비스의 융합이 크게 진전됨에 따라 주력산업의 범위와 제품이 융합되고 변화되는 등 경쟁의 대상과 구조가 크게 변화하고 있다. 우리나라 제조업은 글로벌 시장에서의 경쟁 대상과 구조가 크게 변화하고 있어 이에 대한 대응 전략의 마련이 시급한 상황이다.

한국공학한림원 조사결과(담대한 전환, 2021)에 따르면 한국경제의 최대 문제는 장기 구조적 저성장세의 지속이다. 주력산업 고도화와 신성장 산업 육성이 문제 해결의 열쇠로 제시되고 있다. 보다 구체적으로 살펴보면, 한국 제조업의 침체 및 위기는 구조적 문제라고 진단하면서 구조적 문제의 이유로 주력산업의 구조개편 미흡과 신성장 산업의 진출 미흡을 첫 번째, 두 번째로 들고 있다. 우리나라가 산업구조 개편을 성공적으로 달성하기 위해서는 우리 제조업의 장점을 최대화하되 단점을 최소화해야 한다. 우리나라 제조업은 다양한 산업 포트폴리오(Variety), 변화에 대한 적응 속도(Speed), 수요－생산의 역동성(Dynamics), 변화에 대한 유연성(Flexibility) 그리고 운영 기술과 숙련 인력(Operation Technology) 확보라는 장점을 가지고 있다. 반면, 높은 국내 생산비용, 대기업 중심의 불균형 산업구조, 신뢰 자산의 부족, 작은 내수 기반과 산업의 미분화 그리고 도전과 혁신의 미흡이라는 단점도 함께 가지고 있다.

대한민국은 짧은 시간 내 산업화 시대의 선진국 도약에 성공했지만, 이제 다시 우리나라 제조업의 장점을 최대화하고 단점을 최소화시키면서 4차 산업혁명 시대에 맞추어 새로운 산업구조로 전환해야 한다는 과제를 마주하고 있다. 대한민국 산업이 나아가야 할 길은 기존 주력산업에 대한 구조개편을 실시하여 초격차를 지속 유지하면서 신산업의 끊임없는 창출과 성장으로 이어지는 산업구조로의 혁신을 이루는 길이다.

대한민국 산업의 발전과 시대적 흐름은 어떠한 관계를 가지고 있나요?

A

새로운 패러다임의 도래는 새로운 도약의 기회이기도 하다. 승부는 자신, 상대방, 여건에 의해 결정된다. 물론 승부에서 이기기 위해서는 우선 자신이 최선을 다하여야 한다. 하지만 상대방이 어떻게 하는지, 승부의 여건이 어떤지도 매우 중요한 요인이다. 대한민국이 선진국으로 도약할 수 있었던 요인은 물론 우리의 노력이 가장 중요했지만, "시대적 여건도 우리 편이었다."라고 할 수 있다.

우리나라는 1910년 제국주의 시대에는 일본의 대륙 진출을 위한 교두보라는 지정학적 가치밖에 지니고 있지 않았다. 당시 일본은 중국 대륙으로 진출하기 위해 대한제국의 합병이 꼭 필요했지만, 미국, 영국, 프랑스, 독일 등 서구 제국주의 국가들은 대한제국에 대해 커다란 관심이 없었다. 결국 우리나라는 일본에게 강제 합병되고 말았다. 1945년 일본 패망 이후, 우리나라는 남북으로 분단되면서 남북간 전쟁까지 겪는 등 자본주의와 사회주의 이념 및 체제 경쟁의 최전선 역할을 담당했다. 대한민국은 제2차 세계대전 이후 냉전시대에는 미국 등 자본주의 국가에게 이념 및 체제 경쟁의 대표라는 전략적 가치를 지녔다. 미국과 소련을 중심으로 전개된 이념 및 체제 경쟁은 소련의 붕괴 등으로 말미암아 미국 등 자본주의 국가가 주도하게 되었고, 우리나라는 미국 등 자본주의 국가들과 함께 발전해 나갈 수 있는 구도를 갖추게 되었다. 특히 미국이 1946년부터 1978년까지 우리나라에게 총 60억 달러의 유무상 원조를 실시하였으나, 아프리카 전체 국가들에게는 총 69억 달러만 지원했다는 사실은 바로 당시 대한민국이 지닌 전략적 가치를 확인시켜주고 있다. 대한민국은 해방 이후 자본주의 · 민주주의 체제 채택으로 새로운 전략적 가치를 확보하였고 이를 잘 활용하여 국가 발전의 토대를 만들 수 있었다.

　　우리나라가 본격적으로 경제발전을 시작한 60년대 이후 세계 경제는 무역자유화가 크게 진전되었다. 우리나라가 채택한 강력한 수출주도 성장전략은 세계 경제의 무역자유화 확산과 상승효과를 일으켜 급속한 경제성장이라는 성과를 얻을 수 있었다. 특히 우리 경제의 주요 파트너가 세계 경제성장을 견인하는 미국, 일본, 중국으로 이어짐에 따라 지난 70년간 산업발전을 지속하고 산업구조 전환도 성공적으로 이룩할 수 있었다. 만일 세계 경제 성장률은 동일하되 미국, 일본, 중국이 아닌 유럽, 브라질, 남아프리카공화국 등 우리로부터 훨씬 멀리 떨어져 있고 경제적 관계가 덜 밀접한 국가들이 세계 경제성장을 주도했다면 결과는 어떠했을까. 역사의 가설은 과학적으로 증명되기 어렵지만, 현재와는 많이 달랐을 것으로 생각된다. 세계 무역자유화 주도국이자 최고 기술과 최대 시장을 가진 미국, 제2차 세계대전 이후 제조업 강국으로 자리잡은 일본에 이어 세계의 공장, 거대한 내수시장을 가지고 급속하게 성장하는 중국, 모두가 대한민국 산업의 단계적 발전에 크게 기여했다. 우리나라는 각 산업발전 단계별로 미국, 일본, 중국의 시장, 인력, 기술, 산업 부문의 도움, 협력과 경쟁을 통해 경공업 중심에서 중화학공업 중심 산업구조로 전환하고 소비재 중심에서 소재부품장비, 중간재 중심의 산업구조로 이동하면서 튼튼한 ICT 산업 육성과 함께 강력한 한미중일 가치사슬을 형성할 수 있었다. 특히 90년대 정보화 시대가 도래함에 따라 전자산업이 아날로그에서 디지털로 전환되지 않았다면, 당시 전자산업의 패권을 가지고 있던 마쓰시다, 소니 등 일본의 전자산업을 삼성, LG 등 한국의 전자산업이 넘어설 수 없었을 것이다. 이후 우리나라는 반도체, 휴대폰, 디스플레이, 5G 등 ICT 산업발전을 지속했고 AI, 빅데이터 등 4차 산업혁명 시대를 선도할 수 있는 역량을 보유하기에 이르렀다. 우리나라는 무역자유화, 미국·일본·중국과의 협력, 디지털 전환 등 새로운 시대에 맞추어 성공적인 경제 성장을 이룩하여 선진국 진입이라는 성과를 올리면서 대한민국의 전략적 가치를 높이고 있다.

하지만 미중 패권경쟁이 격화되고 무역 자유화가 둔화되면서 글로벌 공급망이 재편되는 등 세계 경제는 새로운 패러다임으로 전환되어 가고 있다. 우리나라의 경우, 중국의 추격이 매섭다. 중국은 전자, 철강,

조선 등 주력산업의 세부 산업 분야에서 한국과 동등하거나 앞서 나가고 있고, 반도체 등 핵심 산업에서 추격을 가속화하고 있다. 하지만 미중 패권경쟁의 격화에 따라 글로벌 공급망이 재편되면서 특히 메모리 반도체 분야에서 중국의 추격이 주춤하고 있다. 다행스럽게도 우리나라가 메모리 반도체 등 주력산업 분야에서 핵심 역량을 강화하고 초격차를 유지할 수 있는 추가 시간을 벌게 되었다. 이제 우리나라가 현재 확보된 추가 시간을 어떻게 활용하느냐에 따라, 대한민국 산업의 미래가 결정될 것으로 보인다.

한편 일본은 1964년 동경 올림픽을 제2차 세계대전의 패전을 극복하고 경제부흥을 세계에 알리는 계기로 활용했다. 일본은 잃어버린 30년을 극복하고 다시 일어서는 계기로 활용하고자 2020년 동경 올림픽을 유치했다. 하지만 2020년 동경 올림픽은 코로나 19가 전 세계로 확산됨에 따라 2021년으로 1년 연기되었고 코로나 19의 지속으로 연기된 올림픽은 관중 없는 경기로 진행되었다. 2021년 동경 올림픽의 흥행 부진은 일본의 문제가 아닌 코로나 19 확산이라는 시대적 상황의 문제였다. 결국 2021년 동경 올림픽은 당초 목적인 일본의 부활을 만드는 계기가 되지 못했다. 일본은 제2차 세계대전 패전 이후 한국전쟁을 계기로 다시 일어서고 세계 자유무역 시대의 번영을 누리면서 경제 대국이 되었으나, 정보화, 디지털 시대의 흐름을 크게 활용하지 못하고 성장이 정체되는 모습을 보여주고 있다. 반면 우리나라는 세계 무역자유화 시대의 혜택, 미국, 일본, 중국과의 경쟁과 협력, 디지털 시대의 도래 등 시대별 흐름을 잘 활용해 오고 있다.

이제 4차 산업혁명 시대, 탄소중립 시대, 글로벌 공급망 재편 등 거대한 기회의 창이 다시 열리고 있다. 세계 각국은 모두 새로운 시대의 흐름을 잘 활용해야 한다. 대한민국은 새로운 세계 경제 패러다임에 맞추어 산업구조 혁신, 산업 대전환이라는 과제를 가지고 있다. 지금이 바로 새로운 시대를 우리 편으로 만들어야 하는 시점이다.

Q

대한민국 산업이 나아가야 할 길은? 1. 혁신 성장의 선도자가 되자

A

대한민국 산업이 나아가야 할 길은 세계 경제 패러다임의 전환이라는 새로운 시대를 맞이하여 '아무도 흔들 수 없는 기술주권을 확보한 산업강국'을 만드는 일이다. 이를 위해 신산업과 주력산업이 지속 성장을 이룩하는 산업구조로의 혁신인 산업 대전환을 이룩해야 한다. 산업 대전환은 선도자 혁신성장, 질적 성장, 연대와 협력으로 전략산업 육성이라는 새로운 패러다임의 도입이 필수이다.

산업 대전환은 우선 이제 추적자(fast follower)가 아닌 선도자(first mover)로서의 혁신성장을 통해 이루어져야 한다. 우리는 산업화 시대에 가장 효율적인 추격자였다. 정답이 있는 삶을 살았다. 선진국의 성공 경험을 토태로 주어진 여건 속에서 가용 자원에 대한 철저한 분석을 통해 가장 효율적인 성장전략을 채택했고 경제성장을 성공적으로 이룩했다. 객관식 4지 선다형 문제의 정답 찾기와 같았다. 모든 문제에 최선의 정답이 있었고, 최선보다 부족한 차선은 틀린 답이 되었다. 우리나라의 모든 제도는 최선의 정답을 가장 효율적으로 찾아가도록 구성, 운영되었다. 최선이 아닌 차선의 선택은 실패로 간주했고 재도전 기회가 주어지지 않았다. 하지만 추격자 위치에서 효율적으로 작동하던 제도는 전례가 없는 새로운 해법을 찾아가는 선도자 위치에서는 제대로 작동되지 못하고 있다. 새로운 도전과 지속적인 축적이 모두 부족하기 때문이다.

우리나라는 반도체, 자동차 등 주력산업의 선도자이자, 수소경제, 이차전지 등 신산업의 창출자이다. 이제 가보지 않은 길을 새롭게 만들어 가는 혁신가이다. 더 이상 선험적인 정답은 없다. 이제 수많은 과감한 도전과 끊임없는 축적을 통해 자신만의 길을 만들어 나가야 한다. 대한민국은 새로움에 도전하고 재도전하면서 성공과 실패의 경험을 축적하고, 우리만의 핵심 자산을 만들어야 한다. 도전과 축적을 통해 이를 실현하게 만드는 제도혁신이 필수적이다.

Q

대한민국 산업이 나아가야 할 길은? 2. 질적 성장을 이루자

A

둘째로 산업 대전환은 더 이상 GNP, 경제 성장률 등 양적 성장 목표의 달성이 아닌 고용 창출, 양극화 해소 등 경제, 사회 문제를 해결하는 질적 성장을 목표로 삼아야 한다. 산업 대전환을 통해 지속 가능한 경제성장을 이룩하기 위해서는 우선 경제 활동에 참여하는 모든 주체가 함께 성과를 공유하는 성장을 이룩하여야 한다. 최근 ESG 경영이 강조되는 이유이기도 하다. 질적 성장은 서로 다름을 인정하는 것으로부터 출발해야 한다. 그렇다고 경제발전에 따라 양극화를 줄이기 위해 성장을 저해하고 혁신의 성과를 줄이는 방법의 채택은 금물이다. 황금알을 낳는 닭을 죽이는 것과 같다. 노블리스 오블리제, 혁신 성과의 나눔은 필수적이다. 양극화의 확대는 지속 성장을 가로막는 최대의 장애물이기 때문이다.

예를 들면, 최저임금 결정에 있어서도 서로 다름을 인정하는 것이 중요하다. 최저임금 시급이 절대적 수준에 미달한 과거의 경우, 적정 수준과 속도로 일률적으로 최저임금을 인상시키면, 근로자의 생계 수준을 높여주고 회사의 생산성도 증대시킬 수 있었다. 하지만 최저임금 시급이 적정 수준으로 올라서면, 제조업과 서비스업별로, 제조업 중 뿌리산업과 IT산업 등 세부 업종별로, 현장직, 연구직, 사무직 등 직무별로 그리고 도시와 농촌 등 지역별로 최저임금관련 여건과 효과가 다를 수 있다. 이 경우 일률적인 최저임금 인상은 부문별로 중장기적으로 생산성과 근로자 복지 수준을 오히려 떨어뜨릴 수 있다. 이제 최저임금은 각 산업별, 세부 업종별, 직무별, 지역별로 최대 효과를 거두면서 노사간 상호 받아들일 수 있고 지속 성장이 가능한 수준에서 각기 결정되는 것이 합리적이다. 단, 구체적 여건에 따라 각기 결정된 결과로 얻은 지속 가능 성장의 효과를 근로자와 사용자가 함께 공유할 수 있는 제도적 장치를 마련하는 것이 필요하다. 이와 같이 서로 다름을 인정하고 찾아낸 개별 상황별 적합한 해법은 지속 가능 성장의 튼튼한 기반이 될 것이다.

Q

대한민국 산업이 나아가야 할 길은? 3. 연대와 협력을 통해 전략산업을 만들자

A

　　셋째로 산업 대전환은 민간과 정부, 대―중견―중소기업 간, 국가 간 연대와 협력을 통한 전략산업의 발전으로 이어져야 한다. 최근 세계 각국은 경쟁적, 명시적으로 산업정책 기능을 강화하고 있다. 각국 정부는 자국의 전략산업을 발전시키기 위해 세제, 재정, 금융, 기술 지원은 물론 안보 개념 확대, 기술보호 강화, 규제 신설 등을 통해 정부 역할을 확대해 오고 있다. 우리 정부도 민간과 연대와 협력의 강화를 통해서 전략산업을 적극 육성해야 한다. 전략산업은 글로벌 가치사슬이 복잡하고 최첨단 기술이 적용되며 대규모 투자가 필요한 산업으로 단시간 내 민간 기업의 힘만으로 경쟁력 확보가 어렵다. 우리 정부는 우선 민간의 전략산업에 대한 대규모 투자를 촉진하는 충분한 세제 및 재정 지원체제를 마련해야 한다. 이와 함께 전략산업의 경쟁력 확보에 필수적인 R&D, 인력양성, 표준화를 적극 지원하고 부지, 용수, 전력 등 인프라를 적기에 충분하게 제공해야 한다. 특히 민간의 혁신을 촉진하는 규제개혁은 물론 성장을 촉진하는 기술, 금융, 투자, 조달, 해외진출 제도를 지속 보완, 발전시켜 튼튼한 전략산업 생태계를 조성해 나가야 한다.

　　대기업과 중소·중견기업간 연대와 협력도 중요하다. 대―중소기업간 상생협력은 기업 성장전략이었다면 연대와 협력은 산업 생태계 혁신전략이다. 전략산업 경쟁력은 글로벌 기업만의 경쟁력이 아닌 생태

계 경쟁력에 의해 결정된다. 전략산업의 생태계가 얼마큼 안정적이고 효율적인지가 중요하다. 원료-소재-부품-제품으로 이어지는 전략산업의 글로벌 가치사슬에서 글로벌 기업과 중소·중견기업이 상호간 신뢰에 기반하여 안정적이고 효율적인 수요공급 관계를 형성하고 발전시켜 나가야 한다. 단순한 수급기업간 상생발전보다 포괄적인 연관기업 간 전략적인 연대와 협력이 필요하다. 또한 전략산업의 가치사슬은 동일 업종 내 대-중견-중소기업 관계를 넘어서 이업종 간, 중소기업 간, 대기업 간 연대와 협력을 통해 확산되고 발전되어야 한다. 연대와 협력은 유동성 지원, 수요창출 등 동종 업종 간, 대-중소기업간 현안 해결을 위한 위기극복 연대와 협력 모델에 그치지 말고 공급망 안정화, 디지털 전환, 사업 재편, 신시장개척 등 이종 업종 간, 대-대기업 간, 중소기업 간, 연관기업 간을 넘어 민간과 정부, 국가 간 미래를 준비하는 연대와 협력으로 확대되어야 한다.

최근 비용과 효율 중심의 자유무역체제에서 신뢰와 안정 중심의 글로벌 공급망으로 전환되면서 국가간 연대와 협력의 중요성이 강조되고 구체화되고 있다. 특히 글로벌 가치사슬 변화에 따라 인도태평양경제프레임워크(IPEF), 칩4 등 새로운 국가간 협력 체제가 결성되고 분야별 국제규범이 구체화되고 있다. 우리나라는 국가간 연대와 협력을 강화하여 새로운 국제협력 체제에 적극 참여하고 우리 기업의 경쟁력을 강화하는 내용을 새로운 국제규범에 반영해야 한다. 특히 새로운 글로벌 공급망 형성은 자유무역을 제한하려는 뺄셈이 아니라 안정적 글로벌 공급망 형성과 국가간 협력을 촉진하기 위함이라는 덧셈, 다자주의 원칙의 정립이 중요하다. 글로벌 가치사슬로 연결된 세계 경제는 경쟁과 협력을 통해 발전해 나가야 하기 때문이다. 이를 위해 국가 간 연대와 협력을 강화하는 통상정책이 중요한 시점이다. 우리 기업의 활동을 적극 지원하되 경제와 안보를 동시 고려하고 다자중심 자유무역 체제를 확산시켜 나가는 전략적 통상정책을 펼쳐 나가야 한다.

대한민국 산업의 전략적 가치는 핵심 산업에 있어 누구도 넘볼 수 없는 기술주권의 확보로부터 출발한다. 이는 글로벌 대기업 또는 우리나라만을 대상으로 하는 것이 아니라 정부와 민간, 글로벌 기업과 중소·중견기업 그리고 국가 간 개방적인 연대와 협력을 통한 기술공동체 형성을 통해 달성할 수 있다. 대한민국은 글로벌 경제 및 산업과 함께 발전해 나가야 하는 개방형 통상국가이기 때문이다.

3 산업 대전환 추진전략, 제도혁신

Q

대한민국 산업 대전환의 추진전략은 무엇인가요?

A

　대한민국 산업 대전환은 주력산업의 구조개편으로 초격차를 지속적으로 유지하고 신산업의 끊임없는 창출과 성장으로 이어지는 산업구조로의 개혁이다. 신산업 창출과 주력산업의 지속 성장은 디지털 전환의 가속화, 탄소중립 친환경화와 함께 융합화와 고부가가치화로 달성해야 한다. 특히 반도체, 이차전지, 미래 자동차, 소재부품장비산업 등과 같은 전략산업을 적극 육성하고 글로벌 가치사슬에서 핵심 기술력을 확보하여 대한민국 산업의 전략적 가치를 높여야 한다. 기술혁신은 물론 규제개혁 등 기술 친화적 제도혁신을 지속하고 연대와 협력, 도전과 축적을 촉진하는 시스템을 구축해야 한다. 특히, 대한민국 산업 대전환이라는 산업정책은 장기간에 걸쳐 지속적으로 추진되어야 한다. 이 과정에서 변화하는 대내외 여건에 따라 산업 대전환 정책의 방향이 맞는지, 정책의 추진 속도가 적절한지, 구체적인 정책 내용이 정합성을 갖는지를 매번 지속적으로 점검해 나가는 것이 중요하다.

　한국공학한림원 '담대한 전환(2021년)'에서는 산업구조 전환의 추진전략 및 과제와 함께 실행 방안으로 G5 메가프로젝트를 상세하게 제시하고 있다. 모든 산업은 시장개발－급성장－고도성장－성장정체·퇴조의 성장단계를 거친다. 각 산업은 성장단계별로 신기술－신성장－지속성장－구조개편 산업군으로 분류될 수 있다. 모든 산업은 하나의 성장주기가 끝남과 동시에 다음 성장주기를 거치면서 자신의 성장단계를 변화시켜 나가고 있다. 초경쟁의 저자 리처드 드와브니(R. A. D'Aveni)는 "성장의 지속은 부단한 산업 성장주기의 중첩을 통해서만 가능하다."고 강조하고 있다. 특히 "지속 성장은 지속적 자기잠식(self－cannibalization) 과정이며 부단한 자기 혁신에 의해서만 이룩할 수 있다."고 주장한다.

구조개편이 지속 성장으로 이어지기 위해서는 신기술 산업군부터 모든 성장단계를 다시 순차적으로 거치는 것이 아니라, 신성장 또는 지속성장 산업군으로 직행하는 등 성장단계를 건너뛰어야 한다. 즉 사업 일부를 스핀 오프하거나 사내벤처를 추진하여 신기술 산업군으로 진입하면서, 글로벌 M&A를 통해 신성장 산업군으로 직접 진입할 수 있다. 또한 고강도 연구개발을 통한 역량 강화로 초격차를 유지함으로써 지속성장 산업군으로의 진입을 추진하면서, 기존 사업 매각 및 신사업 인수를 통해 직접 신성장 산업군으로 진입하거나, 신시장 개척을 통해 직접 지속 성장 산업군으로 진입을 추진하는 경우도 있다. 이를 자동차 산업의 경우로 설명해 본다면, 내연 자동차 산업은 산업구조 개편 산업군이라고 할 수 있다. 핵심기술 확보를 통해 라스트 마일, 서비스 로봇 등 신기술 산업군으로 진입하는 전략을 추진하거나 전동화 및 커넥티드화로 커넥티드카 등 신성장 산업군으로의 진입 전략을 동시 추진할 수 있다. 또는 친환경화 및 지능화 추진으로 미래 자동차 등 지속성장 산업군으로 직접 진입하는 전략도 선택하여 추진할 수 있다. 대한민국 산업의 지속 성장을 위해서는 끊임없이 자기 혁신을 지속적으로 중첩시켜 발휘하면서 산업 대전환의 방향, 속도, 내용을 지속 점검해 나가야 한다는 사실을 다시 한 번 강조하고 싶다.

산업강국 나침판: 제도혁신을 이루자[9](전자신문, 2022.3.7)

기술혁명의 완성은 제도혁신이다. 기술혁신은 창조적 파괴와 건설을 동반한다. 기술혁명은 새로운 수많은 혁신, 창조적 건설을 품을 수 있는 새로운 패러다임의 도입이 필수적이다. 지난 산업혁명의 승자는 제도혁신을 이룩한 국가였다. 4차 산업혁명, 탄소중립, 글로벌 가치사슬 재편 등 거대한 변혁의 시대가 도래했다. 이제 거대한 변혁을 주도할 수 있는 새로운 기술, 가치, 전략을 담고 이를 실행할 수 있는 사고방식, 거버넌스, 법과 제도의 형성과 작동이 필수적이다. 대한민국은 산업화 시대의 성공 패러다임을 버리고 새로운 시대에 맞는 고유한 패러다임을 만드는 제도혁신을 이루어야 한다는 과제를 가지고 있다. 대한민국 산업 대전환을 위한 제도혁신이 시급하다.

제도혁신은 도덕, 법률 등 규범이나 사회구조 체제의 혁신을 일컬으며, 산업 대전환을 위한 제도혁신은 기술혁신 친화적인 규범과 구조의 형성으로 새로운 비즈니스모델이 자유롭게 창출, 성장해 나가는 패러다임을 구성하는 것이다. 경제학자 칼를로타 페레즈(Carlota Perez)는 "개인과 기업, 국가의 운명을 좌우하는 전환기(Turning Point) 이후 활용기(Development)라는 황금시대로 진입하기 위해서는 새로운 시대의 잠재력을 이해하고 실현되도록 하는 법과 제도의 마련이 긴요하다."고 주장하고 있다. 18세기부터 증기기관 발명으로 시작된 1차 산업혁명은 새로운 기술에 대한 권리를 두텁게 보호하는 현대 특허제도를 세계 최초로 마련한 영국을 중심으로 꽃 피우기 시작했다. 유럽의 수많은 혁신가들이 영국으로 몰려왔다. 영국은 기술혁신, 산업발전의 중심지가 되었고, 세계 경제를 주도했다. 19세기 말부터 20세기에 진행된 전기화라는 2차 산업혁명은 세계 최초 특허심사 체제를 갖추고 친특허 정책을 적극적으로 추진해 온 미국이 중심지가 되었다. 이어서 20세기 후반에 나타난 정보화라는 3차 산업혁명은 컴퓨터관련 특허인정 판결 등 새로운 기술혁신을 적극 수용·촉진하는 친특허 제도를 마련·추진한 미국이 다시 중심지가 되었고, 미국은 세계 경제를 주도하는 패권국가 지위를 유지하였다. 21세기 초반 디지털화, 지능화로 대표되는 4차 산업혁명 시대가 열렸다. 지난 산업혁명 사례에서 알 수 있듯이, 빅데이터, AI, 홀로그램 등 지능화 시대의 핵심 신기술을 확보·확산시킬 수 있는 새로운 제도를 누가, 언제, 어떻게 만들고 정착·확산시킬 것인가에 국가의 운명이 달려있다. 미국, 중국, EU 등 세계 각국은 지능화 등 4차 산업혁명 신기술의 권리화 기반 마련과 신산업 창출, 산업 전환 등 기술혁신을 담아낼 제도혁신에 주력하고 있다.

대한민국은 4차 산업혁명 시대에 맞는 그리고 새로이 형성되는 글로벌 가치사슬에서 한국 고유의 경쟁력과 초격차 기술력 확보를 통해 전략적 가치를 확보해야 한다는 과제를 지니고 있다. 이제 새로운 기술혁신을 뒷받침하는 법과 제도, 정책과 거버넌스 혁신인 기술친화적 제도혁신이 시급하다. 대한민국은 산업화 시대 추격자로서의 사고와 규범을 버리고, 지능화 시대 주도 국가로서의 새로운 제도를 마련하는 것으로부터 시작해야 한다. 보다 구체적으로 창의, 경험, 맞춤형 인재양성 중심의 인력공급제도 혁신, 디지털 IP 도입과 전략기술, 도전혁신형 R&D 중심의 국가 IP 및 R&D제도 혁신, 중장기 예산확보, 전략산업 투자 확대 중심의 예산제도 혁신, 혁신과 규제 간극 최소화 중심의 규제 혁신, 산업부, 과기부, 국토부, 중기부 등 부처간 연대와 협력 중심의 정부 거버넌스 혁신 등을 제도혁신 과제로 들 수 있다. 이와 함께 경제의 정치화 방지, 중장기 효과 극대화, 도전과 축적의 최대화 등 원칙을 유지하고 공정경쟁 확보, 투자환경 조성 등을 실현하는 교육·노동·환경·사회·경제구조 혁신은 제도혁신의 필수과제다.

제도혁신은 새로운 시대의 본질을 꿰뚫어 보고 새로운 규범을 만들어 실행하는 작업이 필요하다. 최근 크게 부각되고 있는 ESG가 제도혁신의 좋은 사례이다. ESG가 한순간 유행하는 단순한 기법인지 새로운 시대를 주도하는 대안인지에 대한 판단이 필요하다. 글로벌 기업의 탄생은 기술혁신을 통한 제품과 서비스의 양과 질 혁신뿐 아니라 금융 투명성 확보라는 당시 공익목적 달성을 위해 100년 넘게 지속 보완·발전시켜온 재무보고서, 증권거래위원회 설립 등 회계시스템 정비라는 제도혁신 덕분이라고 할 수 있다. 리베카 헨더슨(Rebecca Henderson) 하버드 대학교 교수는 자본주의를 바꾸려면 회계부터 바꾸어야 하며 자본주의의 지속 발전을 위한 대안으로 ESG를 제시하고 있다. 자본주의 탄생 이후 기업의 영향이 지속 확대되어 절대적 수준으로 확대되었고 환경 파괴, 경제적 불평등 등 공공문제도 지속 심화됨에 따라 시장, 기업, 정부간 역할 재정립이 필요하게 되었다. 리베카 헨더슨 교수는 기업의 역할에 주목하고 기업의 목적, 조직, 평가를 바꾸고 공익이 공동의 편익, 비용으로 명시화되어 시장에서 평가받고 성장하는 체제를 만들어야 하며 이를 ESG 경영과 정부의 제도형성으로 이루어야 한다고 주장하고 있다. ESG는 기업경영 평가지표의 전환에서 출발해서 기업의 목적, 조직, 평가의 전환을 포함하는 제도혁신 과제이자 나아가 시장과 정부의 역할을 재정립하여 자본주의를 지속 발전시켜 나가는 제도혁신 과제가 되었다고 할 수 있다. 이제 ESG는 새로운 시대의 발전을 이끌어 나갈 제도혁신 과제로서 정부와 민간은 ESG 정착 및 확산을 위해 보다 적극적인 노력이 필요하다 할 것이다.

2012년 필름 카메라의 대명사 코닥은 파산신청을 했다. 코닥은 디지털 사진 기술을 보유하고 세계 최초 디지털 카메라를 만들었다. 하지만 디지털 시대에 맞는 새로운 비즈니스모델인 디지털 기술을 휴대폰에 접목하는 제도혁신을 이룩하지 못하고 결국 파산에 이르렀다. 기업은 물론 국가 차원에서도 기술혁신과 함께 이를 담아내고 성장시킬 제도혁신이 중요하다. 4차 산업혁명이 열어 놓은 새로운 기술혁신 시대, 탄소 중립으로 새로운 산업구조로의 개혁이 절실한 시점 그리고 미중 분쟁에 따른 글로벌 가치사슬 재편으로 우리에게 추가로 주어진 시간 속에서 대한민국은 대대적인 제도혁신을 통해 산업 대전환을 이룩해야 한다. 제도혁신이 시급하다.

Q

최근 대한상의 등 민간 경제단체가 중심되어 제안한 산업 대전환 제언에 대한 평가를 해주신다면 무엇인가요?

A

2022년 10월부터 대한상의 등 민간 경제단체를 중심으로 산학연 전문가 약 100여 명이 모여 산업 대전환 포럼을 구성하여 논의를 시작한 후, 마침내 2023년 9월, 투자, 인력 등 6개 분야별 제언을 모아 산업통상자원부에 전달했다.[10] 산업통상자원부는 동 제안을 적극 검토하여 정책에 반영해 나갈 수 있도록 관계부처와 협의를 추진해 나가겠다는 입장을 발표했다. 대한상공회의소를 간사기관으로 한 투자분과에서는 국가투자지주회사 설립, Reverse-BTL 제도 시행, 산업영향 평가제도 도입 등을 제안하였고, 경영자총연합회와 산업기술진흥원을 간사기관으로 한 인력분과에서는 우수인재 레드카펫 프로젝트, HR 카라반, 산업계 주도형 인력양성 등을 제안했다. 산업기술평가관리원이 간사기관인 생산성 분과는 대형 임무지향형 미션 R&D, 국제협력 R&D, 스케일업 R&D 등을 제안하였고, 전국경제인연합회가 간사기관인 기업생태계 분과는 성장 촉진형 인센티브 제도, 성과중심 체제 등을 제안하였다. 그리고 한국무역협회를 간사기관으로 하는 글로벌 전략분과에서는 글로벌 최첨단 마더 팩토리, 첨단 연구개발 클러스터, 공급망 안정화 등을 제안하였고, 산업연구원을 간사기관으로 한 신비즈니스 분과는 규제혁신과 함께 AI, 로봇 등 11대 신비즈니스 등을 제안하였다.

대표적인 민간 경제단체가 간사기관 역할을 담당하고 많은 산학연 전문가가 참여하는 것은 물론 저명한 분들이 좌장 역할을 맡아 약 1년 동안 장기간 작업을 통해 도출한 산업 대전환 제안은 적절한 시점에 좋은 내용으로 구성되었다고 평가할 수 있다. 하지만 각 분야별 제안이 정부의 정책으로 확정되어 추진되지 않고 있는 것이 아쉽다. 산업정책은 정책 내용도 중요하지만 적절한 시점에 실행의 확실성을 확보하는 것이 매우 중요하다. 일본의 경우 주요 산업정책 수립 시 민관 공동 작업으로 정책 내용을 만들되, 민간이 정부에 동 정책 내용을 제안하면 정부가 이를 받아 정부의 정책으로 확정하여 실행하는 절차를 거치고 있다. 우리나라도 일본과 같은 정책실행 절차를 만들거나 최종 대통령 직접 보고 또는 총리주재 회의 의결 절차를 만들어 민관 산업정책의 실행력을 확보하는 방안을 마련할 필요가 있다. 현재 한국 공학기술한림원, 대한상의 등 민간단체에서 대한민국 산업 대전환에 대해 이미 많은 제안을 내놓고 있다. 이제부터는 이미 제안된 산업 대전환 과제의 구체화, 과제 간 우선순위 설정, 과제별 부처 간 합의 도출, 과제별 실행 체제 구축 등 산업 대전환 과제별 추진을 구체화하는 작업과 실행력을 확보하는 방안의 마련에 대한 보다 많은 관심과 노력이 필요하다.

리베카 헨더슨의 ESG 경영이 주는 시사점은 무엇인가요?

리베카 헨더슨 교수는 자본주의의 지속 발전을 위한 대안으로 기업의 역할 변화와 ESG 경영, 정부의 제도형성을 제시하고 있다. 구체적으로 기업 목적은 주주 우선, 이익 극대화에서 이해관계자, 중장기 공유가치 중심으로, 기업조직은 인간중심의 자율적 참여조직으로, 기업평가는 환경, 사회, 지배구조 3대 지표 중심으로 전환을 제안하고 있다. 그리고 시장 중심의 무한경쟁에서 경제 주체 간 협력으로 전환하고, 환경 등 공익 문제 해결을 위해서는 자율규제와 협력을 비용으로 명시화하고 처벌로 연계되는 정부의 지속적인 제도형성을 대안으로 제시하고 있다. 원칙적으로 리베카 헨더슨 교수의 분석과 제안에 동의하며, 이제는 이를 실현에 나가는 작업에 보다 정밀하고 지속적인 노력을 기울여야 한다고 생각한다.

현재 ESG에 대한 관심이 뜨겁다. 하지만 에너지 가격이 급등하고 인플레이션 압력과 고금리 수준이 지속되는 등 세계 경제가 어려움에 빠지면서 ESG 회의론도 고개를 들고 있다. 이런 상황에서 리베카 헨더슨 교수의 ESG에 대한 분석은 자본주의의 지속적 발전에 있어 좋은 시사점을 주고 있다. 우선 기업 역할의 강조다. 자본주의 초기의 과제는 자본가와 노동자의 계급투쟁을 극복하는 것이었다면, 현재의 과제는 급속한 성장으로 자본주의 발전에 있어 커다란 역할을 수행하고 있는 기업의 목적, 조직, 평가를 변화시켜야 한다는 사실이다. 나아가 기업의 역할 변화보다 더욱 중요한 사항은 변화된 목적, 조직, 평가에 의해 성장한 기업이 수익을 창출하여 시장의 주류가 되어야 한다는 것이다. 단순한 생존이 아닌 주류가 되어야만 자본주의의 지속 발전에 대한 대안이 될 수 있다는 지적이다. 이를 위해서는 환경 등 공익 문제 해결에 대한 비용과 편익을 시장에 반영하는 것이 관건이며 기업에 대한 재무제표 평가로부터 ESG 지표로의 전환을 해결 방법으로 제시하고 있다. 이러한 변화는 자유롭고 공정한 시장을 형성하려는 기업과 정부의 공동

노력에 의해서만 달성될 수 있다는 점을 강조하고 있다는 사실도 유의
해야 한다.

ESG는 새로운 시대를 주도하는 대안으로 떠올랐다. ESG를 정착시
키고 확산시켜 나가는 노력이 필요하다. 이 과정에서 리베카 헨더슨 교
수가 주장하고 있는 기업의 역할 변화, 시장의 주류 형성, 공익 문제 해
결의 시장화, 기업과 정부의 공동 노력이라는 핵심 이슈에 대한 정밀하
고 실천적인 방법의 모색이 필요하다.

Q

지식재산이란 무엇이고, 얼마나 중요한가요?

A

지식재산은 인간이 만들어낸 창의적이고 새로운 방법, 아이디어에
대해 배타적 사용권을 인정해 주는 것으로 산업재산권, 저작권, 영업비
밀 등으로 구성되어 있다. 산업재산권에는 우리에게 익숙한 특허권, 실
용신안권, 디자인권, 상표권이 포함된다. 역사적으로 최초 특허(Patent)
는 1331년 영국 에드워드 3세가 외국 직물기술자의 국내 정착을 유도
하기 위해 다색무늬직물 기술에 부여한 특허로 알려져 있다. 최초 특허
법은 1474년 이탈리아 베니스에서 제정한 특허법이지만 현대 특허법의
모태는 영국이 특허권자에게 독점권(14년)을 부여하는 전매조례(1623년)
로 볼 수 있다. 특허는 산업혁명 시대를 맞이하여 폭발적으로 늘어났고,
특허제도는 방적기, 증기기관 등 기술혁신을 촉진하는 중요한 역할을

수행했다. 이후 특허제도는 기계화, 전기화, 대량생산, 정보화 혁명을 촉진하고 이를 경제패권으로 연결하는 중요한 핵심 제도의 하나로 자리를 잡았다.

국가의 경제발전과 지식재산의 보호는 U자형의 상관관계를 보여주고 있다. 우리나라의 경우, 지식재산은 경제발전 초기에는 외국인 투자 촉진의 수단으로서 중요성은 낮더라도 어느 정도 보호 수준을 유지하였다. 그러나 1960년 이후, 본격적인 경제 발전을 추진하면서 기술도입과 개량·개선을 장려하는 수단으로 활용되면서 오히려 보호수준을 낮추었다. 그리고 1990년대 이후, 산업발전이 일정 궤도에 오르면서 독자 개발기술의 보호 역할이 강조되었고 보다 높은 보호 수준을 지향하고 있다. 국가의 경제발전과 특허의 관계를 살펴보면, G7 국가에서는 특허 건수가 1% 증가하면 1인당 GDP가 0.65% 증가한다는 상관관계(MPRA Paper, 2011년)를 보여주고 있다. 또한 특허 활동은 R&D 투자보다 GDP 성장에 효과가 더 크고, 고품질 특허를 보유할수록 GDP 성장률이 더 높다는 사실(Research Policy, 2010년)도 확인시켜 주고 있다.11)

윌리엄 번스타인(William Bernstein)은 경제성장과 인류의 진보를 이끈 4가지 요소 중 하나로 재산권을 들고 있고(부의 탄생, 2017년), S&P 500 기업의 가치 중 무형자산이 차지하는 비율('75년 17%, '95년 68%, '15년 84%, '20년 90%)이 급격히 커져가고 있다. 보다 구체적으로 세계적인 반도체 및 통신장비 기업인 퀄컴(Qualcomm)은 2개년(2020년~2021년) 평균 매출 258억 달러 중 로열티 수입이 약 70억 달러로 25%를 차지하고 있다. 파산하게 된 세계적인 통신 장비기업 노텔(Notel Networks)은 6,000여 건의 특허를 애플 등에게 45억 달러에 매각(2011년)하였고, 이어 모토로라 솔루션스(Motorola Solutions)는 17,000여 건의 특허를 구글에게 125억 달러에 매각(2011년)하기도 하였다. 특히 미국 법원에서 벌어진 삼성전자와 애플 간 특허와 디자인관련 1차 소송(삼성배상액 5억 9,950만 달러, 2011.4.~2018.6.)과 2차 소송(삼성 배상액 1억 1,960만 달러, 애플배상액 15.86만 달러, 2012.2.~2017.11.) 그리고 2018년 양사 간 합의 발표는 휴대폰 산업에서 지식재산권을 둘러싸고 얼마나 치열한 경쟁을 벌이고 있는지를 알려주는 좋은 사례이다.

이와 같이 특허 등 지식재산은 경제 성장의 중요한 요소일 뿐 아니라 부가가치 창출의 원천으로서 기업 간 경쟁의 핵심 수단이자 기업이 사라져도 거래되는 무형자산이기도 하다. 이러한 지식재산의 중요성은 4차 산업혁명 시대가 본격화되면서 더욱 커지고 있다.

Q

우리나라 지식재산의 위상과 현황은 어떠한지요?

A

우리나라는 산업화 시대에 성공한 산업강국이자, 지식재산 강국이다. 우리나라는 특허출원 세계 4위이고 GDP 및 인구대비로는 세계 1위이다. 또한 국제특허출원(PCT) 세계 4위이면서 한국어가 국제특허출원의 공식 공용어(10개, 2007년)로 사용되고 있는 등 높은 국제적 위상을 차지하고 있다. 특히 우리나라는 미국, EU, 중국, 일본과 함께 세계 지식재산 정책을 선도하는 5대 강국으로서 특허, 상표, 디자인 등 지식재산 분야별 IP5(Intellectual Property 5 Forum), TM5(Trade Mark 5 Forum), ID5(Industrial Design 5 Forum)의 상임 이사국으로 활동하고 있다. 나아가 우리나라 특허정보 시스템은 UAE, 사우디아라비아에 수출되어 외화를 벌어오면서 지식재산 행정 한류를 전 세계로 확산시켜 나가고 있다.

하지만 우리나라 산업재산권 제도는 새로운 경제 패러다임의 도래에 맞추어 대대적인 혁신이 필요한 상황이다. 우리나라 지식재산은 특허출원 건수 등 양적 측면에서는 선진국 수준이지만, 원천 및 핵심 특허의 부족, 기술이전 효율성 미흡 등 질적 측면에서는 아직 선진국 수준에 크게 미치지 못하고 있다. 우리나라는 2021년 24만여 건의 특허, 2만여 건의 PCT 국제특허를 출원하여 세계 4위 수준이다. 그리고 KAIST, 서울대의 국내 및 국제특허 출원 건수는 각각 1,011/430건, 958/483건으로 스탠퍼드의 402/391건에 비하여 양적으로 매우 많은 수준(2021년)이다. 하지만 국내 특허출원 건수대비 특허 비용은 KAIST 106만 원, 서울대 123만 원인 반면 스탠퍼드는 4,862만 원으로 40배 이상 더 많은 비용을 투입하고 있다. 그리고 기술이전 수입의 경우 KAIST와 서울대가 각각 69억 원인 반면 스탠퍼드는 1,350억 원으로 약 20배 높은 기술료 수입(2021년)을 올리고 있다. 또한 한미 양국 간 기술이전 계약 건당 기술료 수입과 기술이전 효율성(연구비대비 기술료 수입, 2019년)의 경우 우리나라는 19백만 원, 1.73%인 반면, 미국은 각각 346백만 원, 3.29%에 달하고 있다. 나아가 우리나라 지식재산권과 산업재산권 수지는 거의 매년 적자가 지속(억 달러, '19년 △5.3/△29.3, '20년 △20.2/△35.8, '21년 1.6/△21.7, '22년 잠정 △13.3/△26.2)되고 있는 실정이다. 이러한 사실로부터 우리나라 대학은 미국 대학에 비해, 우리나라는 미국에 비해 특허, 기술 등 지식재산의 질적 수준이 매우 낮다는 사실을 알 수 있다. 무엇보다도 우리나라의 지속적인 산업재산권 수지 적자는 지식재산 건수는 많아도 원천 및 핵심 지식재산의 부족, 즉 지식재산의 질적 수준이 미흡하다는 사실을 확실히 보여주고 있다.

이와 함께 우리나라는 지속적인 지식재산권 보호제도 개선에도 불구하고 지식재산 보호 수준이 아직 미흡하고(2023년 IMD 국가경쟁력 순위, 한국 특허 출원 4위, 지식재산권 보호 순위 28위), 중소기업 기술의 탈취가 증가되어 피해가 커지고 있으며, 특허침해 소송시 특허 전문성이 부족하여 권리자 보호가 미흡(특허침해소송 승소율은 7.7%로 일반 민사 소송 승소율 54.8%의 1/7 수준)한 수준에 머무르는 등 여전히 낮은 지식재산 보호 수준을 보이고 있다. 이와 함께 우리나라 지식재산 서비스기업 대부분이 영세하고, 부동산 담보대출 관행으로 금융권은 지식재산 담보대출을 기피하고 있는 실정으로 지식재산의 활용이 아직 미흡한 상황이다.

Q

우리나라 지식재산 제도혁신의 방향은 무엇인가요?

A

지식재산 제도혁신은 대한민국 산업 대전환의 핵심 과제 중 하나이다. 양 중심의 산업정책에서 질 중심 산업정책으로 전환해야 하는 대표적인 혁신과제이다. 지식재산 제도혁신은 질 좋고 강한 지식재산의 선순환 플랫폼 구축으로부터 출발해야 한다. 지식재산 선순환 플랫폼 구축은 우선 질 좋고 강한 핵심 지식재산을 창출하여 창출된 지식재산에 대한 보호를 강화하고 활용을 촉진하여 수익 창출로 직결시키고 나면 다시 질 좋고 강한 지식재산의 창출을 위한 보다 많은 투자로 연계되는 시스템, 즉 지식재산의 창출－보호－활용－창출이 선순환하는 체제의 구축이라고 할 수 있다.

이를 위해 먼저 지식재산의 출원, 획득, 유지 등 투입비용 확대는 물론이고 지식재산 빅데이터(전 세계 5.3억여 건) 분석, 특허융합 DB 구축 및 활용, IP R&D 활용 확대 등 지식재산 경영을 확대하여 질 좋은 핵심 지식재산의 창출에 집중해야 한다. 또한 특허, 영업비밀 등 지식재산 침해시 징벌적 배상 책임을 보다 확대하고 특허권자의 입증 부담을 더욱 완화해 나가면서 메타버스 속 지식재산 보호, 영업비밀 데이터 훼손 방지, 당사자 간 증인 신문 및 자료보전명령 도입 등 디지털 시대에 부합하는 보호 체계를 지속 강화해 나가야 한다. 지식재산 보호의 강화는 질 좋은 지식재산 창출의 필수 요건이다. 나아가 IP 금융 6조 원 시대 개막(2021년), IP 서비스업 인큐베이팅 확대, 지식재산 가치평가 신뢰성 제고(지식재산 가치평가 품질관리 강화, 시스템 고도화, 제도적 기반 정비 등), 지식재산 거래 및 사업화 확대 등을 통해 지식재산 시장을 더욱 활성화시켜 지식재산의 창출과 보호가 수익 창출로 직결되는 선순환 시스템을 만들어 나가야 한다. 이와 함께 4차 산업혁명 시대를 선도하는 지식재산 법, 제도를 선제적으로 정비하고, 디지털 기술을 활용한 특허행정 체제를 마련하며 지식재산 인재의 양성, 지식재산을 존중하는 문화의 형성 등 미래를 준비하는 지식재산의 기반을 튼튼하게 만들어야 함은 물론이다.

Q

우리나라 지식재산 제도혁신에서 강조하고 싶은 사항은 무엇인가요?

A

4차 산업혁명 시대를 맞이하여 우선 추진해야 할 세부 개혁과제 중 다음 2가지를 특히 강조하고 싶다. 무엇보다 AI, 홀로그램, 빅데이터 등 지능화 시대의 핵심 신기술을 확보·확산시킬 수 있는 새로운 지식재산 제도의 도입이 시급하다. 'AI가 개발한 발명이나 창작을 지식재산으로 인정할 수 있는가? AI 발명의 소유권은 누구에게 부여할 것인가? 메타버스상 가상 상품이 현실 세계 유명 브랜드 상표를 사용할 경우 현실 지식재산 제도의 적용은 어떠해야 하는가?' 등과 같은 디지털·지능화 관련 지식재산권 이슈의 수용 여부와 방법에 대한 논의가 국내외적으로 뜨겁다. 정부는 디지털·지능화 지식재산권 이슈에 대한 활발한 논의와 의견 수렴을 조속히 실시하고 그 결과를 다른 경쟁국보다 먼저 입법화시켜야 한다. 인간 창작과 AI 창작의 구별을 원칙으로 첨단 디지털·지능화 이슈의 보호 대상과 수준을 한정하고 등록과 활용 방법도 차별화하되 핵심 신기술의 선점 및 확산을 촉진하는 내용으로 '디지털·지능화 기술의 지식재산특별법' 제정을 지지한다. 디지털·지능화 등 4차 산업혁명 시대의 핵심 신기술을 국가 경쟁력으로 연결시키는 지식재산 제도의 선점이 바로 향후 대한민국 산업의 경쟁력 확보의 중요한 원천이기 때문이다.

지식재산 제도의 발전은 적절한 사법제도의 뒷받침을 필요로 한다. 4차 산업혁명 시대에는 기술이 고도화되고 복잡해지면서 특허침해

소송에 대한 고도의 기술적, 법률적 전문성이 더욱 요구되고 있다. 따라서 EU, 일본, 중국 등 세계 각국은 소송 당사자의 부담 경감, 전문성 제고 등을 위해 변호사외 변리사에게도 특허침해소송에 대한 대리자격을 인정하고 있다. 우리나라의 경우 현재 변리사는 변리사법에 의거 특허권의 유무효와 침해여부 판단(행정심판, 심결취소소송)에 대해서는 대리권을 인정받고 있지만 특허침해소송에서는 대리자격을 인정받지 못하고 있다. 하지만 변리사는 특허의 기술적 내용과 권리 범위에 대한 판단 그리고 특허의 경제적 가치와 침해에 따른 경제 득실을 판단하는 데 강점을 가지고 있다. 이런 점 때문에 특허침해소송 당사자의 80%는 변리사가 소송에 직접 참여하지 않아 시간이 지체되고 부담이 늘어나는 등 소송 대응에 있어 어려움을 겪었다고 이야기하고, 중소벤처기업의 88%가 특허소송 비용 및 기간 부담으로 소송을 포기하고 있다고 한다(파이낸셜 뉴스 설문조사 2021년, 2022년). 이제 우리나라는 4차 산업혁명 시대를 맞이하여 소송 당사자의 권익을 보호하고 변호사와 변리사간 직역 다툼에서 벗어나서 효율적인 소송 진행을 위해서 적어도 변리사의 공동소송대리를 인정해야 한다. 변호사와 변리사의 공동소송대리를 허용하는 입법이 시급하다.

4 최근 한국경제에 대한 제언

Q
최근 한국경제의 상황과 전망은 어떤가요?

A

한국경제는 4차 산업혁명, 탄소중립 친환경화, 글로벌 공급망 재편 등 새로운 패러다임의 도래에 따라 대대적인 제도혁신을 통해 산업 대전환을 성공적으로 이룩해야 한다는 당면 과제를 가지고 있다. 이와 함께 코로나 19 확산, 미중 패권경쟁, 러시아-우크라이나 전쟁 등에 따른 글로벌 공급망 재편, 주요 원자재 및 에너지원 가격의 급등, 미국의 금리 인상 등으로 인한 세계 경제의 둔화 움직임과 인플레이션 대응 속에서 한국경제의 성장을 지속해 나가야 한다는 현안 과제를 가지고 있다. 특히 글로벌 개방경제 체제를 구축하고 수출중심 산업구조를 갖추고 있는 우리나라는 세계 경제의 변화에 매우 민감하다. 더욱이 우리나라 수출의 1/4을 차지하고 있는 중국의 경제성장 둔화와 함께 우리나라 무역의 약 40%를 차지하고 있는 미국, 중국과의 무역분쟁에 따른 경제적 영향은 세계 그 어느 나라보다 우리나라가 크게 받고 있다.

세계 경제는 현재 인플레이션 압력이 지속되고 미국의 고금리 정책이 유지되고 있지만 결국 현실적으로 중물가, 중금리 수준으로 관리될 것으로 보인다. 더욱이 중장기적 관점에서 경제 성장을 결정하는 실물변수를 살펴보면 중성장 시대가 도래할 것으로 보인다. 우선 미중 패권경쟁이 격화되면서 효율성, 저비용 중심의 자유무역체제로 복귀는 더욱 어렵게 되고 블록화된 글로벌 공급망으로 재편은 과거와 같은 급속한 경제 성장을 기대하기는 어렵게 만들고 있다. 또한 중국의 성장 둔화 지속과 함께 인도, 인도네시아 등 제3세계 국가의 경제성장 속도와 폭이 중국경제의 둔화를 넘어설 만큼 빠르고 클 것 같지도 않다. 이와 함께 탄소중립 실현을 위한 미래에 대한 투자의 경제적 효과와 디지털·지능화 기술혁명에 의한 신성장 동력의 발굴과 생산성 향상의 효과가 본격화되기에는 일정 시간이 걸려 제한된 효과만이 가시화될 것으로 보인다. 한편 트럼프 귀환, 푸틴 장기집권 등 세계 각국의 정치 불안, 러시아-우크라이나 전쟁, 이스라엘-하마스 전쟁 등 전쟁의 발발, 유가 및 원자재 가격 불안정 등 세계 경제를 둘러싼 불확실성이 매우 커지고 있다. 이제 세계 경제는 안심도 비관도 할 수 있는 중성장 시대가 도래할 것으로 보인다. 우리나라는 우선 적극적인 통화·재정 정책과 함께 정교한 산업정책을 통해 경제 리스크를 줄이면서 중성장을 달성하면서 원칙적으로 잠재 성장률을 제고시키는 노력을 경주해야 한다. 특히 앞으로 정치·외교·경제·사회적으로 불확실성이 매우 커질 것으로 전망되므로, 리스크 관리에 보다 큰 관심과 노력을 기울여야 할 것이다.

Q

최근 한국경제 위기의 본질은 무엇인가요?

A

지금까지 우리나라는 수많은 경제 위기를 극복하고 성공적인 경제 성장을 이룩해왔다. 특히 1970년대 석유 위기, 1997년 IMF 금융위기, 2007년 국제 금융위기 그리고 2020년 코로나 팬데믹 위기와 같은 블랙스완(Black Swan) 위기를 세계 어느 나라보다 먼저 성공적으로 극복하였고, 이러한 우리의 위기극복 DNA를 자랑스러워하고 있다. 나심 니콜라스 탈레브(Nassim Nicholas Taleb)는 서브프라임 모기지 사태를 예언하면서 도저히 일어날 것 같지 않은 일이 일어나는 것을 블랙스완이라고 불렀다. 하지만 현재 우리나라를 진정으로 위협하는 위기는 블랙스완과 같은 위기가 아닌 회색 코뿔소(Gray Rhino)와 같은 위기이다. 미셸 부커는 위험의 가능성을 충분히 예상할 수 있음에도 불구하고, 이를 간과하여 결국 큰 위험에 처하게 되는 상황을 의미하는 용어로 2013년 다보스 포럼에서 회색 코뿔소라는 용어를 처음 사용했다.

우리나라의 합계 출산율 급락(2023년 0.72%), 우리나라 수도권과 비수도권의 GRDP(지역내총생산) 격차 확대(2010년 △1.2%p → 2021년 5.6%p)와 제조업 위기 등을 우리나라 회색 코뿔소 위기라 할 수 있다. 우리나라의 출산율 급락은 조만간 생산연령인구의 급속한 감소를 초래하여 잠재 성장률을 크게 하락시키면서 결국 저성장의 근본 원인이 될 것이다. 그리고 수도권과 비수도권 격차 확대는 지방인구 감소와 지방 경제·산업의 쇠퇴를 초래하여 결국 조선, 철강, 석유화학 등 지역 기반 제조업과 중소·중견기업의 경쟁력을 하락시키는 원인으로 작용할 것이다. 우리나라 경제발전과 궤를 같이하여 함께 성장해온 우리나라 제조업은 인력 부족, 지방 위기, 제조업 기피 등으로 인해 조만간 경쟁력을 상실할 수 있는 위기를 맞이하고 있다. 지금까지 우리나라 제조업의 경쟁력을 유지해 주던 인력, 기술, 가치 등이 예전과 같지 않다. 인력, 지방, 제조업관련 위기는 당장은 문제가 안 되지만, 조속히 대안을 마련하여 문제를 해결하지 않으면 머지않아 쉽게 극복할 수 없는 커다란 위기로 다가올 것이다. 예를 들면, 현재 우리나라 조선산업은 고부가가치선 분야에서 세계 최고의 경쟁력을 보유하면서 최고 실적을 올리고 있다. 하지만 제조업 특히 지방 제조업에 대한 취업 기피로 생산·기술·연구 인력의 양은 물론 질적 측면에서도 부족 현상이 심화되고 있으며, 지방에 소재한 중소 조선사 및 기자재사의 경쟁력 부족 등 중소·중견기업의 생태계는 더욱 어려워지고 있다. 이와 함께 기술력 경쟁에서는 중국의 LNG 운반선 수주 확대 등 중국의 맹렬한 추격을 받고 있다. 우리나라 조선산업은 인력 확보, 생태계 경쟁력 제고와 친환경 선박, 자율운항 선박, 스마트 야드 구축 등 미래 선박시장 주도권의 선제적 확보 등 시급한 당면 과제를 지니고 있다. 만일, 우리나라가 조선산업의 당면 과제를 해결하지 못한다면, 머지않아 과거 유럽, 일본의 경우와 같이 우리나라도 조선산업의 선두 자리를 중국에게 내줄 수밖에 없는 상황에 처할 수도 있다. 우리나라는 이제 블랙스완 위기극복의 DNA로는 극복하기 어려운 회색 코뿔소 위기가 조만간 현실화될 수 있다는 긴박한 위기의식을 가지고 충분하고 철저한 사전 대비가 긴급한 상황이다.

현재 우리나라에게 닥친 위기는 단순한 성장 둔화의 위기가 아닌 생존의 위기로 보아야 한다. 영국, 독일, 일본, 미국 등 선진국들은 경제 연방의 존재, 글로벌시장 선점, 내수시장 확보 등을 통해 고속 경제성장을 이룩한 후 중장기간 동안 적정성장 단계를 거치면서 자국 경제를 소프트랜딩할 수 있었다. 하지만 우리나라는 다른 선진국과 달리 충격 흡수장치가 없어서 세계 경제의 변화에 대한 적응이 늦거나 혁신 능력이 발휘되지 못하면 하드랜딩할 위험이 상존하고 있다. 우리나라는 수출과 제조업 중심 산업구조, 산업발전을 뒷받침하기에 부족한 내수시장 규모, 한미일중으로 연계된 수요공급 가치사슬 등으로 글로벌시장에서 생존하고 발전해 나가야만 하는 것이 주어진 현실이다. 우리 경제는 언제나 혁신하고 경쟁에서 이기지 못하면 글로벌시장에서 살아 남을 수 없다. 따라서 끊임없이 페달을 밟아야만 넘어지지 않고 앞으로 나가는 두발 자전거처럼 한국경제는 지속적인 혁신만이 생존의 방법이다. 혁신을 멈추거나 국제 경쟁에서 패배하는 순간, 자전거 페달을 더 이상 밟지 못해 넘어지는 두발 자전거처럼 한국경제는 전진하지 못하고 쓰러지는 생존의 위기를 맞이하게 될 것이다.

우리나라는 현재 세계 경제의 둔화에 대한 현안 대응과 함께 제조업 위기 극복, 산업 대전환이라는 중장기 과제에 대한 전략적 대응을 동시 추진해야 한다. 지금 위기를 기회로 바꾸지 못하면 저성장이 아닌 생존의 위기를 맞이할 수 있기에 대한민국 산업 대전환을 위한 제도혁신이라는 자전거 페달을 힘차게 밟아야만 하는 시급한 상황이다.

Q

한국경제에 대한 제안은 무엇인가요? 1. 거시경제 안정

A

우리나라는 10년 주기로 경제개혁의 중요성이 강조되어왔다. 20세기 말 외환위기, 2008년 국제 금융위기 그리고 2020년 팬데믹 경제위기와 경제 패러다임 전환 위기가 모두 동일하다. 20세기 말 외환위기는 대기업 구조조정 개혁을, 2008년 국제 금융위기는 G20 국가로 도약을 실현했다면, 이번 팬데믹과 경제 패러다임 전환 위기에는 산업 대전환의 개혁을 완수하는 기회로 삼아야 한다.

무엇보다 거시경제와 실물경제의 균형된 전략적인 추진이 중요하다. 우선 환율, 물가, 이자율 등 거시경제 변수의 안정이 중요하다. 거시경제가 안정되지 않으면, 투자, 생산, 고용 등 실물경제가 활성화될 수 없다. 거시경제의 안정을 위해서는 경제주체들의 배려와 신뢰가 중요하다. 물가안정을 위해서는 임금 인상의 자제, 금리의 적정 수준 유지, 요소가격 인상의 자제를 실물경제의 경쟁력 강화로 연결시켜 인플레이션 악순환의 고리를 뚫고 선순환 고리를 만드는 것이 중요하다. 물가 인상－임금·요소가격 인상－제품가격 인상－물가 인상과 산업 경쟁력 하락으로 이어지는 악순환의 고리를 임금·요소가격 인상 자제－제품가격 인상 자제－물가 안정－산업경쟁력 회복이라는 선순환의 고리로 전환시켜야 한다. 특히 지금과 같이 글로벌 공급망 재편, 글로벌 요소가격 상승 등 글로벌 시장의 공급측면 영향이 큰 상황에서는 우리 정부가 대응할 수 있는 대내적 거시 정책 수단이 제한되어 있다. 하지만 세계 각국이 공통으로 겪고 있는 경제 위기이기 때문에, 우리나라 근로자, 기업가, 농민 등 모든 경제주체들이 먼저 자발적인 참여와 인내, 적정 보상과 혁신 발휘, 갈등 완화와 상호 배려를 통해 경제의 악순환을 선순환으로 돌리는 갈등의 극복, 사회적 대타협이 절실하다. 특히 어려운 경제 현실 속에서도 미래를 위한 기술혁신과 투자를 유지하고 촉진하는 실물부문의 노력을 민관, 산학연관이 함께 지속적으로 뒷받침하는 제도혁신을 우선 추진하여야 한다. 우리의 경쟁 상대는 내부가 아닌 외부에 있음을 인식해야 한다. 각 경제 주체별, 각 부문별 이익 극대화를 위한 투쟁은 갈등을 증폭시키고 빈곤의 악순환만 가져올 뿐이다.

금번 경제위기는 동아시아, 미국 월가 중심의 과거 위기와 달리 지역적 측면에서 전 세계가 동시에 그리고 수요와 공급 측면에서 동시 발생하고 있다. 우리만 어려운 것이 아니고 모두가 어렵다. 세계 패러다임의 변화와 세계 경제 위축 효과는 모두에게 동시에 다가오고 있다. 경쟁은 상대적이다. 모두가 힘들다면, 누가 잘 참고 견디느냐에 달려있다. 20세기 말 외환위기시 '금모으기 운동'은 모아진 금으로 외화를 갚은 의미보다 국민 모두가 함께 어려움을 참고 견디면서 새로운 변화에 힘을 보태었다는 의미가 더욱 크다. 현재 우리 사회는 4차 산업혁명 시대의 선진국으로 도약하기 위해 노사관계 전환, 글로벌 공급망 재편, 지능화 진전, 탄소중립 달성, 산업구조 개편 등 모든 분야에서 갈등이 첨예화되고 있다. 새로운 도약을 위해서는 겪어야만 하는 과정이다. 하지만 우리 내부의 갈등과 고통을 최소화하고 타협과 신뢰를 최대화하여 현재의 위기를 기회로 바꾸어야 한다. 갈등을 극복하고 사회적 대타협을 이룩하기 위한 국가적 역량의 발휘가 무엇보다도 중요한 시점이다.

Q

한국경제에 대한 제안은 무엇인가요? 2. 정교한 산업정책의 추진

A

거시경제의 안정을 추진하면서 실물경제를 활성화하고 전략산업을 육성하는 정교한 산업정책을 병행하여 추진해야 한다. 거시경제 정책은 경제의 선순환 고리를 만든다는 명백한 길은 알고 있지만 국민의 참여, 정부에 대한 신뢰, 정치의 안정 등 갈등을 극복하고 사회적 타협을 얻어내는 과정이 어렵다. 반면 산업정책은 민간기업을 대상으로 시장을 움직여야 하고 글로벌 기업들과의 경쟁에서 이겨내야 한다는 시장에서 실현하는 과정의 어려움이 크다.

정부는 우선 민간·시장 중심 발전 전략을 원칙으로 삼아 인력 양성과 입지, 용수 등 인프라 구축, 민간 R&D, 시설투자 촉진을 위한 세제 및 재정 지원 그리고 과감한 규제개혁 등을 전방위적으로 지원해야 한다. 나아가 정부와 민간 간, 국가 간, 글로벌 기업 간, 대·중소·중견 기업 간 연대와 협력을 촉진하는 생태계 조성을 위한 종합 전략과 함께 시장과 호흡하는 정교한 실행이 요구된다. 산업정책은 결국 시장을 통해 평가받고 상대방과의 경쟁에서의 승리 여부로 평가를 받는다. 따라서 각 산업정책 과제별 우선순위를 정하고 각 과제별 세부 정책과제를 선정하여 시장의 평가에 따라 구체화하고 이를 차질 없이 추진하는 것이 무엇보다 중요하다. 왜냐하면 각 정책과제가 언제, 얼마큼, 누구에게, 어떻게 실행되었는가에 따라 시장의 반응과 정책효과가 크게 다르기 때문이다.

이와 같이 산업정책은 그 방향, 속도, 내용을 시장을 중심으로 동태적으로 지속 점검하면서 최적의 해법을 찾아 나가야 하는 현실적으로 매우 어려운 정책이다. 이 과정에서 과도한 정치적 영향을 배제하고 최대한 시장과 산업정책 전문가를 중심으로 추진하려는 노력이 중요하다. 산업정책의 성공 여부는 전략적 정책 수립, 시장과 호흡하는 정교한 추진 그리고 지속적인 점검에 달려 있다.

Q

한국경제에 대한 제안 중 강조하고 싶은 사항은 무엇인가요?

A

산업 대전환이라는 시대적 과제의 달성을 위해 다음 두 가지 사항을 강조하고 싶다. 무엇보다 대한민국은 제조업 강국이며 탁월한 제조 역량을 보유하고 있다. 제조업은 영원하면서 진화한다. 이제 대한민국은 제조업의 모습을 어떻게 바꾸어 나갈 것인가에 대한 진지한 고민이 필요하다. 세계 경제 패러다임 변화 중에서 탄소중립 친환경화, 글로벌 공급망 재편은 모두 비용상승 요인이지만 디지털화·지능화는 비용을 감소시키고 생산성을 제고하여 새로운 발전의 기회를 창출하는 요인이다. 우리나라 제조업은 지능화와 디지털화를 통해 주력산업의 고부가가치화와 산업전환, 신산업의 창출 등 새로운 모습으로 거듭나고 고유의 경쟁력을 확보해야 한다. 특히 제조 현장은 앞으로 지능화, 디지털화의 진전을 통해 전혀 다른 모습으로 바뀌어 갈 것이다. 반도체, 석유화학, 정유 등 주력산업과 수소경제, 바이오, 배터리 등 신산업 중에서 노동

비용에 크게 의지하지 않는 첨단 제조업 현장을 우선 기술혁신과 지식 축적의 현장으로 삼아야 한다. 지능화 및 디지털화를 통해 제조 현장의 경쟁력을 확보하기 위한 집중적인 정책적 노력이 필요하다. 특히 인구, 지방, 제조업 위기를 극복하고 효과가 발생하기까지 경제 성장을 유지할 수 있는 대안은 지능화와 디지털화에 의한 생산성 향상밖에 없다고 생각한다. 지능화, 디지털화에 의한 산업 대전환은 제조업의 생존과제이자 미래 제조업의 핵심과제라는 사실을 다시 한 번 강조하고 싶다.

산업 대전환(有→有)은 신산업 창출(無→有)보다 어려운 과제다. 산업 대전환은 혁신을 통해 경쟁력을 상실하는 부문에서 부가가치가 높은 부문으로 자원을 이동시키는 작업이다. 이 과정에서 저항과 갈등의 발생은 필연이다. 따라서 산업 대전환은 어떻게 경쟁력을 상실하는 기존 산업부문의 저항과 갈등을 최소화시키면서, 어떻게 새로운 산업부문으로 원활하게 자원을 이동시켜 새로운 경쟁력을 만들어 낼 것인가라는 2단계 전략이 필요하다. 우리나라는 농업사회에서 산업사회로 성공적인 산업전환의 경험을 가지고 있다. 이제 산업사회에서 디지털, 지능화 사회로의 산업 대전환을 다시 이룩해야 한다. 이를 위해 산업재편 정책을 산업정책의 핵심과제로 삼을 것을 제안한다. 먼저 산업 대전환에 대한 비전을 공유하고, 구조조정 산업 부문에서 신산업 부문으로의 전환을 우선 배려하고 적극 지원함으로써 저항과 갈등을 최소화해야 한다. 산업재편 정책에 대한 지원은 창업 정책에 대한 지원보다 훨씬 크고 강력하게 지원해야 한다. 산업재편 정책은 사업재편의 준비, 실시 단계는 물론 재성장과 재도약에 이르기까지 단계별로 R&D, 사업화, 마케팅, 교육, 멘토링, 금융 및 세제지원, 투자 촉진, 해외진출 지원 등을 종합적으로 지원하는 시스템을 갖추어야 한다. 기존 구조조정 산업에 있는 기득권의 포기에 대한 배려와 새로운 도전에 대한 전폭적 지원이 함께 이루어져야 한다. 산업재편은 혁신을 통해 구조조정 부문의 자원이 신성장 부문으로 원활하게 이동되고, 이에 대한 사회적 수용성을 제고하는 방식으로 이루어져야 할 것이다. 산업 대전환은 바로 산업재편 정책의 성공 여부에 따라 결정된다고도 할 수 있다.

주석

1) 성윤모, 산업강국 나침판: 산업 대전환으로 나아가자, 전자신문, 2022.2.7.
2) 최근 통계로 보완하면, 세계은행에 의하면 2021년 기준 우리나라는 GDP 대비 제조업 부가가치 비중이 25%로 일본 20%(2020년 기준), 독일 19%, 미국 11% 보다 높다.
3) 성윤모, 산업기술정책의 이해, 범신사, 1995.
4) 성윤모, 한국의 제조업은 미래가 두렵다, 마이넌, 2003.
5) 산업통상자원부 등 관계부처 합동, 2050년 탄소중립 실현을 위한 추진방향, 2021.10.
6) 환경부 등 관계부처 합동, 탄소중립 녹색성장 국가전략 및 제1차 국가 기본계획, 2023.4.
7) 정은미, 2023년 한국 산업정책의 도전과 과제, NAEK 기술경영정책분과, 2023.3.
8) 이건우, 구조변화지수를 통해 본, 한국 산업의 특징과 시사점, KIET 산업경제, 2021.6.
9) 성윤모, 산업강국 나침판: 제도혁신을 이루자, 전자신문, 2022.3.7.
10) 대한상공회의소 등, 산업 대전환을 위한 민간 제언, 미션별 제언서 요약서, 2023.9.
11) 백만기, 국가와 기업의 IP 경영, 지식재산포럼, 2023.11.20.

참고문헌

대한상공회의소 등, 산업 대전환을 위한 민간 제언, 미션별 제언서 요약
서, 2023.9

산업통상자원부 등 관계부처 합동, 2050년 탄소중립 실현을 위한 추진방
향, 2021.10

산업통상자원부, 글로벌 공급망 재편과 한국산업의 미래, 2021.7

산업통상자원부, 연대협력 산업전략 추진방안, 2020.9

특허청, 4차산업혁명 시대의 지식재산 정책방향, 2017.11

특허청, 지식재산 기반의 기술자립 및 산업경쟁력 강화대책, 2020

환경부 등 관계부처 합동, 탄소중립 녹색성장 국가전략 및 제1차 국가 기
본계획, 2023.4

김재필, ESG 혁명이 온다, 한스미디어, 2021.4.

리베카 헨더슨(역자: 임상훈), 자본주의 대전환, 어크로스출판그룹(주),
2021.3.

백만기, 국가와 기업의 IP 경영, 지식재산포럼, 2023.11.20.

정은미, 2023년 한국 산업정책의 도전과 과제, NAEK 기술경영정책분과,
2023.3.

성윤모, 제도혁신을 이루자, 전자신문, 2022.3.7.

성윤모, 대전환으로 나아가자, 전자신문, 2022.2.7.

성윤모, 한국의 제조업은 미래가 두렵다. 마이년, 2003.9.

성윤모, 산업기술정책의 이해, 범신사, 1995.5.

이건우, 구조변화지수를 통해 본 한국 산업의 특징과 시사점, KIET 산업
　경제, 2021.6.

한국공학한림원, 새로운 100년, 산업혁명, '추월의 시대로 가자', 2021.12.

한국공학한림원, 담대한 전환, ㈜잇플ITPLE, 2021.10.

저자 소개

성윤모(成允模, Sung, Yunmo)

학력
미국 미주리대학교(콜롬비아) 경제학 박사
서울대학교 행정대학원 행정학 석사(정책학 전공)
서울대학교 사회과학대학 경제학 학사

주요경력
현 중앙대학교 석좌교수
   한국공학한림원 정회원
전 학교법인 한국산업기술대학 이사장
   산업통상자원부 장관
   특허청장
   국무조정실 경제조정실장 등

감수자 소개

민동훈(閔東勳, Min, Donghoon)

학력
KDI 국제정책대학원 국가정책석사(MPPM)
성균관대학교 신문방송학과

주요경력
현 머니투데이 차장
   정치부 국회팀장
전 산업1부 재계팀장
   경제부 산업팀장
   경제부 기재팀장

흔들리지 않는 산업 강국의 길

초판발행	2024년 4월 25일
중판발행	2024년 5월 30일
지은이	성윤모
펴낸이	안종만·안상준
편 집	전채린
기획/마케팅	김민규
표지디자인	Ben Story
제 작	고철민·조영환
펴낸곳	(주)박영사
	서울특별시 금천구 가산디지털2로 53, 210호(가산동, 한라시그마밸리)
	등록 1959. 3. 11. 제300-1959-1호(倫)
전 화	02)733-6771
f a x	02)736-4818
e-mail	pys@pybook.co.kr
homepage	www.pybook.co.kr
ISBN	979-11-303-2011-3 03320

정 가   19,000원